KB252649

한국 사회와 교회 여성교육

한국 사회와 교회 여성교육

2018년 8월 16일 초판 1쇄 발행
2018년 8월 23일 초판 1쇄 발행

지은이 임희숙
펴낸이 김영호
펴낸곳 도서출판 동연
편 집 박연숙 디자인 황경실 관 리 이영주
등 록 제1-1383호(1992. 6. 12)
주 소 서울시 마포구 월드컵로 163-3
전 화 (02)335-2630
전 송 (02)335-2640
이메일 yh4321@gmail.com

Copyright ⓒ 임희숙, 2018

이 책은 저작권법에 따라 보호받는 저작물이므로
무단 전재와 복제를 금합니다.
잘못된 책은 바꾸어드립니다.
책값은 뒤표지에 있습니다.

ISBN 978-89-6447-426-6 93200

한국 사회와
교회 여성교육

임희숙 지음

동연

감사의 말

'세계 여성의 해'라는 말을 우연히 처음 듣고 제가 느꼈던 낯섦과 호기심을 아직도 기억합니다. 유엔이 1975년을 '세계 여성의 해'로 지정을 했다고 하니 농담은 아닐 것이라고 생각했습니다. "시간에 왜 여성이라는 말이 붙는 거지?" "여성의 해라면 여성들에게 무슨 일이 있는 걸까?" "여성으로 태어난 나에게는 무슨 의미가 있는 거지?" 등등, '세계 여성의 해'는 많은 질문을 불러일으키며 저와 인연을 맺었습니다. 그 낯섦과 호기심이 제가 이제까지 '여성'에 대한 관심을 갖고 공부하고 성찰하는 출발점이 되었습니다. 그 이후 여성학과 여성신학을 배우고 여성운동에 참여하며 오늘에 이르렀지요.

이 책에 실린 논문들과 강연문은 제가 여성이라는 코드를 가지고 신학과 교육학을 공부하면서 얻은 결실의 일부입니다. 저는 신학과 교육학이 인간에게 진정 자유로워지는 길을 알려주는 학문이라고 여겨 왔습니다. 그래서 가부장제 역사에서 살아가는 여성들이 종교와 교육을 통해 해방과 자유의 가능성을 얻을 수 있다고 기대해 왔습니다. 하지만 종교와 교육도 가부장제 역사의 영향에서 자유로울 수 없으니 그 나름의 한계가 있기 마련입니다. 이 책은 종교와 교육이 가부장제 역사의 산물로서 갖는 한계를 비판적으로 극복하고 여성들을 자유롭게 하는 가능성이 되기를 모색하는 작업입니다.

먼저 출간한『기독교 근본주의와 교육』과『교회와 섹슈얼리티』와 마찬가지로 이 책은 한국교회를 연구의 현장으로 선택했습니다. 한국교회는 제가 직접 보고 듣고 교류할 수 있는 삶의 공간이고 다양한 여성들이 활동하고 변화하는 역사의 자리입니다. 저에게 끊임없는 질문과 자극과 배움으로 학문의 여정에 동행하는 한국교회에 감사드리며 제 연구가 한국교회와 여성들에게 작은 도움이 될 수 있기를 소망합니다.

출판을 마무리하면서 이 일에 도움을 주신 여러분을 기억합니다. 평생 공부할 수 있는 건강한 몸과 포기하지 않는 집념을 선물해 주신 부모님, 가부장제 역사의 경험을 공유하며 지혜와 힘을 키워 가는 여성 선후배와 동료들, 제 세 번째 저서를 발간하기까지 신뢰와 정성으로 인연을 이어온 도서출판 동연의 김영호 사장님과 직원 선생님들, 그리고 인생과 학문의 길을 같이 걸어가는 남편 강원돈과 아들 환국에게 저의 고마운 마음을 전합니다.

2018년 무더운 여름 양재동 서재에서
임희숙

차례

제1부

교회와 여성교육

개화기 한국 여성교육과 개신교 - 1876년부터 1910년까지

일제 강점기 여성교육과 개신교 – 1910~1920년대를 중심으로

한국 사회의 변화와 교회 여성교육 — 1960~1980년대를 중심으로

한국의 교단 여성사에 나타난 여성교육의 실상과 과제

제2부

교회와 여성운동

한국 사회와 교회에서 여성 현실과 젠더 정의

한국교회 세습 문제와 그 여성신학적 성찰

21세기 선교에 관한 기독교교육학적 성찰

여성주의적 관점에서 본 나이 듦

제3부

교회와 여성신학

한국교회 여성의 의식 분석과 한국교회의 과제

기독교가 성인들의 성 인식과 태도에 끼친 영향에 대한 연구

한국 개신교 여성교인들의 소비욕망에 대한 여성신학적 성찰

부록

김교신의 민족교육과 기독교

"폭력극복 10년"의 의미와 과제

제1부

교회와 여성교육

개화기 한국 여성교육과 개신교

— 1876년부터 1910년까지

I. 들어가는 말

한국사에서 근대와 근대의 시기를 규정하는 주장들이 다양하고 여전히 논란의 대상이 되고 있듯이 근대교육의 시작 연대와 그 시대 구분에 대한 논의도 활발히 진행되고 있다. 그 가운데 대부분의 한국교육사 연구들은 한국 근대교육이 19세기 후반부터 20세기 초반에 걸친 개화기에 등장하고 형성되었음을 밝히고 있다. 여기서 말하는 근대교육은 전통적인 유교교육과 구별하여 서구의 근대적 가치와 문화를 수용하는 신교육이다.

개화기에 서구문명의 모델로 수용된 대표적인 것은 한국 사회에 학교와 병원을 설립하고 운영하면서 선교활동을 전개하던 개신교였다.

---

* 이 논문은 학술진흥재단(2002-KRF-AM1029)의 지원에 의하여 연구되었음.

개신교 선교의 본래 목적이 한국의 근대교육을 육성하는 것이 아니었다 하더라도 개화기에 전래된 개신교는 한국교육의 근대적 이념을 수립하고 제도화하는 역할을 부분적으로 맡았던 것도 사실이다. 이런 의미에서 한국 근대교육의 효시를 기독교의 교육활동에서 찾는 것도 일리가 있다.

역사적으로 한국 여성에 대한 최초의 근대적 형식교육[1]은 개신교가 시도한 근대교육과 병행하여 이루어졌다. 근대교육의 시작 이전에 여성들은 무녀, 기녀, 의녀, 비구니 등 특수 분야에 종사하는 사람들을 제외하고는 형식교육의 대상에서 전반적으로 배제되었고 교육받을 권리와 의무를 인정받지 못했다. 특히 조선시대의 교육제도는 한문과 중국 고전을 중심으로 한 남성 엘리트를 위한 것이었으며, 여성들이 학문을 익히는 것은 오히려 부도(婦道)에 어긋나는 것으로 평가되었다.[2] 통상 교육이 한 사회의 정치, 군사, 종교 영역에서 엘리트를 양성할 목적으로 생겨난 제도임을 고려해 볼 때 전통사회에서 교육의 성차별은 가부장제 전통의 당연한 귀결이었다. 이런 점에서 개화기에 태동한 근대 여성교육은 오랜 차별과 억압의 여성사를 넘어서서 한국사에 사회·문화적 변동을 초래한 중요한 요인으로 평가될 수 있다.

그렇다면 개화기의 한국 개신교는 한국 여성교육에 어떤 영향을 주었으며, 이 교육을 받은 한국 여성들이 당대의 현실에 어떻게 대응하였는가? 본 논문은 이러한 물음에 대한 관심을 갖고 개신교가 시도한

---

1 전통사회에서 여성에 대한 형식교육이 아주 없었던 것은 아니다. 예를 들어 무녀, 기녀, 의녀, 비구니 등도 일정한 체계를 갖춘 교육을 받았다. 그러나 이를 두고서 근대적 형식교육이라고 말할 수는 없다. 왜냐하면 여성들에 대한 이 형식교육들은 근대적 가치나 이념과는 무관하게 이루어졌기 때문이다.
2 손인수, 『한국개화교육연구』(서울: 일지사, 1981), 17.

근대 여성교육의 현황과 특성을 분석하고자 한다. 이를 위하여 제II장에서는 천주교와 동학, 그리고 개화파 교육사상을 살핌으로써 개신교 여성교육이 호응을 받을 수 있었던 배경을 살피고자 한다. 제III장에서는 개신교 사립여학교와 비개신교 민간사립여학교의 설립 과정, 교육 목표, 교과과정 등을 중심으로 초기의 근대 여성교육의 현황을 분석하고자 한다. 여기서는 개신교 교회의 여성교육도 아울러 다룰 것이다. 끝으로 제IV장에서는 개신교 여성교육이 당대의 현실에서 어떤 성격과 지향을 가졌는가를 밝히고자 한다.

근대 여성교육은 해방 전까지 지속되었으나 본 연구의 범위를 1910년까지로 제한한 것은 1905년부터 1910년 사이의 국가적 위기와 당시의 역동적인 교육현실이 일제 강점기의 식민지교육과 판이한 성격을 띠고 있다고 판단했기 때문이다. 일제 강점기의 여성교육에 대해서는 다른 기회를 얻어 연구 성과를 발표하겠다.

II. 개화기 여성교육의 사상적 배경

가부장적 봉건제도 아래서 억압과 지배를 받던 여성들이 전통의 굴레와 악습에서 벗어나 새로운 삶을 살 수 있도록 자립과 저항의 힘을 키워 준 근대교육은 가시적인 학교설립과 교육정책의 공표만으로 실현된 것은 아니다. 그것은 새로운 삶을 추구하게 만드는 특별한 시대적 상황이 조성되었고 변화를 추구하는 내적인 동기가 마련되었기에 가능했던 일이다.

개신교 선교는 근대적 교육 여건을 제공하고 그 운영을 담당하는 등 많은 업적을 이룩하였다고 하지만 한국 사회가 그것을 수용하고 발전시킬 수 있는 동인이 없었다면 그러한 업적이 이루어질 수 없었을 것이다. 이러한 여건을 조성한 것은 천주교와 동학, 그리고 개화파의 구국운동이었다.

여기서는 이러한 새로운 사조들을 중심으로 개신교 여성교육의 배경과 태동을 밝히고 분석하고자 한다.

1. 천주교와 동학

천주교가 제시하는 인간 평등사상은 당시 신분과 성별에 의한 위계적 사회질서와 가부장적 가족윤리에 대한 도전이었다. 샤를르 달레에 따르면 조선시대에 "여자는 남자의 반려가 아니라 노예에 불과하고, 쾌락이나 노동력의 연장에 불과하며, 법률과 관습은 여자에게 아무런 권리도 부여하지 않았다"[3]고 하는데, 남녀유별과 내외법이 강조되었던 조선사회에서 여자를 한 인격체로 인정하고 남녀가 함께 집회나 교리교육에 참여하는 것은 가히 충격적인 일이 아닐 수 없었다. 더 나아가 천주교인들의 동정생활이나 독신생활은 가문을 계승하는 가부장적 후사중시사상을 거부하는 파격적인 사건이었다.[4]

이와 같은 천주교의 여성관은 오랜 기간의 박해로 많은 여성에게 의식화되거나 사회변화를 위한 원동력을 제공하지는 못했으나 천주교 여성들의 신앙생활은 단순히 종교적 교리를 따르는 차원을 넘어서서 전통적인 여성의 삶을 거부하는 여성의식의 변화를 가져 온 것으로 여겨진다. 사료가 많지 않기 때문에 풍부한 예를 제시하기는 어렵지만

---

3 샤를르 달레, 안응렬·최석우 역주,『한국천주교회사 상』(서울: 분도출판사, 1979), 183.
4 김옥희,『천주교여성운동사 I』(서울: 한국인문과학원, 1983), 120-124; 143-150.

천주교 신앙생활을 위해 남편을 버리고 독립적인 생활을 추구한 강완숙은 천주교 신앙이 여성의식의 변화에 기여했음을 보여주는 중요한 사례로 평가되고 있다.[5]

동학은 인내천 사상을 기본으로 기존의 여성관을 비판하고 새로운 남녀관계를 제안한 점에서 특별한 의미를 지닌다.[6] 제1대 교주 수운 최제우는 유교의 수신제가를 실천하는데 가부장적 남성상과 남존여비의 부부관을 극복할 것을 강조하였다. 그는 가정의 중심을 부부관계에 두고 가화만사성(家和萬事成)을 이루기 위해서는 부인을 하늘처럼 섬길 것을 주장하였고 부녀들도 입도하여 수련하면 군자(君子)가 될 수 있음을 역설하였다. 그는 당시의 내외법으로 인해 여자들을 접촉하기 어려운 점을 감안하여 한글로『용담유사』(龍潭遺事),『안심가』(安心歌),『교훈가』,『도수사』(道修詞) 등을 손수 지어 여성들에게 보급하였다.[7]

제2대 교주 해월 최시형은 가정을 바로 세우는 이치를 가르치고자 『내수도문』(內修道文)을 지었는데, 이 글은 해월의 사상을 가장 잘 보여주는 자료로 평가되고 있다. 그는『내수도문』에서 "부부화순(夫婦和順)이면 천지안락(天地安樂)"임을 가르쳐 전통적인 남존여비 관습을 철폐하고자 하였고 가정경영의 중심을 부인에게 두도록 함으로써 가부장적 위계질서의 역전을 추구하였으며, 부인을 내조자의 지위로부터 "스승"의 지위로 올려 섬길 것을 역설하였다.[8]

---

5 김옥희, 앞의 책, 83ff.

6 송준석, "동학의 남녀평등 교육사상에 관한 연구," 고려대학교 교육사·철학연구회 편, 『민족교육의 사상사적 조망』(서울: 집문당, 1994), 81-96.

7 박용옥,『한국 여성 근대화의 역사적 맥락』(서울: 지식산업사, 2001), 139-150.

8 박용옥, 앞의 책, 150-174.

동학의 여성관은 남녀평등을 주장하면서도 여성의 문제를 가정의 틀에서 풀려고 한다는 비판적 견해도 있다. 그러나 필자는 동학의 여성관을 그 주장 내용만으로 평가하기보다는 동학사상이 전개된 시대 상황을 아울러 고려해야 한다고 생각한다. 동학이 창시되던 1860년 전후의 시기는 천주교의 전래와 영국과 프랑스 연합군의 북경 침입으로 서구 세력에 대한 민중들의 불안이 커져서 보국안민에 대한 열의가 지배적이었기에 동학 교주들은 세상 질서의 중심으로 여겨진 가정을 중시하는 유교 전통으로부터 자유로울 수 없었다. 또 동학의 반봉건적 민중의식이 당시 동요하던 농민 계층에 확산된 점을 보더라도 가족 중심의 사회정서를 넘어서기 어려웠다고 판단된다.

2. 개화사상과 구국운동

19세기 말에 활발하게 전개된 개화사상은 부국강병을 위해 서구문명을 받아들여야 한다고 주장하고, 서구문명을 모델로 한 사회개혁을 지지했다. 개화사상에서는 천부인권사상과 남녀평등론 등 근대적 가치들이 강조된 바 있다. 유럽을 순회한 유길준은 『서유견문』(西遊見聞, 1895)에서 서양 여성들의 삶을 묘사하면서 새로운 여성관을 피력했다.

… 어떤 연회든지 여자가 참석하지 않는 좌석이 없으며 또 여자가 도달한 장소에 남자는 몸을 일으켜서 예를 취하여 좌석을 양보하여서 상빈의 자리에 앉히고 음식이 있으면 먹고 싶은 음식을 물어서 권유하고 감히 먼저 음식을 먹을 수 없으며 연초는 여자가 싫어하는 것이라고 일컬어져 그 앞에서 감히 피우지 못하니 그 공양의 예절이 아주 태과(太過)한지라….9

독립신문은 전통사회에서 여성들이 처한 상황을 묘사하면서 여성들에 대한 교육의 절실함을 역설하였는데 이것은 유길준이 묘사한 서양 여성들의 모습과는 매우 대조적이었다.

부녀들로 말할진대 어려서부터 백발노인이 되어 죽기까지 규중에 갇혀 밖에 있는 강산 풍물은 임의로 구경도 못하고 하는 바 일은 바느질과 음식 만드는 법과 생산하는 일 외에 다른 사업이 없고 아는 바 학식은 약간 제사의 예절과 허황하기 쓸 데 없는 이야기책을 공부하되 하나도 근저가 없는 말이라 여자의 학문이 그렇게 고루하고 무슨 사업이 일어나기를 바라리오 그 중에 더욱 한심한 일은 연소한 부녀들이 천리만리 길에 혼자 왕래하기를 꿈에도 생각지 못하려니와 만일 자기 집 문 밖에 혼자 나아가고 오면 무슨 환란이 필경 있어 임의로 다니지 못하는 모양이니 이것이 열리지 못한 연고로다.[10]

사회개혁과 관련해서 축첩 폐지, 과부재가 허용, 조혼 금지 등을 역설한 독립신문은 여성교육의 필요성을 주장하고, 교육에서의 성차별을 철폐할 것을 강조하였다. 인구의 절반을 차지하는 여성들을 교육하는 것이 정부의 주요 과제임을 천명하기도 하였다.[11] 독립신문의 몇 구절들을 인용하여 보자.

---

9 유길준, "西遊見聞". 자료는 최숙경·이배용, 『한국여성사 정립을 위한 여성 인문 유형 연구 II - 3·1 운동 이후부터 해방까지』(서울: 이화여자대학교 한국여성연구소, 1994), 106에서 재인용.

10 「독립신문」, 1899년 9월 21일자 논설.

11 독립협회의 교육사상과 여성교육론에 대해서는 김숙자, "독립협회의 교육사상 - 독립신문의 교육 논설 분석," 『한국사 연구』 제30권 (서울: 보진재 1980), 391-420을 보라.

… 불쌍한 계집아이를 집에 가두어 놓고 가르치는 것은 다만 사나이
에게 종노릇할 직무만 가르치니 우리는 그 계집아이들을 위하여 분히
여기노라. 정부에서 사나이 아이들을 위하여 학교 하나를 지으면 계
집아이를 위하여 또 하나를 짓는 것이 마땅한 일이다. …12

계집아이는 자라면 이 사람들의 아내가 될 터이니 그 아내가 남편만큼
학문이 있고 지식이 있으면 집안 일이 잘 될 터이오… 그러므로 여자
를 교육하는 데 차별이 있어서는 안 될 것이다.13

조선 정부에서 제일 급하게 할 일이 사내아이들도 가르치려니와 계집
아이들을 교육할 생각을 하여야 할 터인데 조선서는 계집아이들을 당
초에 사람으로 치지를 아니하야 교육을 아니시키니 전국 인구중의 반
은 그만 내버렸는지라 어찌 아깝지 않으리오.14

남성 개화 운동가들이 주장한 여성교육 필요론과 남녀교육 평등론
은 당시 가부장제와 봉건제도에 의하여 여성의 억압과 차별이 당연시
되는 현실에 개혁과 변화를 지향하는 새로운 자극과 광범위한 여론을
조성하는 데 영향을 주었다. 그러나 여성교육의 목적이 자녀교육과 배
우자의 보조 역할과 국가부흥에 있다고 본 것은 남성 중심의 편중된
견해라 할 것이다. 이에 비하여 최초의 여성잡지인 『여자지남』은 여성
교육의 의미를 여성의 능력개발과 자아실현에서 찾고 있는데 이는 매
우 주목되는 점이다.15

---

12 「독립신문」, 1896. 5. 12.
13 「독립신문」, 1896. 5. 12.
14 「독립신문」, 1896. 9. 5.

3. 개신교의 선교정책과 여성교육

1884년 한국 사회에 전래된 개신교는 선교활동에 대한 정부의 허가를 받지 못하여 교육과 의료사업을 중심으로 간접적인 선교활동을 펼쳤으며 여성과 민중을 주요 선교대상으로 삼았다. 학교와 병원은 서구문명의 혜택을 무상으로 전달하는 기관이었고 그 최대 수혜자는 교육과 의료제도로부터 소외된 여성과 민중이었다.

한국 여성들의 교육을 통한 복음화를 가장 중요하게 여긴 것은 당연히 여선교사들이었다.[16] 하지만 아직도 내외법으로 인해 여성들의 외출과 사회적 모임이 어려운 상황에서 장차 복음전파를 위하여 일할 수 있는 사람들을 찾아 교육시키는 일은 용이하지 않았다. 1886년 여선교사 스크랜톤이 세운 최초의 여성교육기관인 이화학당은 1명의 학생으로 시작하였으며 그 후에도 지속적으로 출석하는 정규학생을 얻기가 어려웠다. 이런 사정은 다른 여학교의 경우도 마찬가지여서 초기 여학생들은 고아, 과부, 첩, 가난한 집안의 딸들, 소박당한 여인들이 주류를 이루었다.[17]

1893년 제1회 선교사공의회는 "부인들을 개종시키는 일과 그리스도교 신자인 소녀들을 교육하는 데 특별히 힘쓸 것"을 선교정책으로 채택하고 "후손들의 양육에 주요한 영향을 미치는" 여성교육의 필요성을 강조했다.[18] 이러한 선교정책에 대한 교계의 반응도 우호적이었

---

15 『女子指南』(1908), 3: "여자의 총혜한 자질과 온후한 성정이 남자보다 나은 것이 많건만 우리나라 구습이 여자를 구속하여 교육이 없음으로 아까운 재질을 규합 중에 허송하여…."

16 "A SYMPOSIUM: The Greatest Need of Korea's Women," *The Korea Mission Field* (이하 K.M.F.으로 표기함), 1907. 12.을 참조하라.

17 정충량, 『이화80년사』(서울: 이대출판부, 1967), 44.

음을 다음의 글에서 엿볼 수 있다.

> 국가의 흥왕하고 쇠패함이 실로 여자를 가르치고 아니 가르치는 데
> 있는지라. … 바라건대 우리 교중 형제들은 일심으로 힘을 합하여 여
> 학교를 실시하고 여아들을 가르쳐 학문이 남자와 같게 하면 다만 자기
> 에게 유익할 뿐 아니라 금년에 공부한 여아가 명년에 가르치는 선생이
> 될 터이니 어찌 전국에 행복이 아니리오. …[19]

선교 초기의 여성교육은 위에서 말한 선교정책과 선교국의 지원에 힘입은 바가 크지만 그 결실을 이루기 위해 헌신한 사람들은 여선교사들이었다. 여선교사들은 실제 교육과정에 참여하고 학생들을 돌보면서 학교를 운영하는 책임을 감당하였다. 초기 선교 역사에서 주목되는 점은 여선교사들을 많이 파송한 교단일수록 여성교육 및 여성사업이 더 활기를 띠었다는 것이다. 예를 들면 감리교는 장로회보다 여선교사들의 비율이 높았고, 특히 여성교육 사업에 역점을 두었던 남감리교의 경우에는 파송 선교사 113명 가운데 여선교사들의 수효는 64명이었고, 그 가운데 미혼 선교사들이 53명에 달했다.[20] 따라서 여선교사들이 어떤 사람들이었고 무슨 생각을 하였는가를 아는 것은 개신교 여성교육의 방향과 성격을 파악하는 데 필수적이다.

1885년 최초로 여선교사 스크랜톤이 입국한 이래 많은 여선교사가 한국 사회에서 활동하게 되었는데 그들은 대체로 선교사의 부인 자격으로 온 사람들과 선교사로 파견된 사람들로 나뉜다. 그들은 19세기

---

18 민경배, 『한국기독교회사』(서울: 대한기독교출판사, 1982), 191-194.
19 "녀학교론," 『대한그리스도인회보』, 독존호, 광무 이년 팔월 삼일(1898. 8. 3).
20 『조선남감리교회 30년 기념보』, 11-17.

초에 이루어진 서구 여성운동의 혜택[21]을 받은 신여성들로서 본국의 해외선교운동의 일환으로 참여하였다. 선교활동에서 드러나는 그들의 신앙유형은 한국에 파송된 대다수의 선교사들처럼 보수적 경건주의와 근본주의적 성향을 지닌 것으로 평가되며,[22] 이와 같은 신앙관은 교육과정에도 영향을 주었다. 실제로 여선교사들은 술과 담배를 엄격하게 금지하고 학생들에게 금욕적인 생활을 엄격하게 가르쳤다.[23] 또 이들은 한국교회의 여신도회 운영을 장기간 지배하였으며[24] 교회여성들에게 주로 죄, 회개, 천당, 지옥, 사탄 등의 내용을 가르쳤다.[25]

III. 개화기 여성교육의 전개

조선사회에서 근대교육의 필요성을 역설한 선구자는 박영효였다. 그는 1888년 1월 13일자 상소에서 6세 이상인 남녀 아동들이 취학할 수 있는 초·중학교의 설립을 처음 주장하였다. 그로부터 10년 뒤인 1898년에는 뜻 있는 부인들이 나서서 찬양회를 조직하여 관립여학교의 설치를 위한 "여학교설치통문"[26]을 발표하고 청원운동을 전개했다.

그 결실이라 할 수 있는 최초의 관립여학교인 한성고등여학교는 다시 10년의 세월이 지난 뒤인 1908년에 비로소 설립되었다. 그런데 관

---

21 구체적인 예로 참정권과 교육권을 들 수 있다. 이효재, "개신교 선교와 한국여성개화," 『한국의 근대화와 기독교』(서울: 숭전대학교출판부, 1983), 206ff.를 참조하라.

22 이우정, 『한국기독교여성백년의 발자취』(서울: 민중사, 1985), 24ff.

23 『정신 75년사』(서울: 정신여자고등학교, 1962), 168ff.

24 장병욱, 『감리교여성사』(서울: 성광문화사, 1979), 383.

25 N. R. Scholes, "Developing Women Leaders," *K.M.F.*, 1916, 189.

26 「독립신문」, 1898. 9. 9.

립여자학교가 단 한 군데 설립되어 있었던 1908년 현재 개신교계 사립여학교는 29개, 개신교와 무관한 민간 사립여학교는 12개에 이르렀다.[27]

이 통계에서 보듯이 개화기의 여성교육은 사립학교에 의해서 주도되었다고 볼 수 있다. 사립학교는 특히 1905년부터 1910년 사이에 급증하였다. 이것은 1905년 을사조약 이후 구국의 열망이 교육운동으로 전환되면서 나타난 결실이었다. 개신교계 사립학교들도 이 시기에 급증하였는데 그것은 대부흥운동의 여파로 신도들이 늘어나면서 "불신자는 전도하고 신자는 교육하자"는 슬로건을 내걸고 많은 학교를 설립하여 자녀들을 진학시키고자 했기 때문이다.[28] 전도부인들을 교육하기 위한 성서학원 이외에 교회도 여성교육을 펼칠 수 있는 본격적인 교육에 나서기 시작한 것이다.

여기서는 개화기 여성교육을 담당했던 개신교 사립여학교의 교육현황을 설립과정과 교육목표, 교과과정에 주목하면서 살펴보고 성서학원을 위시하여 교회가 펼친 여성교육의 실태를 밝힌다. 이와 더불어 개신교와 무관한 민간 사립여학교의 경우도 참고한다.

1. 개신교계 사립여학교

개신교계 사립여학교는 1886년 이화학당을 선두로 탄생하기 시작하여 1894년에 이르러 최초의 지방 여학교인 정의여학교가 평양에 설립되었다. 1897년 장로회 선교부가 지방 여학교를 설치하려는 정책

---

27 한국여성개발원, 『한국 여성교육의 변천과정 연구』(서울: 한국여성개발원, 2001), 77.
28 윤혜원, "기독교 학교와 여성 교육," 한국기독교100주년기념사업협의회 여성분과위원회 편, 『여성 – 깰지어다, 일어날지어다, 노래할지어다: 한국기독교여성백년사』(서울: 대한기독교출판사, 1985), 119f.

을 공식적으로 채택함에 따라 주요 도시마다 학교가 많이 설립되기 시작하였다.

기독교 이념에 따라 선교사들과 교회에 의해서 설립된 학교들[29]의 설립취지와 교육목표는 거의 동일하게 설정되었다. 이화학당의 설립자 스크랜톤이 밝힌 교육목적은 다음과 같다.

> 우리의 목표는 여아들을 외국인의 생활, 의복 및 환경에 맞도록 변하게 하는 데 있지 않다. 우리는 단지 한국인을 보다 나은 한국인으로 만듦으로써 만족한다. 우리는 한국인이 한국적인 것에 대하여 긍지를 가지게 되기를 희망한다. 그리스도와 그의 교훈을 통하여 완전무결한 한국을 만들고자 희망하는 바이다.[30]

스크랜톤이 한국 사회에 적응하면서도 좀 더 개명된 여성의 육성을 목표로 설정하고 여성교육의 바탕을 기독교적 교양에 두었다면, 여선교사 길모아와 제2대 이화학당 당장 로드와일러는 개신교 여성교육의 목적이 한국의 현모양처를 양성하는 것 이외에 선교자로 훈련시키는 것임을 명시적으로 강조하였다. 이들의 말을 들어 보자.

> 한국 여아를 그들이 생활하여야 하는 조건 밑에서 모범적 주부를 만드는 동시에 그들의 친척과 동료 사이에 기독교의 선교자가 되도록 인도

---

29 선교사들이 설립한 학교들(mission supported school)과 한국인 신도들에 의해 세워진 자립교회들이 설립한 학교들(native supported school)은 서로 구별되어야 한다. 후자의 학교들은 선교사들의 간섭으로부터 상대적으로 자유로웠기 때문에, 이들 학교들은 민족의식을 확산하는 데 모종의 역할을 할 수 있었다. 이에 대해서는 H. H. Underwood, *Modern Education in Korea* (New York, 1926), 40을 보라.

30 정충량, 『이화 80년사』(서울: 이대출판부, 1968), 137.

하는 데 교육방침을 둔다.[31]

참된 가정을 만들고 유지하는 데 있어 조력자가 되고 우리 학교의 교
사가 되며 기숙학교의 조수가 되고 의료사업에 있어 간호부나 조수가
되게 하려는 데 있다.[32]

초창기 이화학당의 교육목표에서 두드러지는 것은 개신교 여성교
육이 당시의 기독교 선교를 염두에 두고 조직되었고, 여성의 자아실현
보다는 현모양처를 지향하였다는 점이다.

1899년에 설립된 호수돈여학교의 교육목표도 기독교 정신에 입각
하여 학생의 자질을 향상시키고 사회에 이바지할 여성을 키우기 위해
종교생활과 가사 및 실업교육을 실시하는 데 두고 있다.[33] 1903년에
설립된 숭의여학교도 "사랑의 여성, 의로운 여성, 봉사의 여성"이라는
교훈 아래 여성에 대한 선교, 계몽, 교육자 육성, 전도를 위한 교역자
양성을 교육목표로 삼고 있다.[34] 이 학교들의 교육목표는 이화학당의
교육목표와 크게 다르지 않고 현모양처와 전도봉사자의 이상형을 추
구했음을 알 수 있다.

교육과정을 살펴보면, 당시 대부분의 여학교들은 공통된 교과목을
가르쳤다. 예를 들어 이화학당의 1904년 교육과정과 정신여학교의
1903년 교육과정에서 공통 교과목은 한문, 산술/수학, 역사, 지리, 성
경, 이과, 도화, 생리, 음악, 작문, 습자, 재봉/침공, 체조였다. 공통 교

---

31 정충량, 앞의 책, 138.
32 앞의 책, 138.
33 호수돈여자중고등학교, 『호수돈백년사: 1899-1999』(대전: 호수돈여자중고등학교, 1999).
34 숭의90년사 편찬위원회, 『숭의구십년사: 1903-1993』(서울: 숭의학원, 1993).

과목 이외에 이화학당은 국어와 영어를, 정신여학교는 가사, 수예, 어학, 동물, 식물을 가르쳤는데, 여기서 두 여학교의 교과과정이 차이를 보인다.[35]

참고로 개신교 남자사립학교인 배재학당의 1903년 교육과정을 살펴보면 그 당시 진행된 남성교육과 여성교육의 차이점을 알 수 있다. 당시 배재학당은 세계사개론(한국사, 중국사, 일본사), 수학, 물리학, 화학, 국제법, 정치경제학, 식물학, 성경을 가르쳤다.[36] 배재학당이 기본 교과목 이외에 세계의 역사, 세상 돌아가는 이치, 자연과학의 심화학습을 위해 교과과정을 짰다면 여학교들은 주로 가사에 관련된 교과목을 다루고 있다.

2. 성서학원과 교회의 여성교육

부인들을 교육대상으로 삼은 성서학원(Women's Bible Institute)은 전도부인(Bible Woman)들을 단기간 교육하기 위해 설치된 교육기관이었다. 초기 선교과정에서 전도부인들은 꼭 필요한 존재였는데 그 까닭은 외국인 여선교사들의 한국어 구사 능력이 떨어져 보조자가 필요했고 그 당시 내외법이 엄연하여 가정 내 여성들을 접촉하기 위해서는 여성 전도자들이 필요했기 때문이다. 최초의 성서학원은 1897년 6개월 단기과정으로 설치되었고 이 성서학원들이 여자성경학원으로 승격한 것은 1910년에 이르러서였다. 학원마다 교육연한이 다르기는 했으나 공통적으로 성경, 교회사, 창가, 체조, 교육학 등을 가르쳐서

---

35 정재걸·이혜영,『한국 근대 학교교육 100년사 연구(I) – 개화기의 학교교육』(서울: 한국교육개발원, 1994), 98.
36 한국여성개발원, 앞의 책, 88.

전도부인들의 선교활동을 뒷받침하였다. 전도부인들은 가정방문을 통하여 문해교육(文解敎育), 성서읽기, 교리문답, 기도, 찬송, 생활교육37을 실시하였고 교회에서는 야학을 운영하거나 여신도들을 조직하여 가르치기도 하였다. 선교 초기 열악한 환경에서 비록 그 교육이 전문적인 수준에 미치지 못했다 할지라도 전도부인들의 헌신은 당시 선교사들의 감탄을 불러일으킬 정도였다.38

교회의 여성교육은 크게 성경반, 야학, 사경회 형태로 이루어졌으며, 공통 교과목은 성경공부, 위생법, 자녀양육법이었다. 야학의 경우, 부녀자들을 대상으로 한글독해, 성경, 산술을 가르쳤다.39

3. 민간 사립여학교

개신교계 사립학교인 이화학당이 1886년에 설립된 데 비하여 최초의 민간 사립학교는 1898년 한국 민간인에 의해 설립된 순성여학교이다. 순성여학교의 설립목적은 "남자와 마찬가지로 여자를 교육하여 문명한 국가가 되는 것"40이었으며 천자, 동몽선습, 소학, 태서신사, 재봉을 가르쳤다.

1906년 황실의 희사와 각계의 후원금을 바탕으로 하여 설립된 명신여학교는 일본의 귀족학교를 지향하여 전원 일본인 교사들로 구성된 민간 사립여학교였는데 이 학교의 교육이념은 다음과 같다.

---

37 이때 사용한 책자들은 『주일성수』, 『교회 안에서의 행동』, 『가족의 통제와 관리』, 『위생과 보건』 등으로 이에 관해서는 "Native Bible Woman," *K.M.F.*, 1910. 5를 참조하라.
38 이에 대하여 Louis B. Hayes, "The Korean Woman and her work," *K.M.F.*, 1935. 7을 참조하라.
39 『그리스도회보』, 1911. 12. 15.
40 「독립신문」, 1899. 10.13.

인격교육에 심심한 주의를 기울여 특히 여자에게 필요한 순결·동정·정결·정돈·관서(寬恕) 등의 제 덕을 함양하고 기질을 존중하고 근로를 사랑하며 순량정숙(醇良貞淑)한 품성을 기르고 자학·자습·자치의 양풍을 길러 기예의 숙달을 꾀하고 경제 체육을 장려하여 건강의 유지 증진을 도모하여서 심신의 원만한 발달을 기하여 현 사회에 적응하는 부인의 양성에 힘씀으로써 순량한 교풍의 등장에 노력한다.[41]

1908년 민간인의 자본으로 설립된 동원여학교의 교육목적은 다음의 말에서 짐작할 수 있다.

여자교육은 어디까지나 여자를 만드는 교육이요. 그것이 가정을 만들고 국가를 만드는 것이다.[42]

이처럼 민간 사립여학교의 교육목표는 가부장제 사회에서 현모양처를 육성하는 것이었다.

민간 사립여학교의 교과과정을 1905년을 전후로 살펴보면 한문, 국문, 영문, 산술, 재봉, 체조, 창가, 도화, 습자를 공통과목으로 가르쳤음을 알 수 있다.[43] 당시 3년제 민간 사립남학교인 양정의숙의 교과목은 산술, 일어, 만국역사, 국가학, 경제원론, 법학토론, 민법초칙, 형법총론, 행정법, 상법, 재정학, 국제공법, 국제사법, 화폐, 은행론사, 근시의료론 등이었다.[44] 이 둘을 비교해 보면, 그 당시의 남성교육과

---

41 숙명구십년사 편찬실, 『숙명 구십년사』(서울: 숙명여자중고등학교, 1996).

42 동덕여자고등학교, 『동덕50년사』(서울: 동덕여자고등학교, 1960).

43 송인자, "1905-1930년대 초반 여성교육기관의 팽창 연구," 『사회교육과학연구』 제2권 (숙명여대 사회·교육과학연구소, 1997), 141-142.

여성교육이 교과목 운영에서 현격한 차이를 보였음을 알 수 있다.

IV. 개화기 여성교육의 특성과 개신교

1. 교육권의 요구와 여성 정체성의 인식

개화기 한국 사회는 국가적 위기상황에서 자주적인 근대국가의 형성을 위한 범국민적인 의식 변화와 참여를 필요로 했다. 외세의 압력 아래서 국가를 개혁하고 사회를 발전시키는 일과 관련해서 수구파와 개화파, 그리고 민중적 저항 등 다양한 노선들이 개화기 한국 사회에서 대립하였다는 것은 이미 잘 알려져 있다.

개화기에 근대교육을 도입하여 위기의 한국 사회를 극복하고자 했던 선각자들은 남성들에 대한 교육 못지않게 여성들에 대한 교육도 중시했다. 여성의 잠재력을 인정하고 개발하는 것이 위기를 타개하는 길이었기 때문일 것이다. 실제로 근대화를 이룩하는 과정에서 가부장적 봉건제도와 성차별로 인해 억압된 여성의 능력을 새롭게 인식하고 여성 계발에 나서는 것은 사회발전과 역사변혁의 시급한 과제였다.

독립협회는 그동안 완전히 무시되었던 여성교육의 필요성과 시급성을 파악하고 여성교육의 실현을 위해 노력했다. 이에 동조한 찬양회의 부인들은 1898년 여성의 교육권을 위해 국왕에게 상소하였는데 이 상소문에서 주목되는 것은 여성들이 성의 차이를 넘어선 교육기회의 평등성을 주장하였다는 점이다. 이를 엿보게 하는 상소문의 한 구절을

---

44 서울특별시 교육위원회, 『서울교육사 上』(서울특별시교육위원회, 1981), 105.

인용하기로 한다.

> … 이제 우리 2천만 동포 형제가 성의를 효순하야 전일 해태하던 구습은 영영 버리고 각각 개명한 신식을 좇아 행할 새 사사이 취서되어 일신 우 일신함은 영영한 소아라도 저마다 아는 바이어늘 어찌하여 우리 여인들은 일양 귀먹고 눈 어두운 병신 모양으로 구규만 지키고 있는지 모를 일이로다. 혹자 신체와 수족과 이목이 남녀가 다름이 있는가. 어찌하여 병신 모양 사나이의 벌어주는 것만 먹고 평생을 심규에 처하야 그 절제만 받으리오. … 슬프다 도로혀 전일을 생각하면 사나이의 위력으로 여편네를 누르랴고 구설을 빙자하여 여자는 거내이불언외하며 유주식시의라 하니 어찌하여 신체 수족 이목이 남자와 다름없는 한 가지 사람으로 심규에 처하야 다만 밥과 술이나 지으리오. 도금에 구규를 진폐하고 신식을 시행함에 우리도 혁구종신하야 타국과 같이 여학교를 설시하고 각각 여아들을 보내어 각항 재조와 규칙과 행세하는 도리를 배워 일후에 남녀가 일반 사람이 되게 할 차 방장 여학교를 설시하오니….[45]

개화기 여성들의 교육에 대한 권리주장은 여성의 정체성에 대한 자각에 근거한 것이었다. 교회의 여성교육이 여성들을 어떻게 변화시켰는가를 관찰했던 선교사들의 증언은 이를 분명히 뒷받침한다.

한국 여성들은 오늘날에 이르기까지 그들의 이름을 사용한 적이 없지만 이제부터는 자기 이름을 쓸 것이다. 과거에 그녀의 이름은 출생시

---

45 「독립신문」, 1898. 9. 9(서울특별시교육위원회, 앞의 책, 104에서 재인용).

한문으로 등록되는 것 외에는 다시는 들어 볼 수 없는 것이었다. 우리가 그들에게 이름을 지어줌으로써 그들은 처음으로 그들 자신의 주체성과 인격의 중요성을 통찰하게 되었다.[46]

선교사들은 자기 이름으로 불리기 시작한 여성들이 교회의 공개집회에 참여하여 자신의 목소리를 내는 일이 얼마나 의미 있는 일인가를 증언하기도 하였다.

수세기를 통하여 여성이 억압되어 오던 이 땅의 믿는 여성들이 회중 앞에서 담대하게 드리는 공개 기도는 실로 놀랄 만한 일이다.[47]

개화기에 여성들에게 형식교육의 기회를 허용하는 일이 곧 여성해방과 양성평등을 구현하는 것을 의미하지는 않지만 전근대적인 관습과 제도적 족쇄에서 자신의 정체성을 잃은 여성들이 자기 자신을 새롭게 발견하고 자기계발의 필요성을 자각하여 근대교육에 참여하기 시작한 것은 의미 있는 일로 평가되어야 할 것이다.

2. 여성의식과 민족의식

개화기 여성교육은 여성들에게 여성의식과 민족의식을 고양시켰다. 역사적으로 보면 여성의식과 민족의식이 서로 긍정적이고 상생적인 관계를 맺어온 것은 아니지만[48] 외세의 압력 아래서 근대화의 길을

---

46 Elise, J. Shepping, *The Open Letters of Southern Presbyterian Missionaries in Korea*, March 16, 1921(이우정, 앞의 책, 42에서 재인용).
47 강부열 · 김윤국 역, 『한인 심중의 그리스도』(서울: 가남사, 1981), 69.

걸으며 자주적인 민족국가를 건설하고자 했던 개화기에 여성의식과 민족의식은 서로를 강화시키고 고무하는 관계에 있었다고 볼 수 있다.

개화기 근대화론자들은 근대화를 통한 부국강병론을 앞세워서 여성을 동원 대상으로 간주하거나 여성에게 남성의 조력자 역할을 강조했다. 이러한 주장은 당대의 현실에서 불가피한 측면이 있었으나 그 점만을 강조해서는 여성의 자발성을 끌어내거나 여성의 주체성을 강화하기 어렵다. 강력한 민족국가 형성을 위해 여성 잠재력 개발을 강조하고 자녀교육의 담당자로서 현모양처의 역할을 강조했던 개화기의 여성교육론은 그러한 한계에 머물러 있다.

그런데 1907년에 전개된 국채보상운동은 개화파 남성들의 여성 개발론과 동원론을 넘어서서 여성의식과 민족의식이 새로운 차원에서 결합될 수 있었음을 보여주는 매우 중요한 사례이다. 국채보상운동을 애초에는 남성들이 주도하였으나 이에 자극받은 여성들이 나서서 각 계각층의 여성들을 망라하여 자발적이고 독자적인 활동을 펼치기 시작하였다. 이 여성들이 어떤 생각을 가지고 국채보상운동에 나섰는가를 잘 보여주는 것은 1907년 3월 8일자 「대한매일신보」에 게재된 "경고아부인동포(警告我婦人同胞)"라는 격문이다. 이를 인용하기로 한다.

우리가 함기 여자 몸으로 규문에 처하와 삼종지의에 간섭할 사 무기 없아오나 나라 위하난 마음과 백성된 도리에나 어찌 남녀가 다르리요. 듣사오니 국채를 갚으랴고 이천만 동포들이 석 달간 연초를 아니

---

48 예를 들면 나치스의 민족주의는 여성의식을 크게 억압하고 왜곡했다. 모성에 대한 나치스의 강조는 여성의 역할을 출산과 양육에 제한하고 독일민족의 생식력을 강화하려는 목표를 갖고 있었다. 여성의 모성은 민족을 위한 것이고 국가의 미래를 위한 것으로 선전되면서 여성은 민족의 이름으로 억압되었다.

먹고 대전을 구취한다 하오니 족히 사람으로 흥감케 할지요. 전정에
아름다움이라. 그러하오나 부인은 물론헌다니 대저 여자는 나라 백성
이 아니며 하육중 일물이 아니오. 본인 등은 여자의 소처로 일신소존이
다만 패물 등속이라. 태산이 흙덩이를 사양치 아니하고 하해가 가는 물
을 가리지 아니하기를 적음으로 큰 것을 도우나니 유지하신 부인동포
들은 다소를 불구하고 혈심 의연하와 국채를 청장하심이 천만 행심.

여성들의 국채보상운동은 애국계몽운동인 동시에 여성운동이었
으며 특히 개신교 여성들이 전국 각지에서 주도적인 역할을 맡았다.
국가를 외채 위기에서 구하기 위하여 여성들은 남성들로부터 독립하
여 심지어는 남성들의 주도권에 저항하면서까지 다양한 방법으로 조
직 활동을 벌였다. 예를 들면 여성들은 패물과 금전과 쌀을 위시하여
그들의 삶의 처지에서 동원할 수 있는 모든 물자를 모았고, 그 당시
천시되던 물긷기 노동에 나서서 돈을 벌었으며 반찬값을 줄여 외채 보
상을 하려고 했다. 국채보상운동을 통하여 여성들은 남녀평등권이 관
념만이 아니라 현실 세계에서도 실현될 수 있다는 중요한 경험을 한
것이다.[49] 이 여성들이 개화기 여성교육의 세례를 받았는지 확인할 수
있는 사료들을 발견하기 어렵지만 국채보상운동을 주도한 여성들의 이
름은 이를 어느 정도 방증하는 것으로 보인다.[50]
　국채보상운동이 활발하게 전개된 1907년 이후 일본관헌은 한국교
회가 반일운동의 근거지라고 비난하기 시작했고 일부 선교사들도 신
도들의 구국민족운동을 "애국의 미친 광란"[51]이라고 혹평하면서 교회

---

49 박용옥, 앞의 책, 393-420.
50 "婦人의 愛國誠,"「황성신문」, 1907. 3. 14.
51 J. S. Gale, *Korea in Transition*, 38-39.

의 정치 참여에 적극적인 반대 의사를 표시하였다. 또한 1907년의 대부흥운동은 개인의 죄와 회개에 신앙의 관심을 집중시킴으로써 개신교인들의 비정치적 신앙양태를 형성하는 한 동인을 제공하였다.[52] 특히 여성들은 죄의 문제에서 남성들에 비하여 더 예민한 자책감을 갖는 경향이 있었는데 그것은 당시의 여성 신도들이 무속 등 미신의 영향에서 자유롭지 않았기 때문으로 평가된다.[53]

따라서 1907년을 기점으로 한국 개신교에는 서로 다른 유형의 여성들이 나타났다고 볼 수 있다. 여성의식과 민족의식을 결합시킨 채 신앙생활을 했던 사람들과 개인 심령의 구원에 관심을 집중하며 비정치화의 길을 걷기 시작한 사람들이 그들이다.

3. 생활교육의 강조

개신교의 여성교육은 종교교육과 생활교육을 병행함으로써 신앙과 생활이 분리되지 않도록 하는 특성을 가졌다. 물론 생활교육의 내용이 위생, 재봉, 자녀교육법 등 전통적인 여성의 역할과 관련됨으로써 성 역할을 고정시켰다는 점도 지적할 수 있다. 당시 남학교의 교과과정과 비교해 볼 때 민간 사립여학교도 마찬가지이지만 개신교 사립여학교의 교과과정은 지나치게 가정 내의 여성을 염두에 두고 짜였다는 점도 지적할 필요가 있다. 그러나 여성교육이 가정생활과 밀접한 관계를 맺고 있었다는 것을 비판만 할 필요는 없다. 왜냐하면 그 당시 여성들의 사회진출은 극히 미미했기 때문이다. 개화기 여성교육의 교

---

52 민경배, 『한국기독교회사』(서울: 대한기독교출판사, 1982), 259.
53 「그리스도인회보」, 1905. 7. 18, 348.

과과정이 갖는 한계는 한국 사회에서 여성들이 차지하고 있는 노동분
업상의 지위를 반영한 것으로 평가할 수 있을 것이다.

필자는 개화기 여성교육이 생활교육 중심이었다는 것은 의미 있는
시도였다고 본다. 남녀의 차이를 염두에 두지 않는 형식교육의 교과과
정에서 여성의 관심사와 삶의 필요가 배제되고 간과됨으로써 결국 성
차별이 암묵적으로 유지되고 있는 점을 감안할 때, 여성들의 현실과
삶의 요구에 따라 교과과정을 마련한 개화기 사립여학교들의 시도는,
비록 교과목의 수준과 다양성에서 많은 문제가 있었고 당대의 가부장
제에 순응하는 측면이 있었다 할지라도, 재평가될 필요가 있다.

V. 나가는 말

개화기 선교사들이 도입한 근대교육은 서구적인 인권 개념과 교과
과정을 기초로 한 것이었으며, 봉건제도에서 계층과 성별에 따라 제한
적으로 이루어지던 전통교육과는 구별되는 것이었다. 민중 여성들에
게 교육의 기회와 여건이 부여된 점은 한국 교육사뿐만 아니라 한국
여성사에서도 중요한 의미를 갖는다. 개신교계 사립여학교가 개화기
민간 사립여학교나 관·공립여학교에 큰 영향을 주었다고 단정짓지
않는다 할지라도[54] 개화기 여성교육을 선도했던 역할만큼은 인정해
야 할 것이다.

개신교는 개화기에 사회개혁과 국가개혁을 추구하고 시도했던 한
국 선각자들과 여성들에게 서구문명을 나름대로 선보임으로써 사회

---

54 정재걸·이혜영, 앞의 책을 참조하라.

문화적 변동에 긍정적으로 기여하는 한 변수가 되었다고 평가된다. 그러나 개신교가 여성교육을 통하여 당시 한국 사회에서 여성의식과 민족의식, 여성의 주체성과 기독교 정신을 통합하는 과정에서 담당했던 역할을 놓고서는 양가적 평가가 가능하다. 선교 초기에 개신교는 근대적 여성교육을 통하여 한국 사회의 개화와 구국의 열망에 부응하도록 여성들의 의식과 삶을 변화시킬 수 있는 원동력을 제공했고 개신교 여성들도 그러한 조건을 수용하여 사회발전의 일원이 되기를 힘썼다. 그러나 1907년 이후 대부흥운동을 거치면서 교회의 여성교육이 여성의식과 민족의식을 얼마나 효과적으로 결합시켰는가에 대해서는 회의적인 시각이 많다.

1907년 이후 개신교 여성들에게 나타나는 비정치적 의식은 한국교회의 제도화가 빠른 속도로 진행된 식민지 시대에 강화되었다고 평가되는데, 이에 대해서는 별도의 연구가 필요할 것이다.

일제 강점기 여성교육과 개신교[*]

― 1910~1920년대를 중심으로

I. 들어가는 말

구한 말 개화기의 여성교육이 근대화의 요구와 구국운동의 필요에 의해서 여성에게 교육의 기회를 부여한 선구적인 의미를 가졌다면 일제 강점기(1910~1945년)의 여성교육은 교육받은 여성들의 사회참여가 식민지 시대의 사회변동에 어느 정도 기여했다는 점에서 주목된다. 여성교육의 역사적 발전 과정에서 1910년부터 시작되는 식민지 상황은 교육사뿐만 아니라 여성사에 지대한 영향을 끼쳤고 당대 현실에 대한 여성들의 대응 방식이 지금까지 그 맥을 이어오고 있다는 점에서 연구의 가치가 있다.

1910년대의 교육은 일제의 식민교육과 한국인의 저항적 민족교육

* 이 논문은 한국학술진흥재단(2002-KRF-AM1029)의 지원에 의하여 연구되었음.

이 사립학교를 중심으로 치열하게 전개되던 시기였다. 여성교육의 경우 기독교계 여학교가 주도적인 역할을 담당하였으며 근대교육의 혜택을 입은 여성들이 교사와 사회지도자로서 인재양성을 통한 자주독립의 민족적 과제에 적극 참여하였다.

1920년대에는 일제 총독부가 무단통치에서 문화통치로 정책을 바꿈에 따라 각종 교육단체들[1]과 여성단체들이 결성되었고 여성교육의 장도 학교와 교회에 머물지 않고 사회적으로 확대되었다. 이 시기에 교육받은 기독교 여성들, 유학을 마친 여성 지식인들, 사회주의의 영향을 받은 여성들은 사회적 지도력을 가지고 여성교육과 여성운동을 담당하였다.

본 논문은 개화기 개신교 여성교육[2]에 대한 연구를 전제로 해서 일제 강점기에 이루어진 여성교육과 개신교의 관계를 규명하고 그것이 당대 사회에 끼친 영향을 분석하고자 한다. 연구의 시기는 일제 강점기[3] 가운데 연구 주제의 특성이 두드러지는 1910년대와 1920년대로 국한한다. 본 논문 제II장에서는 일제 식민교육정책과 여성교육을 살펴보고 제III장에서는 일제 종교정책에 대한 개신교의 대응 방식을 정리하려고 한다. 제IV장에서는 개신교 여성교육의 역할과 의미를 시대별로 구분하여 분석할 것이다.

---

1 1920년대에 출현한 대표적인 단체들로 조선교육협회, 조선여자교육협회, 조선어연구회, 조선학생대회 등이 있다.

2 이에 대해서는 拙稿 "개화기 한국 여성교육과 개신교 - 1876년부터 1910년까지," 『신학사상』 제124집(2004년 봄)(서울: 한국신학연구소, 2004), 167-192를 보라.

3 일제 강점기의 시대적 구분은 무단통치기(1910~1919년), 문화통치기(1920~1931년), 병참기지화 정책 시기(1931~1945년)로 구분된다. 차석기, 『한국 민족주의 교육의 생성과 전개』(서울: 태학사, 1999).

II. 일제 식민지 여성교육과 교육정책

1. 일제 식민교육정책

일제식민통치에서 교육은 중요한 의미를 지닌 것이었다. 일반적으로 식민통치의 주요 목표를 식민지 주민들의 착취와 동화로 볼 때 교육은 체계적이고 지속적으로 동화 정책[4]을 관철할 수 있는 기능을 갖기 때문이다.

일제는 이러한 식민교육의 목표를 달성하기 위하여 다음과 같은 기본방침을 세우고 이 방침에 따라 교육정책들을 전개해 나갔다.

— 조선인을 일본 신민으로 육성한다.
— 점진주의를 취한다.
— 노동의 습관을 형성한다.
— 보통교육 및 실업교육에 힘쓴다.
— 일본어를 보급한다.[5]

이상의 교육 기본방침에서 무엇보다 강조된 것이 조선인의 신민화인데 이것을 뒷받침하는 것이 '천황제' 이데올로기[6]이다. 천황제 이데

---

4 문형만, "일제의 식민교육과 종교교육의 갈등," 한국정신문화연구원, 『근대민족교육의 전개와 갈등』(성남: 한국정신문화연구원, 1982), 161.

5 조동걸, "1910년대 민족교육과 그 평가상의 문제," 『한국학보』 제6집(서울: 일지사, 1977), 111.

6 김승태는 천황제 이데올로기를 "서구적 근대화와 일본 국수의 보존 및 국민 사상 통일의 두 마리 토끼를 쫓는 과정에서 창출된 정치 이데올로기임과 동시에 종교 이데올로기"로 평가한다. 김승태, "일제하 '천황제' 이데올로기와 한국교회," 『기독교사상』 380호(서울:

올로기의 핵심은 천황이 백성의 아버지이고 백성은 그의 자식임을 주입하는 것인데 일본 사회는 이를 통하여 효의 개념을 충의 개념으로 연결·확장했다. 천황제 국가에서 개인은 가족과 국가 그리고 윗사람에 대한 복종과 희생을 강요받는다. 일제가 천황제 이데올로기를 교육 목표로 삼은 것은 조선인의 민족정신을 말살하고 일제에 대한 조선인의 자발적인 충성과 복종을 얻기 위한 것이었다. 이런 목적을 달성하기 위하여 조선 총독부나 일본 문부성이 편찬한 교과서가 수신(修身)인데 이 교과서는 전국 교육기관에 보급되었다.7 수신 과목의 주안점은 천황에 대한 충성과 전통적 충효사상의 함양인데 총독부의 교과서 담당 실무자는 이를 다음과 같이 밝히고 있다.

국민도덕의 중추인 충효의 관념을 양성하는 것에는 특별히 중점을 두어 각 권에 그것에 관한 교재를 포함시키고 권1 제10과에 '천황폐하', 같은 책 제11과에 '부모의 은혜'를 더하여 될 수 있는 한 일찍이 군부의 은혜를 알게 힘썼다.8

신민화를 위한 사상교과에는 수신 과목 외에도 국어, 역사, 지리, 음악(창가)을 들 수 있다. 그 가운데 음악은 일본 창가집을 모방하여 교과내용을 마련함으로써 민족정서를 왜색화하려는 의도를 노골적으로 드러냈다.9

대한기독교서회, 1990), 62.

7 수신 교과서에서 일제에 대한 순종을 가르치는 내용은, 초등학교의 경우, 전체 단원의 46.1%, 중등학교의 경우 44.6%를 차지했다. 지호원, 「일제하 수신과 교육 연구」, 부산대 대학원 교육학과 박사학위 논문(1997. 2) 참조.

8 「매일신보」, 1917년 6월 26일자, "조선의 교과서".

9 송민호, "일제하의 한국저항문학," 아시아문제연구소 편, 『일제하의 문화운동사』, 247.

1910년대와 1920년대에 일제가 제정·공포했던 교육령과 규칙들의 내용을 살펴보면 이러한 식민교육정책의 성격을 좀 더 명료하게 파악할 수 있다. 1911년에 공포된 제1기 조선교육령은 보통학교와 고등보통학교의 교육목표를 황국신민과 저급한 근로자의 육성에 두고 수신, 실과, 일어 등의 과목을 중시했다. 보통학교의 경우 수업연한을 4년으로 단축하고 교과과정에서 역사와 지리 과목을 제외했으며 남아에게는 수공, 농업 초보, 상업 초보를, 여아에게는 재봉과 수예를 부과하였다. 고등보통학교의 경우 이전과 비교해 볼 때, 조선어 및 한문, 수학의 수업시간을 줄이고 일본어 배정을 증가시켰으며 역사지리는 일본의 역사지리 과목으로 한정하였다.

1912년 각급 학교에 배포된 교육칙어는 천황이 하사한 교육방침으로서 아버지, 남편, 군주, 현신인(現神人)이 되는 천황을 믿고 따르는 "충량한 신민"이 될 것을 강조하고 있다.[10]

1915년 총독부는 당시 항일민족운동의 근거지였던 사립학교를 겨냥하여 사립학교 규칙을 제정·공포했다. 그 내용 가운데 특별한 것은 기독교학교에서 성경, 역사, 지리 과목을 가르치지 못하도록 한 점이다. 이것은 '천황 사진 배례'를 거부하는 등 천황제 이데올로기와 상충되는 기독교학교의 종교교육을 탄압하려는 의도로 해석할 수 있다. 이와 같은 사립학교규칙이 적용된 결과로 1910년에 1418개교이던 사립학교가 1919년에는 463개교로 감소되었는데 당시 이와 같은 학교 부족을 메워 주고 교육 저변화에 기여한 것은 각종 야학과 서당이었다.

1922년에 개정된 제2기 조선교육령은 조선의 교육을 일본의 교육과 동일하게 실시한다는 '준거주의'가 적용되었고 이에 따라 보통학교

---

10 『조선총독부관보』 제405호, 1912년 1월 6일자.

에서 수업연한을 6년으로 연장하고 일본의 역사와 지리를 추가하였다. 또 고등보통학교에서는 일본어 배정을 줄이고 영어(외국어) 배정을 늘렸으며 역사 과목에서 일본과 더불어 조선의 역사도 가르치는 것을 허용하였다.

또한 일제는 당시 사설 민간교육기관으로서 비공식적인 교육과정을 담당하고 있던 서당을 규제하고 탄압하기 위하여 서당규칙을 제정, 공포하였다. 1918년에 공포된 서당규칙은 1) 한문 외 일어 및 산술을 교수할 것, 2) 학동 인원을 30명으로 제한할 것, 3) 교사의 사상 계발을 위해 공립보통학교장이 시찰과 강습을 할 것, 4) 서당에서 사용되는 서적은 인정을 받을 것을 규정하였는데 이러한 조치는 서당의 수가 전국적으로 급증하고[11] 동몽선습 등을 내용으로 하는 민족교육[12]이 실시되는 것을 경계한 것이다.

이상과 같은 식민교육정책은 일제가 교육의 목표를 우선적으로 식민지를 관리·운영하는 데 필요한 중하급 관리[13]나 노동자를 배출하고 최종적으로 조선인을 일제에 충성하는 황국신민으로 만드는 데 두고 있음을 잘 드러내고 있다.

---

11 1912년에 1만 6천여 개이던 서당이 1919년에는 2만 3천여 개로 증가하였다. 또 1923년까지는 서당의 학동 수가 공립보통학교의 학생 수보다 많은 실정이었다. 오천석, 『한국신교육사』(서울: 현대교육총서출판사, 1964), 255.

12 당시 서당의 교육과정은 천자문, 동몽선습, 격몽요결, 소학, 사서오경 등 유교 경전 중심의 전통적인 내용이 대부분이었다. 노영택, 『일제하 민중 교육 운동사』(서울: 탐구당, 1979), 134.

13 일제 총독부의 관계규칙은 가능한 한 조선인 관리를 임용하지 말 것과 임용하더라도 절대로 중요한 지위에는 임용하지 말 것을 강조하고 있다. 강동진, 『일제의 한국침략정책사』(서울: 한길사, 1980), 190.

2. 일제 여성교육정책

일제의 식민교육정책에서 여성교육이 차지하는 비중은 지대한 것
이었다. 그 이유와 목적은 다음과 같은 신문 기사에 잘 드러나 있다.

조선인이 일본인과 동화하기는 제일 첩경이 여자교육의 진보발달에
있으니 기(其)교육방침을 연구하면 조선인은 유교로 위본(僞本)하니
대저 부녀는 가정의 주재라. 아동을 훈화하는데 일가의 공기를 작성
하는 절대한 권리를 포유하였으니, 조선의 부녀는 장래에 일본의 일
정한 방침이 유한 교육하에 성인하는 것이 당연한 순서라. 일본 내지
인의 성질을 조선인이 능히 회득하면 오해를 점석(漸釋)하고 익익(益
益) 친화할지니 조선여자교육이 융성하여 동화할진대 심대한 이익이
유하리라는 의론은 당국자가 역행(力行)으로 장래에 심시하는 가도(可
圖)하리니 총독부 정치에 제일 착수할 것은 여자교육이라 하더라.[14]

앞의 글에서 알 수 있듯이 일제의 여성교육정책은 차세대를 천황의
신민으로 양육하는 여성의 역할에 주목하고 여성의 가정교육을 강조
한다. 이것은 여자고등보통학교의 교육목표를 "정숙하고 근검한 여자
를 양성"[15]하는 데 두고 교과과정에서 재봉 및 수예가 전과목 시간배
정의 3분의 1이 되는 점에서도 잘 드러난다.[16]
　이러한 일제의 여성교육 성격을 전통적인 유교적 여성관의 주입으

---

14 「매일신보」, 1910년 9월 16일자, "여자교육의 방침". 당시 매일신보는 조선총독부의 대
　변지 역할을 했다는 점에서 일제의 의도를 잘 읽을 수 있다.
15 「매일신보」, 1911년 10월 29일자.
16 「매일신보」, 1911년 10월 31일자.

로 볼 것인지 아니면 이미 일본에서 회자되는 현모양처상의 변형으로 볼 것인지에 대해서는 논란의 여지가 있다. 현모양처론은 개화기 근대 여성교육의 이념으로 강조된 바 있지만 일제 강점기에 이르러서는 여성교육의 이데올로기로 정착되었다고 볼 수 있다. 한 연구에 따르면 조선에서 현모양처라는 용어는 1906년 양규의숙의 설립 취지문에 처음 등장하는데 이것은 일본의 여성교육 이념을 반영한 것으로 평가된다.17 식민지 여성을 교육하는 최종 목표가 조선인의 신민화에 있음을 감안하면 현모양처 여성관은 그 목표를 달성하기 위한 이데올로기로 사용되었을 가능성이 많다. 일제는 식민통치에서 무엇보다 조선인의 자발적인 순종과 천황에 대한 충성에 주안점을 두면서 이를 위해서는 '효'를 중심으로 한 유교적 가족주의를 어느 정도 변용할 필요가 있었다. '충'과 '효'의 가치관이 대립할 경우 '충'의 가치관을 우선적으로 선택하도록 해야 했기 때문이다. 이런 점에서 '열녀효부'18가 강조되는 전통적 여성관보다 '현모양처'가 중심이 되는 탈봉건적·근대적 여성관이 국가주의 가치관을 형성하는 데 더 효율적이었다. 일제가 현모양처 이데올로기를 바탕으로 호주제를 도입한 것도 천황에 충성을 바치도록 강제하는 식민지 통치구조 및 통제 전략과 무관하지 않다.

현모양처 여성관은 여성의 사회적 지위를 가정으로 한정하고 남성과 여성의 성 역할을 고정시킨다는 점에서 전통적 유교 여성관과 다르지 않다. 그러나 근대국가를 지향하는 과정에서 반봉건의 목표로 설정

---

17 홍양희, "한국 현모양처론과 식민지 '국민' 만들기," 역사문제연구소, 『역사비평』 Vol. 52(2000년 가을호), 367.

18 일제는 강점기 초기에 학교교육을 받지 못하는 여성들에게 열녀상을 권장하면서 전통적인 유교적 여성관을 주입하였다. 이에 대한 기사로 「매일신보」, 1910년 11월 5일자, 1911년 10월 1일자, 1912년 3월 12일자를 참조하라.

되는 현모양처는 최소한 가정 내에서 여성 개인의 권리와 지위를 인정하고 부부 사이의 평등을 옹호한다는 점에서 신분과 부계 혈통을 중심으로 한 남존여비의 가족주의에 대해서는 비판적이었다. 또한 근대적 의미의 현모양처론은 여성의 가정에서 역할뿐만 아니라 여성의 국가적 의무를 강조하고 그에 바탕을 둔 여성교육의 당위성을 강조한다. 즉 여성은 단순히 자신의 가족들만 돌보는 것이 아니라 남편과 자식들을 국민·신민으로 만드는 중요한 일에 책임적으로 관여해야 한다는 것이다. 이런 점에서 일제 식민교육에서 여성교육이 차지하는 비중은 결코 적지 않은 것이었다.

III. 일제 종교정책과 개신교의 대응

일제는 한일 합방 후 한국 사회의 전모를 파악하면서 한국인의 종교상황에 관심을 가지고 종교정책을 전개하였다. 그 가운데 개신교는 강점기 동안 정치, 종교, 교육의 분야에서 일제 총독부와 불편한 관계를 유지해 왔다. 이런 갈등관계가 나타난 까닭은 크게 세 가지로 지적된다. 첫째, 일제의 통치이념인 천황제 이데올로기와 군국주의는 개신교의 유일신 사상 및 민주주의적 정치사상과 대립했다는 점 둘째, 한국교회와 개신교 학교들의 민족주의적 성향이 일제의 식민통치에 장애[19]가 되었다는 점 셋째는 재한 선교사들이 개신교의 국제조직을

---

19 식민지 국가들에서 전개된 기독교 선교사에서 한국의 경우는 식민세력과 선교세력이 각각 일본과 미국으로 나뉜 점이 주목된다. 그것은 한국교회가 정교분리의 원칙에도 불구하고 반식민적 저항 세력이 되는 것을 용이하게 만들었다. 민경배, "한국교회사에 있어서 민족의 문제," 『한국 기독교와 제3세계』(서울: 풀빛, 1981), 15.

통하여 조성한 세계여론이 일제에 부담이 되었다는 점이다.[20]

이러한 갈등관계 속에서 일제는 개신교에 대한 억압, 회유, 분열 정책을 구사하여 식민전략을 구상·실천하였고 개신교는 다양한 선교정책과 입장으로 이에 대응하였다. 정교분리 정책은 일제가 한일합방 전부터 염두에 두었던 대표적인 종교정책이었다. 식민지 조선에서 정치 문제는 일본이 맡고 정신적 개명교화는 선교사들이 맡으라는 총독부의 전략[21]은 일부 선교사들의 호응을 얻고 한국교회가 정치 개입보다 부흥운동에 치중하도록 하는 효과를 얻기도 하였다.

하지만 기독교인들의 민족운동이 지속되자 총독부는 교회와 학교를 대상으로 기독교 억압정책을 전개하였다. 105인 사건[22]과 1915년의 사립학교령이 그 단적인 실례이지만 그 외에도 일제는 한국인의 저항의식을 고취하는 성서 내용과 설교를 감시하고 "교회당에 있어서 안녕질서를 문란할 우려가 있다고 인정되는 경우에는 그 사용의 정지 또는 금지를 명할 수 있다"는 개정포교규칙 등으로 기독교인들의 민족운동을 탄압하였다.

선교사들에 대한 일제의 회유정책은 특히 3·1운동 이후에 두드러졌는데 선교사들을 간담회나 연회에 초청하여 교제하는 일, 사립학교령에서 금지되었던 성경과목과 예배를 허용하는 일, 교회당의 설립을 허가제에서 신고제로 바꾸는 일, 종교단체 소유의 부동산을 내국법인

---

20 노치준,『일제하 한국기독교 민족운동 연구』(서울: 한국기독교역사연구소, 1993), 64-69.

21 강동진,『일제의 한국침략 정책사』, 73.

22 105인 사건의 목적을 선우훈은 "일제가 기독교를 쳐부수고 선교사를 들이 쫓고 신민회를 전멸하여 조선통치벽두에 민족관을 분쇄하려는 것"으로 규정하였다. 선우훈,『민족의 수난』(서울: 애국동지수호회, 1959), 83; 백낙준, "한국교회의 핍박,"『한국의 현실과 이상』(서울: 동아출판사, 1963).

으로 허용하는 일 등이 그것이다.

이와 같은 일제 총독부의 기독교 탄압과 회유 정책, 그리고 정교분리라는 명시적 종교정책23에도 불구하고 1910년대에 선교사들은 한국 기독교인들의 민족운동에 대하여 우호적으로 대응하였다. 이와 같은 관계는 무엇보다도 개화사상가와 민족운동가들이 개신교에 입교하고 그들의 민족교육운동이 교회와 기독교 학교에 영향을 미쳤기 때문에 가능했다.24 그 다음으로 주목되는 것은 기독교 학교의 학풍과 교육구조이다. 당시 기독교 학교의 교원들 가운데에는 선교사들의 교육을 받았던 그 학교 졸업생들이 많았고 그들은 기숙사 생활지도와 사상교과를 맡으면서 학생들과 연대감을 형성하고 독립의지를 공고히 하였다.25 3·1운동과 같은 거족적인 민족운동에 교사와 학생들이 주도적인 역할26을 감당할 수 있었던 것은 이런 배경과 무관하지 않다. 그러나 선교사들이 본격적으로 한국인의 항일활동에 동참하게 된 계기는 1915년에 공포된 개정사립학교규칙이었다.27 교과과정에서 성경과목을 제외시키는 총독부의 규정은 선교를 저지하는 종교탄압으

---

23 1901년 9월 장로회 공의회는 "교회와 정부 사이에 교제할 몇 가지 조건"을 제정하여 정부와 교회의 상호불간섭을 결의했다. 「그리스도신문」, 1901년 10월 3일자.

24 이만열, "한말 기독교인의 민족의식 형성 과정," 한국사학회, 『한국사론』(I), 380ff.

25 여학교의 경우 대표적으로 이화의 이성회, 조신성, 하난사, 배화의 차미리사, 김응집, 오활란, 정신의 신마리아, 김원근, 김필례, 김마리아, 기전의 박현숙, 숭의의 김경희, 황애덕 등을 들 수 있다.

26 3·1 운동과 관련된 피기소인들 가운데 기독교인이 24.3%를 차지했는데 이는 당시 기독교인 인구가 전체인구의 1%였다는 점을 감안할 때 그 역할의 비중이 지대했음을 알 수 있다. 특히 여성 관련자들은 대부분 기독교인들이었다. 김양신, "3·1운동과 기독교," 『3·1 운동 50주년 기념논문』, 264.

27 1915년의 개정사립학교규칙에 대하여 선교사공의회는 크게 반발하였다. 특히 장로교의 경우에는 미션계 학교들이 각종학교로 전락되는 것을 감수하고 성경교과를 고수함으로써 일제의 교육정책을 완강히 거부하였다.

로 해석되었기 때문에 선교사들의 선교의식이 한국인의 민족의식과 연대하게 되었다. 이런 연대관계는 3·1 운동까지 교회와 기독교 학교를 중심으로 지속되었다.

1920년대에 이르러 이러한 관계는 변화되기 시작하였는데 그 주요 변수는 일제 통치정책의 전환과 사회주의의 영향[28]이었다. 소위 문화통치기에 교회와 사립학교는 더 이상 민족운동의 중심지가 되지 못했고 개신교는 사회주의자들로부터 비판을 받게 되었다. 이 시기에 기독교에 대한 사회주의자들의 주요 비판은 "교회가 자본주의사회의 지배"[29]를 옹호하고 "민중의 계급투쟁을 기만하는 마약"[30]같은 역할을 한다는 것이었다. 또한 사회주의자들은 선교사들을 제국주의 침략의 앞잡이로 규정하면서 선교사들의 병원 및 학교 운영이 민심을 얻으려는 수단이라고 폄하하였고[31] 당대의 소작쟁의와 노동쟁의에 대하여 소극적인 기독교의 비폭력주의도 비난하였다.[32]

이와 같은 사회주의의 비판에 대하여 개신교는 그것을 수용하는 입장과 거부하는 입장으로 나뉘었으나 공통적으로 주장한 것은 사회주

---

28 1920년대 초반의 한국 사회는 3·1 운동의 실패, 조선의 독립을 지원하지 않은 세계 열강들에 대한 실망, 일제 식민정책으로 급증하는 빈곤의 문제로 인하여 새로운 지도이념과 희망을 필요로 하고 있었다. 서대숙의 다음과 같은 표현은 그것을 잘 드러내고 있다. "그들(공산주의자)이 보여준 불굴의 정신과 때때로 보여준 성공에의 강한 결의는 한국의 지식인 각자에게 깊은 영향을 주었다. … 연로한 한국인들에게 공산주의는 새로운 희망이었고 … 젊은 사람들에게 공산주의는 오랜 세월 누적된 사회문제와 계층문제를 해결하기 위한 하나의 새로운 접근 방식이었다." 서대숙, 『한국공산주의 운동사연구』(대구: 화다, 1985), 127; 로버트 스칼라피노·이정식, 『한국공산주의 운동사』(1)(서울: 돌베개, 1986), 39.

29 배성룡, "반종교 운동의 의의," 『개벽』(1925년 11월), 58.

30 이종덕, "기독교의 본질," 『동광』(1932년 10월), 114.

31 박헌영, "역사적으로 본 기독교의 내면," 『개벽』(1925년 11월), 69.

32 김권정, "일제하 사회주의자들의 반기독교 운동에 관한 연구," 『숭실사학』 10집(1997).

의자들의 제도개혁에 맞선 인간 개조였다. 개신교는 "사회개조는 개인혁명에서, 개인혁명은 내부에서"[33]라는 사회변혁의 원리를 강조하면서 계급투쟁에 동반되는 혁명적 폭력을 적극 반대하고 교육과 영적 각성을 통한 새로운 사회 건설을 역설하였다.[34] 하지만 개신교는 사회주의자들이 주장하는 빈곤계층의 문제를 일부 수용하여 식민지 상황에서 가장 고통 받고 있는 농민과 노동자들의 문제에 관심을 두기 시작하였다. 이러한 관심과 선교는 당시 기독교인의 대다수가 농민이었다는 점과 이농현상으로 교인들의 수가 감소하는 현상을 고려한 측면이 있다.[35]

IV. 개신교 여성교육의 역할과 의미

1. 1910년대 학교구국운동와 민족의식

1910년부터 시행된 일제의 무단통치는 이전에 이루어진 한국인의 다양한 구국운동을 억압하고 봉쇄하였다. 한국인들의 결사는 모두 해산되었고 황성신문과 대한매일신문 등 많은 신문들이 폐간되었다.[36] 헌병경찰제를 통해 시행되는 감시와 탄압으로 인하여 독립운동은 한편으로는 국외 활동으로 전개되었고 다른 한편으로는 민족의 역량을

---

33 최석주, "반종교운동과 우리의 주장 (6)," 「기독신보」, 1931년 7월 8일자.

34 김창준, "맑스주의와 기독교," 『신학세계』 제17권 4호, 57.

35 교인들은 1926년과 1927년 사이에 38,748명이 감소되는 것처럼 1926년에 들어와 두드러졌다. 「기독신보」, 1928년 9월 26일자.

36 강만길, 『한국 현대사』(서울: 창작과비평사, 1984), 24.

키우기 위한 국내의 교육으로 집중되었다. 많은 계몽사상가들과 민족운동가들이 여러 학교에서 교사로 활동했던 것은 이러한 변화와 관련이 있다. 당시 교원이 부족했던 실정도 민족지도자들의 교육활동을 수월하게 만들었다. 이와 같은 조건 아래서 대부분의 사립학교는 명목상의 식민교육과 실질상의 민족교육을 병행하면서 항일저항의식을 고취하고 민족운동을 지속적으로 전개하였다.

식민교육에 대한 사립학교들의 저항은 다양한 방식으로 전개되었다. 교육의 민족적 이념은 무엇보다 교훈과 교가를 통하여 압축적으로 명시되었고[37] 그 당시 이름이 알려진 민족지도자들은 교가의 작사를 통하여 학생들에게 민족의 정신과 이상을 고취시켰다. 그 다음으로 주목되는 것은 교과과정이다. 일제 총독부가 교육과정과 교과서를 철저하게 감시·감독하는 실정에서도 민족교육자들은 조선어, 조선역사, 음악, 체육, 민속 교과에 관심을 두고 민족의 얼과 사상을 전수하는 데 주력하였다. 이러한 내용들은 정규수업시간에 이중적인 구조로 교수되기도 하고 과외수업이나 비밀수업으로 전달되었던 만큼 무엇보다 교사들의 의지와 용기를 필요로 하는 것이었다. 또 체육과 음악은 당시 학생들에게 애국심을 함양하고 민족 정서를 공유할 수 있는 중요한 과목이었다. 체육과 관련하여 실시된 병식체조나 운동경기는 교사의 역량에 따라 민족의 정기를 키우고 단합하는 훈련을 제공하였다. 음악은 무엇보다 일본 창가에 맞서서 민족 정서와 저항의식을 드러내는 방편으로 다양한 장르가 개발되었고[38] 대중들의 공감대를 얻어 쉽게 대

---

37 『동덕50년사』, 83; 『배화칠십년사』, 113; 『창신60년사』, 71; 『이화90년사』, 161; 『중앙60년사』, 81; 『광신70년사』, 78; 『휘문70년사』, 139를 참조하라.

38 주로 사용된 것은 교가, 교우회가, 학도가, 개교 기념가, 만학가, 소년모험가, 각종 애국가, 항일가요 등이다. 송민호, 앞의 글, 249-250을 참조하라.

중화되었다.

그 이외에 민족교육의 중요한 유형으로 다양한 학생모임과 활동들을 들 수 있다. 방과 후 각종 과외활동이 교우회나 학우회의 이름으로 조직되었고 운동부와 학예부 활동, 때로는 수학여행도 민족 독립의 의지와 단결심을 기르는 기회로 활용되었다.[39]

1910년대 중등학교의 여성교육은 서울의 몇 학교를 제외하고는 대부분 기독교계 학교에서 이루어졌다. 이 시기에 기독교계 여학교의 졸업생들은 모교의 교사로서 교육을 직접 담당하게 되었으며 여성교육에 대한 사회적 인지도를 높이고 학생 지도도 예전보다 심화·발전시켰다. 당시 여자 교사들은 사회에 진출한 직업인이자 선구적인 여성 지도자로서 재학생들은 물론 동창들도 결집·지도하는 역할을 감당하였다.

이와 같은 교육적 환경에서 실력 배양으로 국권을 회복하려는 저항적 민족교육이 활발히 전개되었다. 민족지도자 남궁억이 교사로 있었던 배화여학교에서는 교과과정에서 금지된 조선이야기를 학생들에게 들려주는 비밀수업을 하였으며[40] 무궁화자수를 개발하여 권장하는[41] 방식으로 학생들에게 항일민족의식을 고취시켰다. 정신여학교의 경우 교사 김필례는 서양사 시간에 한국사를 가르치기도[42] 하였다. 이와 같은 교사들의 민족정신과 저항의지는 학생들에게 영향을 끼침으로써 집단으로 일본어 교육을 거부하거나[43] 일제의 경축행사에 불참하

---

39 이혜영 외, 『한국 근대 학교 교육 100년사 연구(II)』, 한국교육개발원 연구보고 97-10 (1997), 45.
40 『배화칠십년사』, 124-133.
41 앞의 책, 114.
42 『정신75년사』, 172.
43 『배화칠십년사』, 129.

는 단체행동[44]들이 생겨났다. 항일운동에 대한 교사와 학생들의 공동체 의식과 조직력은 정규 교과과정보다 교내 학생활동에서 두드러졌는데 이화의 이문회와 성문회,[45] 숭의의 송죽형제회,[46] 기전의 공주회(송죽형제회)[47]가 그 좋은 실례이다. 이런 모임에서 여성들은 성서를 통해 민족의 고난과 해방의 역사에 눈을 뜨고 그 역사를 주관하시는 하나님에 대한 신앙심을 키워 나갔다. 특히 모세의 출애굽기와 바빌론 포로기 등 이스라엘 민족의 고난사를 식민지 한국의 상황과 견주면서 "새 하늘과 새 땅"에 대한 희망을 품고 기도회를 주관했다.[48] 그 가운데 숭의나 기전의 송죽형제회는 후에 송죽결사대로 개편되어 적극적인 항일비밀결사단체로 발전했는데 이 모임에는 교사와 학생 이외에 졸업생들도 많이 가담하였다.

이렇게 기독교 학교에서 함양된 민족의식은 1919년 전국적인 3·1운동에서 표출되고 교사들과 여학생들은 항일저항운동에서 중요한 역할을 담당하였다. 그들의 독립의지와 신앙심, 훈련된 조직은 거국적인 비밀항일운동의 준비 과정과 전개 과정에서 크게 기여하였다. 또한 여성들의 적극적인 참여는 그 당시 민족운동에서 성별의 차이를 극복하도록 공헌하였다.

기독교 여성들의 이러한 경험은 3·1 운동 후에도 전국적 규모의 항일여성단체를 조직하고 모임을 주도하는 데 기여하였다. 그 가운데 대표적인 것이 1919년 10월에 창설된 대한민국애국부인회와 같은 해

---

44 『숙명 70년사』, 59.

45 『이화90년사』, 67.

46 『숭의60년사』, 128-132.

47 『기전70년사』, 45-46.

48 이효재, 『한국의 여성운동. 어제와 오늘』(서울: 정우사, 1989), 155.

11월 평양에서 조직된 대한애국부인회인데[49] 두 단체의 주요 활동은 구속된 민족지도지들과 그의 가족들을 위한 구제 기금과 독립 기금을 모으는 일이었다. 당시 민족운동에 참여한 여성들의 의식은 다음과 같은 대한애국부인회의 취지서와 신문기사에 잘 드러나 있다.

> "홀로 남자들에게만 독립운동을 맡길 것이 아니며 부인들이라고 수수 방관한다는 것은 동포된 의무에도 어긋나는"[50] 일이다.

> 그네들은 점차 자기들의 실력과 지위를 자각하게 되어 우리는 남자의 부속물이 아니오, 독립한 인격이다. 우리들은 여성국민으로 국가에 대한 의무를 자각하여 여러 가지 결사를 만들었다.[51]

여성들의 민족의식은 1910년대가 정치적으로 매우 긴장된 시기였을 뿐만 아니라 경제적으로도 매우 열악한 시기였음을 고려하면서 평가되어야 한다. 그 당시 일제는 토지조사사업을 실시하여 방대한 토지를 점유하였는데 이것은 일제의 경제적 착취와 수탈을 보여주는 가장 대표적인 예이다. 토지조사는 1910년 근대적 소유권 제도를 확립한다는 명목으로 시작되었고 1918년 토지조사가 끝났을 때에는 엄청난 규모의 토지가 일제의 국유지로 편입되었다. 이로 인해 1911~1920년 사이에 농민 약 40만 명이 땅을 잃고 조국을 떠나고 말았다.[52] 일제의 회사령 역시 한국인 토착기업을 누르고 일본인 기업을 성장시키려

---

49 박용옥, "1920년대초 항일부녀단체 지도층 형성과 사상," 『역사학보』 69집(1976), 149.
50 박찬일, 『심은대로』(숭의여고, 1968), 143.
51 「독립신문」, 1920년 2월 17일자.
52 신용하, 『조선토지 조사사업 연구』(서울: 지식산업사, 1982), 99.

는 법령이었다. 이 법령에 힘입어 1911~1919년 사이에 일본인 회사는 16배의 신장률을 보일 수 있었다.[53] 그 여파로 도시에는 농민 출신들을 중심으로 극빈 계층이 형성되는 등 빈곤문제가 본격적으로 대두되었다. 이러한 사례들은 정치적 독립 이전에 민족의 생존문제가 얼마나 절박했는지를 잘 말해 준다.

2. 1920년대 실력양성 교육운동과 사회의식

3·1 운동이 실패한 이후 교육운동은 사회개조를 통하여 신문명을 건설하자는 세계적 사조의 영향을 받았고 자력독립의 정신과 의지를 고취하고 실력양성을 강조하는 사회적 분위기 속에서 전개되었다. 이러한 사회적 분위기는 국제사회에서 한국의 독립을 지원하지 않았던 세계 열강들에 대한 실망에서 조성되었다. 이 시기의 실력 양성은 신문화 건설,[54] 정신 개조, 민족성 개조를 의미했고 그 실현을 위해 교육이 강조되었다. 정신 개조는 지덕체를 아우르는 인격의 수양을 의미하고 민족 개조는 이러한 정신 개조를 이룩한 개인들에 의해서 실현된다는 것이다.[55] 기독교인 가운데 일부 민족운동가들은 민족 개조를 위한 기독교인의 책임을 역설하고 교육운동과 여성 계몽운동을 그 방안으로 강조하였다.[56]

---

53 문정창, 『군국일본 조선강점 삼십육년사(중)』(서울: 백문당, 1966), 144-146.

54 1920년대 출판된 대표적인 잡지 『개벽』, 『폐허』, 『계명』, 『백조』, 『신천지』, 『신생활』, 『조선지광』, 『부인』, 『신여성』, 『부녀지광』, 『부녀세계』, 『현대부인』들은 신사조를 제공하면서 신문화의 조성에 앞장섰다.

55 송진우, "조선의 장래와 교육," 『개벽』 18호(1921. 11), 64.

56 한국기독교 역사연구소, 『한국기독교의 역사 II』(서울: 기독교문사, 1995), 41; 서병기, "기독교와 사회개량," 「기독신보」, 1922년 6월 28일자.

이러한 여성교육은 물론 개화기에도 강조된 바 있지만 1920년대의 여성교육은 여성들이 교육의 대상일 뿐만 아니라 교육의 주체로 참여하게 되었다는 점에서 그 특성을 엿볼 수 있다. 근대교육을 받은 여성들은 직업활동과 여성운동을 통하여 사회에 진출하였고 여성 지도자로서 사회에 참여하기 시작하였다. 그 당시 여성 지도자들은 크게 기독교 여성들과 유학생 출신 여성들과 사회주의 여성들로 나뉘는데 이들은 대부분 전통적인 여성상과 구습을 탈피한 여성들로서 사회의 주목을 받았을 뿐만 아니라 자주독립국가 형성에 기여하리라는 민족적 기대도 받고 있었다. 이런 여성 지도자들이 공통적으로 보여준 반봉건적 사회의식은 여성의 인격을 무시하는 각종 구습을 개혁하는 운동으로 나타났다. 그들은 조혼, 축첩, 이혼, 공창 등의 문제를 해결하기 위해 노력했다.

그러나 여성교육의 주안점과 여성관을 살펴보면 이들 여성 지도자들은 각기 다른 견해를 갖고 있었다. 먼저 기독교 여성 지도자들은 교회와 학교에서 성서공부, 기도, 찬송을 통하여 민족의식을 고취하고 성서의 에스더나 드보라, 혹은 서구의 잔 다르크와 나이팅게일을 이상적인 여성상으로 삼아 여성의식을 고취시켰다. 그들은 여성문제를 민족문제와 함께 생각하고 민족해방에 기여하는 여성의 역할과 여성운동을 역설했다.[57]

그 다음 일본 유학생들은 일본의 '신여성'들에게서 많은 영향을 받았고 가정보다 사회에서 활동함으로써 자아를 실현하는 여성들을 이상형으로 삼았다. 이러한 여성관은 특히 1918년 동경 여자 유학생들이 중심이 되어 만든 잡지 『여자계』를 통해서 보급되었다. 그 영향으

---

57 윤정란, 『한국기독교 여성운동의 역사』(서울: 국학자료원, 2003), 37-38.

로 민족과 가정을 위해 자신을 희생하는 여성보다 개인의 자유와 인권을 옹호하는 여성이 '신여성'이라는 이미지가 부각되었다. 당대 사회에 새로운 여성상을 제시한 신여성론은 지지와 비판을 동시에 불러 일으켰다.

신여성론을 비판하는 사람들 가운데는 여성교육을 극구 강조했던 남성 지식인들도 끼어 있었다. 그들은 조선 여성들에게 여성해방은 아직 시기상조이며 "주위의 사정과 정도의 가부를 참작"하는 것이 필요하다고 여겼다.[58] 또한 그들은 조선 여성들에게는 현모양처를 키우는 가정교육이 적합하다고 주장하였다. 가정에서 신문명의 차세대를 양육하고 남편의 내조자로 일하는 여성이야말로 민족의 미래를 좌우하는 매우 중요한 역할을 맡고 있다는 것이다.[59] 그들에게 여성의 지위 향상은 가정 내 여성의 역할을 제대로 인정받는 것을 의미했다. 이러한 비판적 분위기 속에서 신여성론은 소수의 여성 지식인들이 해방과 평등을 주장하면서 때로는 방종과 망상에 빠져 "풍기를 문란"하게 만든다는 사회적 비난을 받기도 하였다.[60]

'신여성'에 대항해서 현모양처를 강조하는 것은 이미 일제의 식민지 여성교육에서 살펴보았듯이 여성의 역할을 나름대로 중시하는 측면이 있지만 현모양처론은 여성들의 사회활동과 가정생활을 이분법적으로 분리하고 여성이 가정을 벗어나 자기실현에 치중하는 것을 가

---

58 한규호, "금일은 해방준비시대", 『개벽』 2권 4호(1920), 33.

59 현모양처의 이상형이 강조되는 것은 급격한 사회 변동으로 인해 위기감과 불안이 확산되는 상황에서 가족주의가 강조되는 경향과도 밀접한 관계가 있다. 사회적 불안감은 어느 때보다 가정의 안락과 보호를 필요로 하고 여성은 그 주요 임무를 지고 있기 때문이다. 이에 대해서는 김주희, "한국전통사회에 있어서의 2차집단의 성격: 그 연속 및 변화," 『한국문화인류학』 제15집, 29-39를 참조하라.

60 김웅순, "녀자교육에 대하여," 「기독신보」, 1923년 1월 17일자.

부장제에 대한 도전으로 인식한다는 점[61]에서 여성 억압의 이데올로기로 기능할 수 있다.

끝으로 사회주의 여성들은 제도개혁과 계급해방을 여성해방의 우선 조건으로 강조하면서 노동투쟁에 참여하여 사회를 변혁하는 여성상을 제시하였다. 이러한 여성관이 가정을 중시하는 현모양처론을 수용하기 어렵다는 것은 쉽게 예상되는 일이다.

1920년대에 주목되는 개신교 여성교육은 1923년에 창립된 조선여자기독교청년회 연합회(YWCA 연합회)의 활동을 중심으로 이루어졌다. 이 단체는 여성들이 "기독교의 도덕"으로 사회를 지도할 사명이 있음을 자각하고[62] 치밀한 준비기간을 거쳐서 7개의 도시와 16개의 학교에 지부를 두는 전국적인 조직으로 출범하였다. 회원들을 중심으로 전개된 교육 사업은 다양했지만 전국 여성 청년지도자들을 위한 프로그램을 살펴보면 교육과정이 종교학, 심리학, 윤리학, 사회학, 세계 여자사업, 수양 강연, 축첩과 이혼과 공창에 대한 토론 등으로 구성되어 종교교육에 국한되지 않고 일반 지식과 사회문제를 포함한 폭 넓은 교육이 실시되었음을 알 수 있다.[63]

YWCA 연합회가 설정한 여성교육의 또 다른 주안점은 기독교 정신에 입각한 생활개선과 농촌계몽[64]이었는데, 그 가운데 여성들의 문맹

---

61 서구 중산층을 모델로 한 현모양처의 개념은 자본주의적 발달과정과도 연관해서 생각해 볼 수 있다. '일터'와 '가정'의 분리 현상에서 가정은 공적 영역과는 무관한 사적 공간으로 자리 잡고 그 기능도 사랑과 휴식을 제공하여 가족들의 사회활동을 지원하는 것으로 특성화된다. 이런 상황에서 강조되는 가정주부의 역할은 현대적 현모양처 여성관을 구현한다고 평가할 수 있다.

62 김창제, "현대와 여자의 사명," 『청년』 3권 2호(1923), 8.

63 「동아일보」, 1922년 5월 11일자.

64 이효재, 『한국YWCA 반백년』(서울: YWCA연합회, 1976), 60ff. 당시 농촌운동은 농촌의 빈곤 원인을 일제의 착취로 지적한다는 점에서 민족운동의 성격을 갖는다고 볼 수

퇴치사업은 여성의식의 계발과 국가발전을 위해 필수적으로 요청된다고 여겨졌다.[65] 이 교육은 1928년 농촌계몽운동[66]이 본격화되기 전까지는 도시를 중심으로 이루어졌다. 생활개선 교육에서 부각된 문제는 공창 제도였다. YWCA 연합회는 이를 여성의 인권 차원에서 다루었는데 이와 관련된 다음의 신문기사는 주목할 만하다.

> 공창 제도와 같이 사람 가운데도 특히 여자의 모욕과 부끄러움이 되는 것은 없을 것이다. … 현 사회 도덕이 여자의 정조도 남자의 정조와 일반으로 그 방일함을 묵인한다 하여도 그렇지 못하겠거든 하물며 여자의 정조를 여자 그 자신이나 제삼자 다 같이 생명같이 보는 아래에 있으면서 한편으로는 의연히 그러한 공창 제도를 묵인한다. 그것이 얼마나 여자의 삶된 권리를 무시하며 한낮 동물과 같이 여깁니까.[67]

YWCA 연합회는 독자적인 활동을 펼쳤을 뿐만 아니라 다양한 연대활동도 전개하였다. 그 가운데 물산장려운동과 금연 · 금주운동[68]은

있다. 이에 대해서는 「동아일보」, 1925년 7월 17일자; 1925년 7월 31일자; 「기독신보」, 1924년 10월 22일자; 1926년 6월 16일자; 1929년 9월 2일자를 참조하라.

65 1930년대 국세조사의 결과 전국 문맹률이 남자 64%, 여자 92%였고 한글과 일본어 둘 다 해독하는 비율은 겨우 6.78%에 지나지 않은 상황을 고려해 볼 때 가정주부들의 문해교육은 매우 시급한 것이었다. 김두정, "일제 식민지기 학교 교육과정의 전개," 『교육과정연구』 Vol. 18, No.1(2000), 125.

66 당시 일제는 이러한 계몽활동을 사상적으로 불온하다고 판단하여 각종 운동들을 감시하고 억압하였다. 그 가운데 활약이 두드러졌던 김활란의 7인 전도대 농촌 순회활동은 일제에 의해 중단되기도 하였다. 김활란, 『그 빛 속의 작은 생명』(서울: 이화여자대학교출판부, 1999), 94ff.

67 "여자의 인간성을 무시하는 공창제도에 대하여," 「동아일보」, 1925년 11월 24일자.

68 금주, 금연운동과 공창폐지운동은 일제에 대한 한국인들의 도덕적 저항이라는 의미로도 민족운동의 성격을 평가할 수 있다.

민족운동의 일환으로 경제적 실력 양성을 목표로 설정하였다는 점에서 특별한 의미가 있다.

1920년대의 상황에서 YWCA 연합회가 전개한 가장 중요한 연대운동은 1927년에 창립된 근우회에 참여한 것이라고 볼 수 있다. 근우회는 민족주의자들과 사회주의자들이 대동단결하여 결성한 신간회의 영향을 받아 결성된 범여성적 전국조직이었으며 여성의 지위향상과 단결을 목표[69]로 삼았다. 이 단체에서 기독교 여성들은 다수를 구성하였다. 근우회에서 기독교 여성들과 사회주의 여성들은 협동전선을 형성하고 반제반봉건의 운동이념을 공유하였으나 운동의 방향을 놓고서는 서로 다른 견해를 취했다. 이러한 차이와 거기서 비롯된 갈등을 끝내 극복하지 못한 채 기독교 여성 지도자들이 탈퇴를 결의하자 근우회는 해체되고 말았다. 근우회 연대활동은 개신교 여성교육이 이념을 초월하는 연대의 힘과 전략을 마련해야 할 과제를 던져 주었다고 볼 수 있다. 이 과제를 해결하는 것은 민족통일을 앞두고 있는 오늘의 기독교 여성들에게도 여전히 의미가 크다고 본다. 1928년에 개최된 국제선교연맹의 예루살렘대회는 한국 개신교가 농촌에 대한 관심을 갖도록 고취시켰다. 이 대회에 참여했던 김활란은 인류의 다수를 차지하는 농민들의 선교와 농촌교육의 필요성을 역설하였고,[70] 그때까지 도시를 중심으로 벌였던 개신교의 문맹퇴치 운동과 생활개선 운동은 농촌으로 확산되었다.

---

69 「동아일보」, 1927년 4월 27일자.
70 김활란, "예루살렘대회와 금후 기독교," 『청년』(1928년 11월호), 5.

V. 나가는 말

1910년과 1920년대의 격동기에 개신교 여성교육은 꾸준히 발전하였다. 개신교는 정교분리를 표방하는 종교정책과 일제의 탄압과 회유에도 불구하고 여성들이 민족 문제에 눈을 뜨게 하고 역사의식을 형성하는 데 어느 정도 영향을 끼쳤다. 개신교는 여성들이 교육과 직업을 통하여 여성의 주체성을 확립하고 여성 지도자들을 배출하여 사회 개혁에 참여하도록 지원한 점에서 한국 사회의 역사 발전에 기여했다고 평가할 수 있을 것이다.

반면 근대여성교육이 서양문화를 이상화하고 무비판적으로 주입하였다는 것은 비판적으로 짚고 넘어가야 할 대목이다. 이런 요소들은 교육을 통하여 사회적 신분 상승을 한 여성 지도자들이 민중의 현실에 거리를 두거나 '신여성들'이 한국의 식민지 상황과 민족 정서를 간과하는 데 영향을 끼쳤을 것으로 추정된다.

끝으로 개신교 여성교육이 지향하는 교육목표와 여성관에 대해서는 다음의 몇 가지를 지적할 수 있겠다. 1910~1920년대에 여성들에게 교육 기회를 부여하고 사회 참여를 권장한 것은 전통적 유교적 여성관에 대한 도전과 변화를 의미했다. 하지만 일제 식민지 여성교육과 기독교 지도자들의 민족개조론에서 강조되었던 현모양처 교육과 여성관은 당시 서구로부터 유입된 평등사상을 소화하거나 사회주의를 수용하는 것을 어렵게 만들었다. 여성이 가정에서 고정된 성 역할을 맡도록 하는 현모양처론은 여성들의 사회의식 발달을 저해한다.

로드와일러 이화학당 당장은 여성교육의 목표를 "참된 가정을 만들고 유지하는 데 조력자가 되고 우리 학교의 교사가 되며 기숙학교의 조수가 되고 의료사업의 간호부나 조수가 되게 하려는 데"[71] 두었지만 교육받은 한국 여성들은 민족의 일원으로 구국운동에 적극 참여하며 여성의 역량을 발휘하였다. 또한 일제 강점기에 여성들의 민족의식과 여성의식은 함께 성장하였다. 이것은 서구 여성들이 개인의 자유와 권리를 존중하는 인권론과 민주국가의 주권자로 주장하는 민권사상에 기초하여 여성운동을 전개한 것과는 구별되는 점이다.

---

71 *The Korean Repository* Vol. 1, 1892. 3, 89-91.

한국 사회의 변화와 교회 여성교육[*]

— 1960~1980년대를 중심으로

I. 들어가는 말

한국에서 근대적 여성교육은 개신교 선교와 함께 시작되었다. 19세기 말 개신교는 위기 상황에 처한 한국 사회에 새로운 사상과 문물로 수용되었고 여성교육도 구국운동의 일환으로 허용되었다. 여성교육은 개신교 선교의 주요 목적은 아니었다 하더라도 남녀유별과 내외법이 엄격한 당시 한국 사회에서 중요한 선교활동으로 전개되었다. 이와 같은 역사적 배경을 두고 볼 때 개신교의 여성교육은 선교적 의미와 사회적 필요에 부응하는 것이었다. 그 결과 개신교 학교와 교회를 통해 교육받았던 개화기 여성들은 교회만 아니라 사회에서도 지도자

---

[*] 이 논문은 2011년 한국기독교교육학회 창립50주년 기념 학술대회(2011. 4. 2.)에서 발표한 논문임.

가 될 수 있었다. 이것은 세상에서 복음을 증거하고 교회와 사회의 연계를 이루는 바람직한 교육으로 평가할 수 있을 것이다.

오늘날 한국에서 교회와 사회의 소통이 원활하지 못하고 둘 사이에 분리와 갈등이 나타나는 현상이 적지 않다. 그 원인 가운데 하나가 사회의 변화에 교회가 적절하게 대응하지 못하는 것이라고 본다면 무엇보다 교회와 사회의 연계를 도모하는 교육이 필요할 것이다. 나는 역사적으로 시대적 요청과 선교적 필요에 부응했던 한국 개신교 여성교육의 모델이 갈수록 교회와 사회에 대한 여성의 역할과 책임이 강조되는 시대에 부합하는 한 대안이라고 생각한다. 그런 점에서 개신교 여성교육의 사회적 맥락에 대한 역사적 성찰은 의미가 있다고 본다.

본 논문은 이와 같은 동기에서 1960~80년대의 사회 변화와 교회 여성교육의 상관관계를 분석하고 그와 관련된 여성교육의 과제 몇 가지를 제안하고자 한다. 1960~80년대는 일제의 지배로부터 벗어난 해방을 경험하고 한국전쟁의 수난기를 보낸 후에 새로운 사회 형성을 모색했던 한국 현대사의 격동기로 평가된다. 이 격변의 시기를 한 논문의 분량으로 압축해서 판단하는 어려움이 있음에도 불구하고 30여 년의 흐름을 함께 다루고자 한 것은 개신교 여성교육의 역사적 흐름을 사회 변화의 맥락에서 파악하려는 의도 때문이다. 그런 점에서 본 논문은 해방 이전의 나타난 개신교 여성교육의 사회적 맥락을 분석한 두 논문—"개화기 한국 여성교육과 개신교: 1876년부터 1910년까지"[1] 와 "일제 강점기 여성교육과 개신교"[2]—과 연계된 작업이 될 것이다.

개신교 여성교육은 교회뿐 아니라 교단 신학교와 교단 여성기관 및

---

1 임희숙, "개화기 한국 여성교육과 개신교 - 1876년부터 1910년까지,"「신학사상」제124집(2004), 167-192.
2 임희숙, "일제 강점기 여성교육과 개신교,"「기독교신학논총」37집(2005), 195-218.

기독교 여성단체 등을 통하여 다양하게 이루어진다. 본 논문은 지면 관계로 일부 교단의 여성기관과 그 기관들이 참여한 연합단체(한국교회여성연합회, 한국기독교교회협의회, 한국여신학자협의회)를 연구 대상으로 한정하고 이들 기관에서 이루어지는 교육을 교회 여성교육으로 명명하였다. 선정한 교단 여성기관은 대한예수교장로교 여전도회(이하 예장 여전도회), 한국기독교장로교 여신도회(이하 기장 여신도회), 한국 감리교 여선교회(이하 감리교 여선교회)인데, 이 기관들은 설립 역사가 길고 조직적인 활동을 통하여 사회 변화에 대응하는 여성교육을 실행해 왔다.[3]

본 논문은 시대별, 교단별, 연합기관별로 이루어진 여성교육의 내용과 활동을 역사적으로 나열하기보다, 급변하는 시대상황과 사회 변화에 대응하는 교회 여성교육의 특성을 여성주의 교육의 관점에서 분석하는 데 주력하였다. 이런 작업은 여성교육의 사회적 맥락과 그 의미를 파악하여 교회여성들이 교회와 사회에서 선교적 사명을 감당하는 데 도움을 제공할 수 있을 것이다.

II. 여성주의 교육에 대한 이해

여성교육의 개념에 대한 논의는 크게 세 가지로 분류된다. 하나는 여성을 교육의 대상으로 삼는 것이고 다른 하나는 여성이 교육의 주체가 되는 것을 의미한다. 나머지 하나는 교육 이념으로 성 인지적 여성

---

3 학술대회에서 본 논문에 대한 논찬자 신언혁 박사가 지적한대로, 이 기관들과 다른 교육 목적과 특성을 갖고 전개되어 온 개신교 여성교육에 대한 연구 또한 중요한 과제이기에 별도로 이루어져야 할 것이다.

주의의 관점(gender sensitive feminist perspective)을 강조하는 것을 뜻한다. 20세기 중반부터 대두된 여성주의 교육(feminist education)은 교육의 성차별을 분석하고 비판적 교육의 대안을 모색하였는데, 최근 경향은 여성과 남성의 차이를 존중하고 양성평등을 실현하여 사회와 국가의 발전에 기여하는 것을 강조한다.[4] 한국교회 여성교육은 앞에서 언급한 세 가지 개념 가운데 여성을 교육 대상과 주체로 정하는 경우가 대부분이나 교육목적의 설정은 상황에 따라 다양하게 이루어졌다. 여기서는 본 논문이 분석의 기준으로 사용하는 여성주의 교육의 주안점을 간략하게 살펴볼 것이다.

1. 교육기회와 교육목적

여성주의 교육의 출발은 교육기회의 평등이다. 여성들이 가부장제 전통에서 제도교육의 기회를 갖지 못하고 교육에서 배제되어 왔기 때문이다. 그런 점에서 여성들이 교육에 참여할 기회를 얻는다는 것은 지대한 의미를 갖는다. 구한 말 개신교 선교사들이 한국 여성들에게 교육기회를 부여한 결과가 한국교회와 사회에 끼친 영향이 그 좋은 사례일 것이다. 그러나 여성의 교육기회 획득이 성 평등을 보장하는 것은 아니다. 여성들이 교육에 참여한다 할지라도 교육목적에 따라 성차별 교육은 가능하기 때문이다.

가부장제 사회에서 여성교육은 가부장제 체제를 옹호하고 유지하는 역할을 담당할 여지가 많다. 그 사례가 여성들을 현모양처로 교육

---

4 임희숙, "한국의 교단여성사에 나타난 여성교육의 실상과 과제,"「기독교교육논총」제10집(2004), 65.

하는 것이다. 현모양처를 키우려는 여성교육은 여성들에게 가문과 국가의 필요에 따라 자녀를 양육하고 남편을 내조하는 전통적 성 역할을 강조하고 여성의 일방적인 희생과 억압과 남성 의존을 정당화하는 성차별 교육의 특성을 보인다. 이와 같은 현상은 개화기와 일제 강점기에 시행된 개신교 여성교육의 현모양처 교육관에서 잘 나타난다.5 여성주의 교육은 여성들의 교육기회가 어떤 목적으로 사용되는지에 관심을 갖는다. 역사적으로 교육은 특정 집단의 목적을 합법적으로 실현할 수 있는 도구적 기능을 갖기 때문이다. 그런 점에서 여성교육은 교육대상과 교육주체가 여성이라는 점 외에도 교육목적이 여성들에게 끼치는 영향이 무엇인지를 비판적으로 검토하고 성찰해야 한다.

2. 교육과정과 인식과정

여성주의 교육은 교육목적을 구현하는 명시적 교육과정과 숨겨진 교육과정(hidden curriculum)에 주목한다. 여기에서 중요한 것은 누가 어떤 방법으로 지식을 생산하고 교육과정을 선택하고 어떻게 교육효과를 평가하느냐는 질문이다. 전통적으로 여성들은 지식의 생산과 교육과정의 결정에 참여하지 못했기 때문에 교육의 정치적 함의를 파악하는 데 어려움을 경험한다. 그 결과가 초래하는 한 사례가 지식생산의 객관성과 가치중립성에 대한 맹신과 교육효과에 대한 여성들의 낮은 자긍심이다.

이와 관련하여 블랭키와 그의 동료들이 수행한 연구는 여성의 인식과정이 남성의 경우와 다르다는 결과를 통하여 여성교육의 특수성에

---

5 좀 더 구체적인 내용은 66쪽 각주 1과 각주 2의 임희숙의 글을 참조하라.

대한 근거를 제공하였다(Belenky, M., Clinchy, B, Goldberger, N & Tarule, J., 1986). 그들이 주장하는 여성의 앎의 방식 단계는 1) 외적 권위에 복종하거나 암묵지(tacit knowledge)를 포함하는 침묵, 2) 자기 경험을 중시하지 못하고 스스로를 배제하면서 외부의 권위 있는 목소리(지식)를 듣고 그대로 따르는 수용적 앎, 3) 사고가 아니라 믿음을 인식과정의 핵심으로 여기고 스스로 세운 권위를 이론화하는 주관적 앎, 4) 지식을 얻고 소통하는 데 객관적 절차를 중시하는 절차적 앎, 5) 진리와 사실을 맥락 속에서 평가하고 앎을 위해 당사자의 역사적 문화적 주체성을 인정하는 구성적 앎으로 이루어진다.

인식과정에서 나타나는 성별 차이는 여성학습자에 대한 바른 이해를 촉구하고 이를 근거로 무엇을 어떻게 가르쳐야 하는지를 결정하게 하고, 남성인식을 기준으로 여성인식의 결과를 저평가하거나 남성적 앎을 강요하지 않아야 한다는 점을 숙고하게 만든다. 이런 점에서 교회 여성교육의 교과과정이 얼마나 여성의 경험을 반영하고 여성인식의 특수성을 고려하는지 검토할 필요가 있다.

3. 여성교육의 의미: 여성의 역량강화(Empowerment)

여성주의 교육에서 강조하는 역량강화의 개념은 여성들이 자신의 가치를 인정하고 자기 잠재력과 능력을 개발하여 사회개혁에 기여할 수 있도록 자아 정체성을 형성하는 것이다. 이를 위해서 필요한 것은 1) 오랫동안 가부장제 문화에 길들어 온 여성들의 자기비하와 성차별을 정당화하는 온갖 '신화'를 벗어나는 일, 2) 여성 자신의 능력을 의심하고 다른 여성을 불신하게 만드는 사회구조와 문화를 새로운 눈으로 볼 수 있는 비판의식과 힘을 키우는 일, 3) 자신의 경험과 소외되지

않는 지식을 자기 목소리로 말하고 그것을 사회변화를 위해 창의적으로 활용하는 일이다.[6]

교회여성들의 역량강화는 기독교 전통의 가부장제 신화를 벗어나도록 주체적 의식을 형성하고 여성의 경험을 중시하는 새로운 관점으로 성서를 해석하고 의식화된 여성들의 연대로 교회와 사회의 변혁을 위해 실천하는 것을 의미한다.

III. 1960~1980년대 한국 사회의 변화에 따른 교회 여성교육의 특성

1. 산업화와 교회성장을 위한 교육

한국 사회의 산업화는 1962년부터 1981년까지 진행된 경제개발 5개년 계획으로 이루어졌다. 이 과정에서 농촌인구의 도시유입은 가속화되고 도시화가 확대되었다. 1960~1970년대 노동자들의 업종은 의류봉제업, 철도노동, 조선업, 자동차기업, 기계공업, 전력산업, 수출자유지역의 노동으로 집중되었고,[7] 노동집약적 경공업에서 중화학 공업으로 변화하는 추세를 보였다. 노동집약적 경공업에는 농촌 출신의 어린 여성들이 대거 참여하였고 저임금과 장시간 노동에 시달리는 직장여성들도 증가하였다. 빈곤한 집안의 부양책임을 떠맡은 대다수 여

---

6 유현옥, 『페미니즘 교육사상』(서울: 학지사, 2004).

7 이에 대한 자세한 내용은 이종구 외, 『1960~70년대 노동자의 작업장경험과 생활세계』(서울: 한울아카데미, 2005)를 참조하라. 이 책은 당시 노동자들의 생활세계를 노동의 내용, 작업장의 사회관계, 문화와 연계해서 다루고 있다.

성노동자들은8 노동운동에도 적극 참여하였다. 8년 동안 공장에서 일했던 한 여성노동자가 쓴 다음과 같은 기록은 당시의 상황을 잘 반영하고 있다.

> 내가 배우지 못한 공부를 동생에게 가르쳐서 동생만은 성공할 수 있도록 하는 것이 나의 간절한 소원이었다. (…) 남는 것은 병밖에 없다. 몸은 비록 병들었지만 마음은 상하지 않은 인간으로서 올바른 삶을 살리라 다짐한다.9

당시 노조운동에 대한 정부의 통제와 탄압은 한편으로는 저항적 노동운동의 활성화를 초래하고 다른 한편으로는 노동자들의 비정치화를 가져왔다. 후자의 경우에서 주목되는 것은 직장의 '가부장주의와 온정주의' 문화다.10 이것은 농촌을 떠나 도시의 낯선 문화와 비인간적인 노동으로 지치고 힘든 노동자들에게 촌락공동체적 질서와 정서를 제공하고 유사 가족주의를 형성하게 만든다. 유사 가족주의란 가족 외 다른 집단에서 가족 내 관계를 적용함으로써 집단의 인간관계나 사회관계를 조절하고 규제하는 방식을 의미한다. 당시 정부에 의해 강력하게 추진되었던 공장 새마을운동에서 자주 사용되었던 '공장을 내 가정처럼'이라는 구호는 공장 내에서 이루어지는 노동과 자본의 지배관계와 이해관계를 가족관계로 대치함으로써 노사대립의 쟁점을 약화하고 직장 내부의 결속력을 강화하는 효과를 갖는다.

1960년대 중반부터 급격하게 변화하는 산업화와 도시화 과정에 한

---

8 1981년 농가의 약 70%가 빚을 지고 있는 실정이었다.

9 한국노동자복자협의회 엮음, 『Y.H. 노동조합사』(서울: 형성사, 1984), 217-218.

10 이종구 외(2005), 앞의 책, 5.

국교회는 급성장하는 모습을 보였다. 그 주요 원인은 교회가 제공한 종교적 유사 가족주의와 관련이 있다.[11] 전쟁으로 사회적 혼란과 불안을 경험한 사회에서 가족주의는 강화되었고 1960년대 이후 경제개발 과정은 전통적인 가족의 기능을 축소시키고 일터와 가정을 분리시킴으로써 가족을 업적과 경쟁으로 이루어지는 바깥사회에서 격리된 피난처와 안식처로 성격화하였다.[12] 전통사회가 제공하던 '고향'을 상실하고 정체성 혼란을 겪던 사람들에게 교회가 제공한 따뜻한 환영과 정서적 교류는 위로와 힘이 되고 신앙공동체에 대한 소속감을 부여했을 것이다. 이는 친족집단이 담당하던 역할이 약화되면 도시의 직장동료와 종교집단이 그 대리역할을 하는 경우와 맥을 같이 한다.[13]

한국 사회의 산업화와 도시화가 진행되는 시기에 전개된 교회 여성교육의 주요내용은 전도교육이었다. 1965년 교파를 초월하여 구성된 전국복음화운동은 김활란 전 이화여대 총장을 중심으로 전개되었다. 예장 여전도회는 민족과 세계의 복음화를 위한 정기적인 기도회와 전도요원의 훈련을 강조하고 복음화를 위한 저금, 회원 배가운동, 성경공부, 사경사 훈련을 행동강령으로 정하였다.[14] 1960년대 해외선교, 산업선교, 군선교, 문서선교, 윤락여성선교, 교도소선교를 위한 교육

---

11 Lim, Hee-Sook, *Eine Analyse des protestantischen Fundamentalismus Koreas im Rahmen der kirchlichen Erwachsenenbildung. Mit einer Fallstudie zum "Handbuch fuer den Gottesdienst im Hauskreis" der Presbyterianischen Kirche Koreas zwischen 1975 und 1985* (Diss. Univ. Hamburg, 1999).
12 개인의 원자화와 조직의 관료화에 대한 대응으로 '마이 홈 이데올로기'가 생겨났다고 한다. 박영은, "산업화와 가족주의,"『정신문화연구』(서울: 한국정신문화원, 1985), 176.
13 김주희,『품앗이와 정의 인간관계』(서울: 집문당, 1983).
14 주선애, "광복 이후의 기독교 여성운동," 한국기독교백주년기념사업협의회 여성분과위원회 편,『여성! 깰지어다, 일어날지어다, 노래할지어다 - 한국기독교여성백년사』(서울: 대한기독교출판사, 1985), 201.

을 지속적으로 전개한 예장 여전도회는 교육의 필요성을 다음과 같이
규정하였다.

산업발달로 도시화 현상이 일어나 농촌의 인력을 흡수하게 되었고 그
로 인해 도시 공장으로 모여든 청소년들의 외롭고 고된 생활에서 연유
된 갖가지 문제가 도처에서 일어나고 있었다. 그 외에도 윤락여성, 교
도소 등 방황하는 젊은이 집단들은 따뜻한 손길을 필요로 했다.[15]

앞에서 언급한 선교교육의 목적은 교회여성들을 대상으로 한 지도
자 강습회에도 잘 반영되었다. 1966년 처음 개최된 지도자 강습회는
"더 많은 열매를 맺게 하소서"라는 주제로 초청강사를 통해 전도사업
의 발전방법을 가르치고 1967년 강습회도 "내 어린 양을 먹이라"는 주
제에 따라 전도교육을 강조하였다. 이러한 경향은 "엑스폴로 74"의 대
대적인 민족복음화 운동이 전개된 1970년대에 제주 우도선교, 군선
교, 6·25 금식기도회, 군종 영성교육, 대학 캠퍼스선교, 중고등학교
선교, 산업선교의 봉사, 직장인선교, 병원선교, 연예인선교 등으로 점
차 강화되었다.[16]

감리교 여선교회도 공과, 성경 통신, 경연, 강습회를 통하여 전도교
육에 주력하였다.[17] 그 가운데 1964년에 실시한 윤락여성문제에 대한
교육은 당시 한국에 주둔하는 미군들과 일본관광객을 대상으로 한 성

---

15 이연옥,『대한예수교장로회 여전도회 100년사』(서울: 대한예수교장로회 여전도회 전국
  연합회 출판사업회, 1988), 120.
16 이연옥, 앞의 책, 172-178.
17 이덕주,『한국감리교 여선교회의 역사』(서울: 기독교대한감리회 여선교회전국연합회,
  1991), 564ff.

매매와 산업화를 통해 나타나는 성적 문란에 대한 교회여성들의 우려와 소외지역의 여성에 대한 선교적 사명을 반영한다는 점에서 특별한 의미가 있다. 또한 1960년대 중반부터 여성근로자들에 대한 산업전도도 본격화되었다. 산업전도에 투신했던 조화순 목사는 이 전도사업이 인권운동과 민주화투쟁을 포함한 선교활동이 되어야 하는 이유를 다음과 같이 밝혔다.

> 선교 사업은 '예수 믿어 교인 만드는 것'이 아니라 '하나님의 피조물로 태어나 누릴 천부의 인권을 되찾아 주는 것'임을 깨닫게 된 것이다.[18]

앞에서 살펴본 대로 한국 사회의 산업화에 부응하여 전개된 교회여성교육의 특성은 전도를 강조한 교회성장 교육이다. 그것은 산업화와 도시화 과정에서 소외되고 상처받은 사람들에게 관심과 사랑을 나누는 기독교의 선교적 사명을 실천하는 것이다. 이 시기에 나타난 교회의 급성장 현상이 당시 교회구성원의 다수를 차지했던 교회여성들의 전도에 대한 열정과 헌신에 힘입은 바가 지대했다는 점에서 교회여성교육의 성과를 긍정적으로 평가할 수 있다. 그러나 교회성장을 목적으로 한 여성교육은 고통받는 사람들에 대한 교회의 관심이 전도차원으로 제한되기보다 고통받는 삶의 자리와 사회 구조에 대한 비판과 대안적 삶에 대한 모색으로 확장될 필요가 있다. 교회 밖의 세상은 전도의 대상만이 아니라 하나님 나라를 이루어야 할 선교 현장이기 때문이다. 전도로 교회에 모인 사람들은 구원의 비전을 갖고 다시 세상 속으로 흩어져야 하고 세상의 삶의 자리에서 복음을 증거해야 한다. 모

---

18 이덕주, 앞의 책, 579.

이기에 힘쓰는 교회교육은 흩어져서 사는 교육과 병행해야 교회성장에 제대로 기여하게 된다. 이런 점에서 한국 사회의 산업화 과정에서 활발하게 전개된 교회 여성교육은 여성들을 전도교육의 일원으로 선교에 참여하는 기회를 부여했으나 여성들의 경험과 목소리를 반영하지 못하고 교회성장의 목적에만 주력했던 한계를 갖는다. 그것은 대다수 교회여성들이 교회나 목회자의 권위에 의존하는 수동적인 학습자로서 전도활동에 동원되는 현상을 초래하고, 1960년대에 일어난 한일회담 반대운동(1964), 6.8부정선거(1967), 3선 개헌(1969) 등 급변하는 사회정치적 현실에 대한 기독교인의 사회적 책임을 방관하면서 기복적인 신앙을 형성하는 한 요인이 되었다는 점에서 비판적으로 극복되어야 할 과제로 평가된다.

2. 민주화와 의식화교육

1960년대부터 시작된 수출주도형 경제정책은 고도성장과 함께 농촌의 황폐화, 도시민빈의 증가, 노동환경의 열악화 등 많은 문제를 발생하면서 노동자와 농민들에 대한 억압과 착취를 강제하고 인권을 침해하는 결과를 초래하였다.[19] "한국적 민주주의"란 명목을 내세운 유신정권은 1972년 유신헌법을 공포하며[20] 이에 항거하고 저항하는 민주인사들과 노동자들에 대한 탄압과 투옥, 감시와 처벌을 자행하였다. 이처럼 1970년대는 독재정권에 대한 노동자, 농민, 학생, 지식인, 종교인, 정치인의 저항이 치열해지고 이에 맞선 유신체제의 비인간적

---

19 한국기독교사회문제연구원, 『1970년대 민주화운동과 기독교』(서울: 민중사, 1983).
20 정부는 1969년 3선 개헌을 시작으로 10월 유신(1972)과 긴급조치 9호(1975)를 강행하였다.

탄압이 확산되는 갈등과 긴장의 시기였다. 당시 독재정권의 폭력적 지배로 불안이 확산되는 사회에 대한 교회의 대응은 정치적 참여를 선교적 과제로 인식하고 불의한 사회구조와 세력에 저항하거나[21] 부흥회와 기도원을 중심으로 한 개인구원에 몰입하는 대조적인 모습을 보였다.

당시 민주화 투쟁에 교회가 참여하도록 지원한 신학적 배경은 '하나님의 선교'였다. 이 개념은 선교의 주체이신 하나님이 세상에서 전개하는 선교 역사에서 교회는 선교의 도구가 되어야 한다는 것을 의미한다. 이에 따르면 교회의 선교적 사명은 교회 내부에만 국한되지 않고 교회 밖의 세상으로 확장된다. 이와 같은 선교 개념은 산업선교회가 산업현장에서 일하는 사람들을 찾아가서 전도하려는 초기의 목적을 확대하고 점차 산업화의 구조적 문제와 노동현장의 비인간화에 관심을 두고 일했던 과정에서도 잘 드러났다.[22]

민주화 투쟁 과정에 여성들도 참여하였는데 그 가운데 여성들의 활약이 주목된 것은 구속자가족협의회[23]였다. 인권운동으로 탄압받고 구속된 학생, 지식인, 종교인들의 가족이었던 여성들은 이 일을 통하여 사회와 민족, 역사에 대한 인식의 지평을 넓히고 세상에 대한 기독여성의 역할과 책임을 자각하게 되었다. 이렇게 의식화된 교회여성들은 1970년대 유신독재에 저항하는 민주화 운동에 참여하고 가족법 개정운동, 매춘관광 철폐, 원폭피해자 돕기, 재일교포와 재미교포들을

---

21 대표적으로 지식인, 대학생, 종교인들이 참여한 산업선교회를 들 수 있다. 영등포산업선교회 40년사 기획위원회,『영등포산업선교회 40년사』(서울: 대한예수교장로회 영등포산업선교회, 1998)에는 산업선교의 역사, 신학적 배경, 참여자들의 증언이 672쪽의 분량으로 상세하게 기록되어 있다. 이에 대해 이종구 외,『1960-70년대 한국노동자의 계급문화와 정체성』(서울: 한울아카데미, 2006), 75-102를 참조하라.
22 한국기독교교회협의회 편,『1970년대 노동현장과 증언』(서울: 풀빛, 1984), 103.
23 1974년 결성되었고 1976년부터 양심범 가족협의회로 개명하였다.

위한 인권운동을 전개하였다. 그 가운데 1973년 교회여성연합회가 개최한 "관광객과 윤락여성 문제" 세미나는 주목할 만하다. 그 교육의 참여자들은 윤락여성들을 자본주의와 가부장제의 이중 희생자라고 인식하고 정부 관련부서에 보내는 건의문과 성명서를 발표하였는데 성명서의 일부를 소개하면 다음과 같다.

경제제일주의의 개발정책이 우리나라를 일본의 속국으로 만들고 있을 뿐만 아니라 관광진흥이라는 명목하에 우리나라의 여성들을 상품화하고 있다. 이와 같이 여성의 인권을 유린하고 한국을 일본남성의 유곽지대화하는 매춘관광사업을 즉각 중지할 것.[24]

1975년은 유엔이 정한 '세계 여성의 해'로 여권신장과 여성문제에 대한 관심을 불러일으키고 그와 관련된 활동이 국제적으로 전개되던 해다. 이러한 세계적 흐름을 타고 한국 사회에 소개된 것이 여성학과 여성신학이다. 여성학은 1977년 이화여자대학교에서 교육과정으로 채택된 이래 다양한 학문분야의 연구와 여성단체의 활동을 활성화하는 기반이 되었다. 교회와 신학의 가부장제를 비판하고 그 대안적 이론과 실천을 모색하는 여성신학은 에큐메니칼 국제모임, 외국서적의 번역, 교회여성들의 교육을 통해 소개되었다. 1978년 기장 여신도회는 여성신학을 교과과정으로 신설해 주기를 교단 신학교에 청원하였는데 여성신학의 의의를 다음과 같이 밝혔다.

여성신학의 정립은 자유케 하시는 하나님의 초대에 대한 신앙적 응답

---

24 「한국교회여성연합회 성명서」(1973. 12. 3).

이며 그 궁극적 목적은 새 인간성의 창조와 새 인류 공동체의 건설을 지향한다.[25]

또한 여성신학을 정립하고 확산하기 위해 1980년에 조직된 한국여신학자협의회는 한국 여성신학의 과제를 아래와 같이 규정하였다.

(한국 여성신학의 과제는) 여성신학 측면에서의 성서해석과 여성의 인간성 회복, 교회공동체의 민주화의 과제, 한국문화의 여성신학적 재해석, 민족분단의 문제와 통일의 과제, 아시아 교회여성과의 협동(이다).[26]

이와 같은 움직임과 관련하여 예장 여전도회는 아직 이루어지지 않은 여성 안수제도의 청원을 포함한 교회민주화와 여성능력의 개발을 교육의 주안점으로 강조하였고[27] 한국기독교교회협의회도 1980년 제29차 총회에 교회 민주화를 위한 다음과 같은 건의문을 제출하였다.

1. 교회의 민주화를 위해서 적어도 총대수의 사분의 일을 청년 및 여성 대표로 할 수 있기를
2. NCC 실행위원회가 사분의 일은 청년 및 여성대표로 되기를
3. 상임위원회 역시 구성원의 반수가 전문가 및 여성 청년 대표로 되기를 원한다.

---

25 한국기독교장로회 여신도회 전국연합회 여신도교육원, 『여신도회 운영안내』(1983), 72-89.
26 한국여신학자협의회, 『한국여성신학의 과제』(서울: 한국기독교가정생활협회, 1983), 140-141.
27 1984년 예장통합의 여성 안수의 청원이 총회에서 통과되었다.

당시 한국교회의 여성지도력에 대한 관심은 여교역자들의 현실에 집중되었다. 여교역자의 실태조사를 실시하고 그 결과를 기반으로 여교역자들에게 책임적인 지위를 부여하지 않는 교회제도를 비판하고 여교역자들의 자질향상이 필요함을 강조하였다. 당시 심방이나 교육을 담당하며 남성 목회자의 보조역할로 제한되는 여교역자들의 실상은 개신교 선교 초기에 여교역자들이 담당했던 선구자적 역할보다 후퇴한 것으로 평가되었다.[28] 한국종교편람의 통계에 따르면 1979년 개신교 신도 가운데 여성이 차지하는 비율은 63%였으나 여성 목사의 비율은 2%에 불과했고, 여성교역자의 이미지에 대한 연구의 결과도 교인들이 여교역자를 지도자가 아닌 보살피는 봉사자로 여기고 여교역자에게 겸손, 성실, 희생, 인내, 순종의 자질을 기대하는 것으로 나타났다.[29] 이것은 당시 사회에서 민주화에 대한 열망과 운동이 활발하게 전개되었던 것과 대조를 이루는 한국교회 민주화의 실상이었다.

민주화운동과 여성신학의 영향으로 사회의식과 여성의식을 함양한 기장 여신도회는 1978년부터 "생명문화 창조운동"을 전개하였다. 이것은 죽음의 문화를 만들어내는 현대문명에 대한 비판적 대안교육의 일환인데 그 활동의 목적을 다음과 같이 제시하였다.

하나님의 형상대로 지음 받은 인류가 하나님 앞에서 바르게 살아가도록 하나님의 창조하신 생명을 키우고 가꾸며 살아가는 일, 하나님과 역사 앞에서 부끄러움이 없는 삶을 이룩하기 위함이다.[30]

---

28 주선애, 앞의 글, 203.

29 손승희, "한국교회의 여성교역자의 이미지에 대한 연구," 「한국문화연구원논총」 제36집 (1980), 90.

30 한국기독교장로회 여신도회 전국연합회 사회위원회, 『생명문화 창조운동 자료집』(1978),

이 생명교육에서 문제로 삼는 죽음의 문화는 힘의 문화, 물질만능주의, 파벌주의, 쾌락 추구의 성문화, 계율중심의 비인간적 종교문화를 의미한다. 이에 대한 저항적 실천교육은 강연회, 세미나, 공과책, 가정예배문, 여신도회보, 소책자, 노래, 기도문을 통해서 전국적으로 확산되었는데 그 내용이 여성들의 경험과 생활지혜를 잘 반영한다는 점에서 여성주의 교육의 한 모델로 평가된다. 몇 가지 관련 내용을 들어보면 다음과 같다.

— 재산은 자녀에게만 물려주지 않고 사회에 환원하기

— 혼수품 간소화로 예단 거절하기

— 물가 지수 줄이고 보석 안 갖기

— 식단 가짓수 줄이고 외식 안하기

— 집 평수를 적절하게 가지기

— 남녀 차별 없는 가정 만들기

— 교회 예산 30%를 사회복지 선교비로 세우기

— 교회 개방으로 지역사회에 공헌하기

— 생태계 보존하기

— 인류의 평화를 위해 핵무기 반대운동 하기[31]

앞에서 제시한 실천 내용들은 개인의 생활지침 차원을 넘어 교회갱신과 사회개혁을 위한 교회여성들의 사명과 책임을 자각한 결과이다. 교회여성들은 이와 같은 행동변화가 죽음의 문화를 살림의 문화로 대

23.

31 한국기독교장로회 여신도회 전국연합회 여신도교육원, 『새로워진 여신도회 운영안내』 (2009), 104-108.

치하는 힘으로 "하나님의 창조하신 생명을 키우고 가꾸며 살아가는 일"이고 개인을 넘어 사회와 "역사 앞에서 부끄러움이 없는 삶"이라고 인식하면서 여성들이 생명문화를 이루는 주체가 되어야 하는 이유를 다음과 같이 밝히고 있다.

> 첫째, 이 일은 하나님 나라에 대한 꿈을 가진 사람만이 할 수 있다. 죽음의 문화에서 생명을, 구원을 얻어 모두가 함께 살 수 있는 나라가 올 것이라는 믿음과 확신을 가지고 선 무리들만이 할 수 있는 일이다. (…)
>
> 둘째, 여성들이 할 수 있다. 억압과 구속, 착취, 억울함의 체험을 가진 여성들은 자유와 평등의 원리가 지배하는 새 하늘과 새 땅을 꿈꾼다. 여성들은 자신들의 억압된 경험을 통해 모든 형태의 착취, 차별과 불평등의 억압구조를 꿰뚫어 보는 통찰력을 획득하며, 그 아래서 고통받는 약자들의 신음소리에 귀 기울이는 감지력을 획득한다. (…)
>
> 셋째, 어머니들이 할 수 있다. 어머니란 생명을 자신의 몸속에 잉태하여 지키고 탄생케 하여 키워온 생명창조의 역군의 경험을 가지고 있는 사람들이다. 실제의 경험이 없다 할지라도 그런 능력을 이미 가지고 있는 사람들이다. 그러기에 생명의 소중함을 안다. (…)[32]

이상에서 살펴본 대로 1970년대 교회 여성교육은 하나님의 선교신학과 여성신학을 배경으로 사회 민주화와 교회 민주화에 대한 통찰력과 실천과제를 가르치고 여성이 주체가 되어 교회갱신과 사회개혁을 모색하는 생명교육운동을 전개하였다. 이것은 여성들이 자신을 수

---

32 한국기독교장로회 여신도회 전국연합회 사회위원회, 앞의 책, 46.

동적인 교육대상으로 여기지 않고 교회와 사회에서 자신의 목소리를 통해 여성 정체성을 정립해 나가는 변화된 모습이다. 1960년대 교회 성장을 위해 전도와 교회에 집중했던 여성교육은 1970년대 교회와 사회의 개혁을 요구하고 실천할 수 있는 여성의 주체성과 힘을 키우는 교육으로 발전하였다. 이것은 외부의 권위와 지식에 의존하는 단계에서 성차별과 억압에 대한 여성의 자각 경험을 중시하고 자신의 목소리로 물음과 권리 찾기를 하는 향상된 단계로 평가된다.

3. 분단 인식과 평화교육

1979년 10·26 사태 이후 1980년대 한국 사회는 국내의 정치적 격변을 경험하고 분단 상황과 민족통일에 대한 관심이 고조되었다. 1986년 유엔이 정한 '세계 평화의 해'를 맞아 남북의 평화정착 운동과 세계 평화를 위한 반핵운동이 전개되었다. 또한 분단 현실이 초래하는 민족적 고통과 그 가운데 가장 고통 받는 민중에 대한 인식도 강조되었다. 이와 같은 사회적 변화가 여성운동과 교회 여성교육에 끼친 영향은 1985년에 실행된 기념행사들의 자료집에서 잘 반영되었다.

1985년 3월 8일 세계 여성의 날 한국여성대회는 주제를 "민족, 민주, 민중과 함께 하는 여성운동"으로 정하고 빈민여성, 농촌여성, 여성노동자들로 하여금 자신들의 문제에 대한 사례발표를 하도록 했다. 이 대회에서 발표된 선언문의 내용은 당시 사회 상황과 사회개혁을 위한 여성운동의 과제를 밝히고 있는데 그 일부를 소개하면 다음과 같다.

(…) 오늘날 우리 민족은 외세에 의해 강요된 민족분단의 비극 아래 계속적인 남북한 군비 경쟁의 위협에 살고 있다. 과다한 군사비의 부

담과 핵무기 배치, 경쟁적 이데올로기 투쟁은 민족 전체의 생존을 위협하며 사회 전체의 민주적 발전을 저해하는 요소로 작용하고 있다. (…) 이처럼 경제적 불평등, 아울러 성차별을 제도화시키고 있는 가족법의 모순 및 사회문화적 차별의식은 이제 민주화를 요구하는 여대생들에 대한 경찰의 추행, 생존권 보장을 요구하는 여성노동자들에 대한 폭력 등 정의와 진실에 대한 탄압의 수단으로 발전하고 있다. 이러한 한국여성의 현실을 볼 때, 한국의 여성운동은 단순한 여성지위 향상이나 여가활동의 수준을 벗어나야 한다. 또한 대다수 여성들의 생존권 투쟁을 외면한 채 특권층 여성의 점유물이나 출세를 위한 발판이 되어서는 안 된다. 올바른 여성운동은 분단을 고착화시켜 이익을 꾀하는 외세를 물리치는 민족통일운동으로 정치적 억압으로부터 민주주의를 쟁취하고 (…) 민주사회를 이룩하기 위한 민주화운동으로 그리고 (…) 민중운동으로의 성격을 띠고 나가야 할 것이다.[33]

또한 1985년은 개신교 선교 100주년이고 해방 40주년이 되는 해였다. 이를 기념하기 위하여 20개 교단 여성단체와 4개 기독여성단체들은 1983년부터 "새롭게 하나 되는 행진"을 추진하였고 1985년 선교 100주년을 기념하는 여성대회에서 교회일치와 민족통일을 주제로 선정하였다. 그 대회의 주제 강연을 맡았던 이대 교수 장상은 "해방 40년, 분단 40년"의 역사 속에서 한국교회가 민족화합과 통일에 대한 사명을 감당할 수 있는지를 두고 다음과 같이 물음을 제기하였다.

오늘날 우리 교회의 적나라한 모습은 무엇인가? 아름다운 교회건물,

---

33 '85 한국여성대회 보고서, 「민족, 민주, 민중운동과 함께 하는 '85 여성운동선언」(1985).

우뚝 우뚝 솟아오르는 교회의 십자가 철탑, 그리고 수천 또는 수만의 교인을 헤아리는 대형교회, 밤낮으로 열심히 기도하는 교회 등 여러 모습을 발견한다. 그러나 무엇이 한국교회의 참 모습인가?[34]

이에 대한 대답으로 그는 다음과 같은 교회 현실을 지적하였다.

오늘의 우리 교회는 하늘에 계신 하나님의 이름보다 인간의 이름을, 교파의 이름을, 개교회의 이름을 더 관심하며 (…) 하나님의 영광을 드러내고 하나님의 뜻을 이루려는 연합 사업에서조차도 모든 영광과 권리는 우리 교파에, 내 교회에, 그리고 나에게 돌아오도록 하는 극심한 명예욕과 경쟁의 늪에 오늘날 우리의 교회가 깊숙이 빠져 있다. (…)
우리의 실상은 '예수 믿고 천당 갑시다'라는 타계주의적 신앙에 사로잡혀 왔다. 하나님의 나라가 임할 이 땅, 이 사회, 이 역사에 대해서는 상당히 무관심하고 무책임하였다. (…) 특히 교회 여성들은 이 땅에서의 하나님의 뜻을 이루는 그리스도인의 사명과 책임보다는 천당 가는 것만을 집착해 왔다.
우리는 신앙의 이름 아래 타계주의 사상을 빌어서 얼마나 이기적이었으며, 얼마나 비복음적이었는가를 깨달을 수 있어야 한다. (…) 한국 교회의 교파주의, 개교회주의, 분열주의는 '우리에게' 주시는 은혜를 나눌 줄 모르는 독점욕에서 비롯된 것이다. 우뚝 솟은 교회가 낮은 이웃들과 서로 나누는 삶을 살지 않는다면, 그것은 바벨탑과 같은 분열

---

34 장상, "선교 2세기를 향한 교회여성의 자질과 사명," 「기독교사상」 제29권 제10호(1985), 155.

을 초래할 뿐이다.[35]

장상은 이러한 교회 현실에서 교회가 화해와 평화의 도구가 되기에 부족함을 지적하고 교회갱신과 민족통일을 위한 교회의 회개를 촉구하였다.

1980년대 분단 상황과 민족통일에 대한 교회여성들의 관심은 분단의 민족문제를 여성들이 당하는 억압과 고통의 근원으로 인식하는 것에서 비롯되었다. 한반도의 분단은 식민주의와 제국주의가 초래한 결과이고 이러한 패권주의의 기초는 가부장제 지배문화라는 것이다. 이와 관련하여 교회여성들은 여성들의 역사적 책임과 선교적 과제를 다음과 같이 선언하였다.

우리 여성들은 이 나라의 민중 가운데서도 가장 민중적인 존재이다. 그것은 여성들이 분단구조 아래에 있는 한국 사회의 정치적·경제적·사상문화적 모순들에 의해 가장 고통스럽게 희생당하고 있기 때문이다. 그러므로 우리는 여성 민중이 바로 통일의 주체임을 선언한다. 이는 하나님이 언제나 가장 힘없는 자를 들어 구원 역사의 주체로 삼으신다는(눅 1:46-55) 믿음에 의한다. (…) 분단 상황의 극복과 민족통일의 성취는 생명을 억압하는 폭력과 죽음을 가져오는 가부장적 이데올로기의 청산을 이룩하는 방향으로 추진되어야 한다고 믿는다.[36]

이 선언문의 주안점은 1985년 3월 8일 세계 여성의 날 한국여성대

---

35 장상, 앞의 글, 156-158.
36 여신학자협의회 편,「평화·민족통일·여성 자료집」(1988. 3. 30).

회 선언문의 내용과 같은 맥락에서 이해될 수 있다. 한국 사회에서 경험하는 민중의 고통은 분단 상황의 민족문제와 연결되고 분단 상황을 극복하는 민주화는 여성 민중의 문제에 대한 관심과 참여로부터 출발해야 한다는 것이다.[37]

이러한 교회여성들의 자각과 움직임은 같은 해 4월 한국 인천에서 WCC가 주관했던 '세계기독교한반도평화협의회'에서 발표한 성명서 "민족의 통일과 평화에 대한 한국기독교회 선언"(1988. 2. 29)에서도 찾아볼 수 있다. 당시 협의회에 참여했던 세계 17개국의 여성들과 한국교회 여성들은 '평화와 통일을 위한 한국주일'의 제정과 이를 위한 정기적인 월례 기도일을 제안하면서 한반도 분단 상황의 극복을 세계 그리스도인들의 선교적 과제로 천명하였다.[38]

교회여성들은 분단의 역사 속에서 선교적 사명과 책임을 통감하면서 생명평화교육을 전개하였다. 기장 여신도회는 분단극복의 평화실현과 여성의 주체적인 역사참여를 강조하고, 분단극복과 민족통일의 성취를 "'생명을 택하여라'(신 30:19) 하신 하나님의 명령을 따르는 길"로 인식하며, 평화·통일운동을 "이 땅에 샬롬의 세계가 이루어지기를 소망하는 생명운동"으로 고백하였다.[39] 감리교 여선교회도 정기적으로 발간하는 월간 공과책에서 '평화를 지어가는 사람들'(1988년)[40] '통일과 여성'(1989년)[41]이라는 주제로 평화교육에 집중하였다.

---

37 1980년대 한국 사회에서 여성 민중의 현실은 도시 빈민 여성의 40.8%, 농촌 여성의 51%가 한글을 읽지 못했다는 것에서도 잘 드러난다.

38 세계기독교 한반도평화를 위한 여성협의회 편, 「한반도평화를 위한 선언서」(1988. 4. 24).

39 이 내용은 1988년 여신도회 창설 60주년 기념 회원대회에서 발표한 문서 "평화·통일에 대한 우리의 입장"의 일부이다.

40 주요 내용은 성서의 평화 개념, 평화통일과 분단극복, 여성의식화로 구성되었다.

이상에서 살펴본 대로 1980년대 교회 여성교육은 여성들로 하여금 민족문제에 대한 역사의식을 고취시키고 분단 현실을 죄의 결과이며 하나님의 뜻에 어긋나는 불의임을 인식하게 하였다. 또한 분단극복을 선교적 사명으로 여기고 평화와 정의를 위한 교회여성들의 책임을 촉구하였다. 이것은 여성들이 자신의 권익 신장을 넘어 민족과 역사를 위해 헌신할 수 있도록 역량을 키우는 일과 다르지 않다. 하지만 평화를 지향하는 여성교육은 여성의 고통 경험에만 집중하기보다 여성성의 가치를 재구성하는 방식으로 다양하게 전개된다면 교육의 대중화에 기여할 수 있을 것이다.

IV. 나가는 말

앞에서 살펴본 대로 1960~80년대에 실시되었던 교회 여성교육은 급변하는 사회변화에 따라 시기마다 다른 특징을 갖는다. 여성주의 교육의 관점으로 볼 때 교회 여성교육은 1) 산업화가 진행된 시기에는 소외되고 상실감을 경험하는 도시노동자들을 전도하는 교육으로 교회성장에 일조하였고, 2) 민주화 투쟁과 새로운 신학적 논의가 활발하던 시기에는 여성들의 사회의식과 여성의식을 함양하고 여성 정체성을 확립하는 교육으로 여성들의 주체적인 사회참여와 교회개혁을 도모하게 하였으며, 3) 분단 인식과 민족문제에 대한 관심과 실천이 요구되었던 시기에는 여성들의 역사의식과 평화적 잠재력을 개발하

---

41 공산권의 교회 소식을 포함하여 통일과 관련된 다양한 정보를 제공하고 정신대와 매춘 관광의 문제를 분단 상황의 맥락에서 해석하고 있다.

는 교육으로 민족의 역사 형성에 기여하는 원동력을 제공하였다. 시기마다 교육의 방향과 주안점이 다르다고 해도 교회 여성교육은 급변하는 시대적 요구에 대응하며 여성의 정체성을 확립하고 역량을 강화하여 세상에서 복음을 증거하는 교회의 사명과 책임을 감당하는 데 일조하였다. 그와 더불어 역사의 격동기마다 교회여성들은 저마다 속한 자리에서 최선을 다해 헌신해 왔다고 필자는 생각한다. 지난 역사의 결실을 현재의 기준으로만 비판하는 것은 당대의 현실성을 추상화하는 것으로 여겨지기에 역사의 명암을 그 시대의 눈으로 보고 이해하는 것이 필요할 것이다.

필자는 교회 여성교육의 바람직한 전통을 창조적으로 계승하고 발전시키는 일이 여성들을 한국교회와 한국 사회의 개혁에 주체적으로 참여케 하는 길임을 믿으며, 이와 관련하여 몇 가지 제안을 하고자 한다.

첫째, 교회 여성교육은 변화하는 시대의 흐름과 소통하기 위해서 교육의 대중화와 지역 평준화를 고려할 필요가 있다. 교단이나 기관을 중심으로 이루어지는 각종 기념 대회와 세미나, 국제 모임을 통한 교육은 일회적으로 실행되고 후속 프로그램이나 연계 교육이 준비되지 않거나 교육의 기회가 수도권과 교회 지도자들에게 한정되는 경우가 많기 때문이다. 개교회 교회여성들을 위한 교육기회는 정기적인 교재 발간, 사이버 학습 활용, 움직이는 교실 운영 등을 통해 더욱 확대되어야 할 것이다.

둘째, 교회 여성교육은 21세기 성인학습의 추세를 따라 다양한 학습동아리의 운영과 여성의 특성에 맞는 멘토링과 코칭을 도입할 필요가 있다. 학습동아리는 주로 친목과 상호교류를 위한 소모임과 구별되고 학습과 토론을 목적으로 한다. 교회 내부와 외부에 학습동아리를 형성하여 상호 배움과 상호 가르침을 활성화한다면 교회 여성교육의 특성화와 다양화를 모색할 수 있을 것이다. 집단보다 개인을 중시하는 추세에 멘토링과 코칭은 개별 학습법으로 효과적이다. 이를 통해 세대 간 교육과 기존교육을 심화하는 것이 가능하다.

셋째, 과거 교회 여성교육은 여성들을 대상으로 남성 엘리트가 가르치는 경우가 많았다. 여성 지도자가 많이 배출된 시점에서는 여성 지도자들을 우선적으로 활용하되 학습자로 남성들을 포함시키는 것도 바람직하다. 여성교육의 목적이 교회와 사회개혁이라면 교육은 성별분리를 지양하고 남성도 참여하는 교육으로 소통과 연대를 모색하는 대안이 마련되어야 한다.

넷째, 교회 여성교육은 여성교육기관들의 연대를 통해 정보와 자원을 공유하고 여성 세력화를 형성해야 한다. 에큐메니칼 단체의 역할이 있다 해도 대부분 소수의 지도자를 중심으로 이루어지는 한계가 있다. '따로 그리고 함께'의 방식으로 상호 차이를 수용하고 인정하면서 연대의 새로운 모델을 개발하는 것도 여성의 역량 강화를 위한 교회 여성교육의 한 과제일 것이다.

한국의 교단 여성사에 나타난
여성교육의 실상과 과제

I. 들어가는 말

오늘에 이르기까지 교회여성들은 교회를 중심으로 펼쳐진 다양한 교육에 참여함으로써 신앙의 성숙을 경험했고 교회 성장과 선교에 이바지했으며 사회 발전에 나름대로 공헌하였다. 교회여성들(Church Women)은 개교회 차원에서 자치조직을 결성하고 전국적인 차원에서 연합회 활동을 펼치며 여성들이 중심이 되는 교육을 펼쳐 왔는데 필자는 이러한 여성들의 교육활동을 교회 여성교육이라는 개념으로 지칭하고자 한다.

교회 여성교육은 교회교육[1] 차원에서 이루어지는 종교적 사회화

---

1 교회교육의 개념에 대해서는 은준관,『교회교육 현장론』(서울: 대한기독교출판사, 1988), 164를 보라. "'교회교육'(Church Education)이란 교회가 교육의 주체가 되고 또한 교회 공동체의 생활 전부가 교육의 '장'이 된다는 의미를 포괄한다. 그리고 그것은 케리그마,

과정과는 일단 구별되며 교회학교 차원에서 유치부에서 장년부에 이르기까지 진행되는 교육활동이나 구역 예배 혹은 속회의 형태로 진행되는 공과 중심의 교육활동과도 구별된다. 또한 교회 여성교육은 기독교계 학교들에서 이루어진 여성교육이나 YWCA 등의 여성조직에서 전개된 여성교육 등 기독교 여성교육이라는 이름으로 총괄할 수 있는 교육활동과도 구별되어야 한다. 교회 여성교육은 교회여성들이 스스로 조직하고 운영하는 자치적인 교육활동을 뜻하며 그 전형적인 예는 교단별로 여신도회, 여전도회, 여선교회 등 다양하게 표기되는 교회여성들의 자치적인 교육활동이다. 이러한 교회 여성교육은 그동안 교회와 사회의 발전에 크게 기여해 왔고 앞으로도 그럴 것이기 때문에 이를 연구 대상으로 삼는 것은 의미가 있다.

20세기 후반기에 들어와 여성교육은 성 인지적 여성주의의 관점(gender sensitive feminist perspective)을 명확히 밝히고 있다. 기존의 여성교육은 여성이 주도하거나 여성을 대상으로 하는 교육을 지칭했지만 성 인지적 여성주의의 관점에서 전개되는 여성주의 교육(feminist education)은 교육활동 전반에서 나타나는 성차별을 분석하고 양성평등 교육의 대안을 제시하고자 한다. 그것은 설사 여성들의 교육 기회가 확대되고 여성들이 다양한 교육에 참여한다 할지라도 성차별적 교육은 여성의식을 왜곡하고 사회발전을 저해할 수 있음을 인식하였기 때문이다. 최근 여성주의 교육은 여성과 남성의 차이를 존중하고 양성평등을 실현하여 사회와 국가의 발전에 기여한다고 평가되어 강조되는 추세이다.

디다케, 코이노니아 그리고 디아코니아로 이어지는 신앙적 구조화의 깊은 관계 속에서 이루어지는 교육을 의미한다."

이 글에서 필자는 성 인지적 여성주의의 관점에서 교회 여성교육의 역사를 되돌아보면서 그 실상을 분석하고 미래의 과제를 제시하고자 한다. 그것은 교회 여성교육이 성차별을 극복하여 교회여성들의 자기개발과 교회의 발전에 이바지할 수 있는 방안을 모색하려는 것이다.

이를 위해 이 글의 제II장에서는 여성주의 교육의 관점을 밝히고 제III장에서는 교회 여성교육의 역사적 배경을 살펴보며 제IV장에서는 교회 여성교육의 실상을 분석, 제V장에서는 교회 여성교육의 과제를 제안한다.

교회 여성교육의 역사적 배경을 살펴보기 위해 필자는 장로교와 감리교의 여성사[2]와 한국 에큐메니칼 여성사[3]를 기본 자료로 활용하고자 한다. 교회여성들의 활동을 교단별로, 초교파적으로 기록한 이 여성사 자료들은 한국교회가 선교 1세기를 맞이하여 교단별로 발간한 교단사에 여성들의 경험과 활동이 제대로 반영되어 있지 않은 것을 보완하기 위하여 집필되었다.

---

2 주선애, 『장로교 여성사』(서울: 예수교장로회 여전도회전국연합회, 1979); 이연옥, 『대한예수교장로회 여전도회 100년사』(서울: 신앙과지성사, 1998); 이우정·이현숙, 『한국기독교장로회 여신도회 60년사』(서울: 한국기독교장로회 여신도회전국연합회, 1989); 장병욱, 『한국감리교여성사 1885-1945』(서울: 성광문화사, 1979); 이덕주, 『한국감리교여선교회의 역사』(서울: 기독교대한감리교 여선교회전국연합회, 1991).

3 이우정, 『한국기독교 여성 백년의 발자취』(서울: 민중사, 1985); 한국기독교 백주년기념사업협의회 여성분과위원회 편, 『여성! 깰지어다, 일어날지어다, 노래할지어다 - 한국기독교여성백년사』(서울: 대한기독교출판사, 1985).

II. 여성주의 교육의 관점

1. 여성주의 교육의 문제의식

동서양을 막론하고 교육은 정치, 군사, 종교 분야의 엘리트를 양성하려는 목적으로 만들어진 남성 독점적인 제도로서 19세기에 여성이 정규학교에 입학할 수 있을 때까지 긴 세월 동안 합법화된 성차별의 영역이었다.[4] 여성들이 교육에서 배제되어 사회진출의 기회마저 박탈당함으로써 여성에 대한 남성의 지배가 당연시되고 남성에 대한 여성의 종속이 유지되었다. 이런 점에서 서구의 초기 여성운동가들이 여성의 참정권 요구와 함께 교육권을 주장한 것은 불가피한 일이었다고 할 수 있다. 남성 독점의 배타적 영역에 여성들이 참여하여 평등한 교육 기회를 얻게 된 것은 성차별 극복을 위한 하나의 승리였다.

그러나 남성과 동등하게 교육받을 수 있는 형식적 조건이 부여되었다고 해서 여성들이 남성들과 동등하게 살 수 있게 된 것은 아니었다. 가부장제 사회에서 실시되는 성차별 교육은 여성들의 자아실현을 가로막고 사회발전에 참여할 수 있는 여성들의 기회를 축소했기 때문이다. 여성교육이 여성의 권리를 보장하고 사회발전에 기여하도록 여성 능력을 함양하려면 남성 중심적인 교육을 통하여 재생산되는 성차별에 대해 비판적인 물음과 성찰을 멈추지 않아야 할 것이다. 왜냐하면 성차별 교육에서 여성은 진정한 교육의 주체가 될 수 없기 때문이다. 여성주의 교육은 이러한 성찰에서 탄생하였다.

---

4 G. Lerner, *The Creation of Feminist Consciousness* (Oxford University Press, 1993).

2. 여성주의 교육의 주안점

1) 성별교육에 대한 논란

성 인지적 여성주의 관점에서 여성교육이 여성만을 교육대상으로 삼는 성별교육인가, 아니면 여성이 교육주체이지만 교육대상은 양성에게 개방된 양성교육인가 하는 물음은 매우 중요하다. 성별교육을 비판하는 코워드(R. Coward)와 데일리(M. Daly)[5]는 여성과 남성을 분리해서 실시하는 교육이 여성들을 전통적인 성 역할에 고정시킬 위험이 있으며 그 결과 공공영역에서 제 목소리를 상실한 여성들의 정치적 불평등을 재생산한다고 지적한다. 반면에 성별교육의 필요성을 주장하는 마르틴(J. Martin)과 모르간(K. P. Morgan)[6]은 가부장제 사회에서 남성과 여성의 사고 유형이 달리 형성되고 가치 체계의 사회화가 다르게 이루어지는 점을 감안한다면[7] 양성의 차이를 고려하지 않는 교육은 여성들에게 바람직하지 않다고 강조한다.

성별교육에 대한 찬성 의견과 반대 의견은 제각기 일리가 있으나 어떤 의견을 취하든지 간에 성별교육에 대한 여성주의적 평가는 여성교육의 역사적 배경과 교육 목표 및 효과를 감안해서 이루어져야 할

---

5 R. Coward, *Patriarchal Precedents: sexuality and social relations* (London: Routledge & Kegan Paul, 1983); M. Daly, *Beyond God the Father* (Boston: Beacon Press, 1985).

6 J. Martin, *Reclaiming a Conversation* (Yale University Press, 1985); K. P. Morgan, "Freeing the Children: Abolition of Gender," *Educational Theory* 35(4), 1985.

7 M. Belenky · B. Clinchy · N. Goldenberger · J. Tarule, *Women's Ways of Knowing: The Development of Self, Voice and Mind* (Basic Books, Inc., Publishers, 1986); N. Chodorow, *The Reproduction of Mothering* (Berkeley: University of California Press, 1978); C. Gilligan, "In a Different Voice: Woman's Conceptions of Self and Morality," *Harvard Educational Review* 47(4), 1979.

것이다. 역사를 돌아보면, 여성교육은 본래 분리교육의 형태로 시작하였다가 점차 남녀공학의 형태를 취하는 추세를 보이고 있다.

2) 교육의 여성주의적 목표

여성이 교육주체와 교육대상이 되는 경우에도 여성교육이 여성주의적 목표를 반드시 추구하는 것은 아니다. 티스델(E. J. Tisdell)에 따르면 여성주의적 교육은 1) 여성들로 하여금 자신들의 삶을 효과적이고 긍정적으로 변화시킬 수 있도록 도와주는 것, 2) 학습과정에 참여하는 사람들과 지식이 서로 분리되지 않고 상호관련을 맺는 것, 3) 여성의 역량을 강화하는 것을 목표로 한다.[8]

그러나 여성교육이 여성주의적 목표를 추구한다고 해도 여성주의적 목표를 어떻게 설정하는가는 많은 논의를 필요로 한다. 여성을 단일한 범주로 묶기 어렵다는 것은 이미 잘 알려져 있다. 가부장제 사회에서 모든 여성이 자신을 성차별의 희생자로 인식하는 것도 아니고 설사 그런 인식에 도달하였다고 해서 성차별에 적극적으로 저항하는 것도 아니다. 또한 인종, 계층, 연령, 취향에 따라 여성들 사이의 차이도 뚜렷하다. 생물학적 성(sex)과 사회문화적 성(gender)을 구별하더라도 성차별을 극복하는 전략은 매우 다양하게 제시될 수 있다. 여성과 남성의 차이를 인정하는가를 놓고서도 견해가 크게 엇갈린다. 이러한 여러 가지 점을 고려할 때 여성주의 교육의 목표를 달성하는 교육 과정을 마련하기 위해서는 많은 토의가 필요할 것이다.

---

8 E. J. Tisdell, "Feminism and Adult Learning: Power, Pedagogy and Praxis," S. B. Merriam (Ed.), *Selected writing on Philosophy and Adult Education* (Krieger Publishing Company, 1995), 207-224.

3) 평생교육의 강조

평생교육은 한편으로는 가정교육, 학교교육, 사회교육을 모두 포괄하는 수평적 통합의 교육 개념이고 다른 한편으로는 요람에서 무덤까지 생애의 전 주기에 걸쳐 이루어지는 수직적 통합의 교육 개념이다. 평생교육의 관점에서 보면 여성들은 더욱 다양한 교육 기회를 부여받고 생애주기에 따라 교육을 선택하여 참여할 수 있다.

생애주기별 교육에서 중시할 점은 성차와 연령차이다.9 가부장제 전통에서 여성들은 오랫동안 자신들이 원하는 것과 필요로 하는 것을 양보하거나 포기하면서 침묵과 체념을 내면화하고 남성 중심의 교육에 의해 자신의 경험과 주체적인 판단보다 남성의 권위와 힘에 의존하는 경향이 많았다. 그러나 사회 변화와 더불어 여성들은 자신들의 요구와 필요를 좀 더 적극적으로 주장하고 자발적으로 교육을 선택함으로써 여성의 목소리와 능력을 표현하게 되었다. 이것은 여성교육이 남성 중심적인 교육에서 벗어나 여성의 생애주기에 따라 다양하게 제기되는 문제들을 스스로 인식하고 주체적으로 그에 부응하는 대안을 찾고 있음을 의미한다. 이러한 과정에서 다양한 연령의 여성들이 연대하여 서로 가르치고 배우는 교육공동체를 형성한다. 서로 다른 가치관과 생활양식을 지닌 여성들의 세대 간 교육은 여성들의 정체성을 새로운 방식으로 강화할 수 있다.

3. 교회 여성교육과 여성주의 교육

위에서 살펴본 여성주의 교육의 주안점들을 놓고서 교회 여성교육

---

9 D. J. Levinson, 김애순 역, 『여자가 겪는 인생의 사계절』(서울: 세종연구원, 1998).

을 살펴보면 다음과 같은 점들을 말할 수 있다. 우선 교회 여성교육은 내외법의 영향이 지대했던 선교 초기부터 교회여성들의 자치조직 활동이 활발하게 벌어지고 있는 오늘에 이르기까지 성별교육의 형태를 유지하고 있다. 전통적인 성 역할이 당연시되고 계속 유지되는 상황에서 성별교육 형태로 진행되는 교회 여성교육은 여성들에게 가부장제에 순응하는 교육을 제공하고 여성을 남성의 보조자 역할에 머물게 할 가능성이 있다. 그러나 여성의식이 활성화되고 교회의 민주화가 요구되는 오늘의 상황에서 성별교육은 여성의 정체성을 확립하고 여성의 능력을 개발하며 민주적인 교회 공동체를 형성하는 데 기여해야 할 것이다.

그 다음 교회 여성교육은 여성주의적 교육 목표를 지향할 수 있다. 물론 교회여성들의 자치적인 교육활동이 소속 교회의 신앙 유형에 따라 각기 다른 강조점을 갖기는 하지만 교회 여성교육은 교회여성들이 하나님의 말씀과 하나가 되어 삶을 변화시키고 하나님 나라와 그 의를 향해 나아가도록 한다는 공통된 목표를 설정하고 있다. 이러한 목적을 달성하는 과정에서 교회 여성교육이 여성주의적 목표를 어떻게 설정하고 구현하고 있는가를 관찰하는 것은 매우 중요하다.

끝으로 교회 여성교육은 다양한 연령과 경험을 지닌 사람들로 구성된 자치적인 공동체에서 이루어지고 있다. 이것은 교회 여성교육이 평생교육의 형태로 효과적으로 실행될 수 있다는 것을 의미한다.[10]

---

10 拙稿 "성인들을 위한 교회교육의 전망과 과제," 「신학사상」 제113집(2001/여름)(서울: 한국신학연구소, 2001), 197-215.

III. 교회 여성교육의 역사적 배경

앞에서 말했듯이 교회 여성교육의 역사적 배경을 살펴보기 위하여 필자는 교단별 여성사와 에큐메니칼 여성사를 기초 자료로 삼고자 한다. 이 여성사 자료들은 교회여성들의 역사적 자취들을 복원하고 여성 인물들의 활동을 서술하고 평가하고 있다. 이 자료들이 있기 때문에 여성사 연구에서 흔히 부딪치는 자료의 빈곤 문제를 어느 정도 극복할 수 있었다. 역사는 지배자 중심으로 기록되고 과거의 여성들은 기록의 주체나 대상이 되지 못하여 여성사 자료가 극히 빈약할 수밖에 없음을 감안하면 이는 매우 다행스러운 일이다.[11]

필자는 교회 여성교육의 역사적 배경을 파악하기 위해 교회여성사를 편의상 네 시기로 구분하려고 한다. 선교 초기부터 일제 강점까지의 시기, 일제 강점기, 해방 이후 1960년대 말까지의 시기, 1970년대 초 이후 1980년대 중반까지의 시기가 그것이다.[12]

---

11 그러나 교단 여성사가 다수의 일반 여성들보다 소수의 여성 지도자를 중심으로 기록되었다는 것은 아쉬운 일이다. 여성 지도자들이 다른 많은 여성에게 이상적인 모델이 된다는 것은 분명하지만 교단 여성사는 소수 지도자들의 헌신과 능력뿐만 아니라 그들과 함께 기쁨과 고난의 경험을 나누었던 다수 여성들의 지지와 동참에 의해 이루어졌다는 사실을 기억해야 한다. 또한 교단 여성사는 남성 중심으로 기록된 교단사를 보완하는 부속사(附屬史) 이상이 되어야 한다. 여성의 관점에서 여성과 남성의 활동을 역사적으로 서술하고 평가하는 새로운 형태의 교회사를 써야 할 것이다.

12 교단 여성사는 한국 선교 1세기를 기념하여 작성되었기 때문에 그 서술이 대체로 1984년까지로 한정되어 있다. 교회 여성교육의 전개 과정에 대한 본 논문의 분석도 1980년대 중반까지의 시기에 국한된다.

1. 한국 선교 초기부터 일제 강점 직전까지

개신교가 전래된 이 시기에 가장 획기적인 일은 여성교육이 태동하였다는 것이다. 개신교는 여성교육의 선구자 역할을 하였고 교회 여성교육은 교회의 부흥과 성장에 크게 기여하였다.[13]

당시 여성들은 남존여비의 가족구조에 속박되어 있었고 생존을 위한 힘든 노동과 질병 속에서 가신(家神)을 모시며 가족의 생존과 안녕을 기원하였고 교육 기회를 부여받지 못했다. 개신교는 학교 운영, 병원 운영, 문서 발간 등의 사업을 벌임으로써 반봉건 계몽운동과 개화를 통한 애국운동의 교두보 역할을 담당하였는데 당시의 여성들은 바로 이러한 선교활동을 통하여 기독교 복음에 접촉했다. 이러한 여성들에게 개신교는 인권의식을 고취하고 봉건적인 여성의식을 타파하는데 기여했다.

이 시기의 개신교 교육은 부흥회와 더불어 개최되는 사경회를 중심으로 이루어졌다. 사경회에서 성서를 읽고 배울 수 있도록 문자해득 교육이 이루어졌으며 생활개선 등 실생활과 직결되는 교육이 실시되었다. 사경회에서 여성들은 자치적인 전도회를 조직하고 그 운영을 위해 재정을 직접 조달하였다. 이러한 여성들의 조직 활동이 가장 활발하게 이루어진 지역은 서북 지방이었다.[14] 이것은 교회 여성교육의 태동을 알리는 매우 중요한 사건이다.

---

13 이에 대해서는 이 책에 수록된 "개화기 한국 여성교육과 개신교 - 1876년부터 1910년까지"를 보라.

14 이효재, "한국교회 여성 백년사: 개관과 전망," 한국기독교 백주년기념사업협의회 여성분과위원회 편, 『여성 깰지어다, 일어날지어다, 노래할지어다 - 한국기독교여성백년사』, a.a.O., 35.

개종을 위한 개신교 교육은 끽연, 지나친 음주, 마약 복용, 축첩 등을 삼가게 하여 새로운 생활 기풍을 진작하는 데 기여했으나 미신 타파와 우상 타파의 이름으로 전래의 관습과 토착 문화를 이단시한 일은 좀 더 신중한 검토를 필요로 하는 대목이다. 부흥회 때 널리 행해진 간증에서 여성들이 신주와 가신을 모신 것을 죄로 고백하는 예가 많은 것은 이와 깊은 관계가 있다. 개종과 결부되어 나타난 이 신앙적 열정은 토착민들에 의한 복음 전도의 바탕을 이루었으며 대부흥운동 이후 한국 기독교의 스타일을 결정할 정도로 큰 위력을 가지고 있었다.

개신교 선교를 위해 여성들을 선교의 동역자로 훈련시킨 것도 매우 중요한 의미가 있다. 내외법이 엄중했던 시절에 전도부인들은 가정의 울타리에 갇혀 있었던 여성들과 접촉함으로써 기독교 선교에서 큰 역할을 하였다. 이들은 단기적인 강습을 통해 문자해득 능력을 기르고 기초적인 성서지식을 습득하였으며 미신 타파와 생활 개선 등과 관련된 교육을 받았다.[15] 개신교의 여러 교단이 설립된 뒤에 여교역자들이 많이 필요하였기 때문에 여교역자 양성을 위한 성서 학원 형태의 교육기관이 설립·운영되었는데 이들이 받은 교육은 전도부인 양성 수준을 크게 상회하지는 못했다.[16]

2. 일제 강점기

일제 강점기의 교회 여성교육은 한편으로는 반일 민족운동에 기여하였고 또 다른 한편으로는 여성 지도력을 향상시키기 위한 노력을 기

---

15 장병욱, 앞의 책, 149 등을 보라.
16 이덕주, 앞의 책, 126; 이우정·이현숙, 앞의 책, 56f.

울었다.

우선 교회여성들은 일본 지배자들과 선교사들이 연합하여 주장한 정교분리 원칙에도 불구하고 민족의식을 고취하고 3·1 독립운동과 구국독립운동에 적극 참여하였다. 이것은 교회여성들이 선교 초기부터 조직한 자치회 네트워크와 재정 조달 능력이 있었기에 가능한 일이었다. 이와 관련된 예들은 매우 많지만 1907년의 국채보상운동은 민족운동과 남녀동등권 쟁취를 결합한 대표적인 여성운동의 예인데 이 운동에서 교회여성들은 주도적인 역할을 담당하였다.[17] 3·1 독립운동에서 기독교계 여학생들과 교회여성들이 기여하였다는 것도 또 하나의 좋은 예이다.[18]

그런데 사회주의 운동의 영향이 커지기 시작한 1920년대에 교회여성들은 반사회주의적 입장을 분명히 취했다. 1927년 사회주의자들과 민족주의자들의 통일전선인 신간회가 설립되고 여성들을 중심으로 같은 성격의 근우회가 조직되었을 때 교회여성들은 이에 참여하기도 하였지만 사회주의자들의 과격 노선에 거리를 취한 채 온건한 계몽운동을 표방하였다.[19] 소작인들이 급격하게 증가하고 생활의 기회를 얻지 못한 사회적 약자들이 넘쳐나기 시작한 1920년대 후반기에 교회여성들은 이러한 현실을 극복하는 방안을 모색하기보다는 교회부흥을 위한 백만인 구령운동에 참여하였다.

그 다음, 교회여성들은 여성 지도력을 강화하기 위한 다양한 노력을 기울였다. 당시 한국교회에서 여성들은 다수를 차지하고 있었지만 교회정치에서는 철저하게 소외되어 있었다. 1922년 남감리교의 여전

---

17 이덕주, 앞의 책, 215f.
18 이우정·이현숙, 앞의 책, 69ff.
19 이덕주, 앞의 책, 265ff.

도사들은 임금 인상 등 처우 개선을 요구하였다. 이 사건은 감리교에서 여성의식을 향상시키는 데 기폭제가 되었으며 교회여성사에서 남녀평등 의식을 앞세워 여권 신장을 주장한 최초의 사례로 기억되고 있다. 결국 감리교는 1932년에 이르러 협성신학교에서 남녀공학을 실시하고 여목사 제도를 도입하였다.[20]

장로교에서도 1933년 함경도 지역 여신도회를 중심으로 여성 안수 제도를 허용할 것을 요구하는 청원운동이 벌어졌다. 이 청원이 조선예수교장로회 총회에서 받아들여지지 않자 여신도회는 이에 굴하지 않고 청원을 계속하였다. 여성 안수 청원은 여성의 성 역할을 고정시키는 교회의 축자적 성서 해석에 이의를 제기한 사건이며 여성의 지도력을 제도적으로 보장받으려는 운동이었다. 1935년 조선예수교장로회 총회는 여성 안수 제도를 옹호한 김춘배 목사의 글을 정죄함으로써 여성 안수에 대한 교회의 반대 입장을 분명히 밝힌 바 있다. 여성 안수 제도가 장로회의 각 교파에 도입되기까지 수많은 진통이 거듭되었다.

일제 강점기에 개신교는 교세 확장을 이루지 못했다. 3·1 운동 이후 일제가 폭압정치에서 문화정치로 통치 스타일을 바꾸자 사회단체들과 문화단체들이 대거 생겨났고 교회는 더 이상 계몽운동과 민족운동의 거점 구실을 맡지 못하게 되었다. 교회로부터 많은 사람이 이탈하기 시작한 것은 이러한 상황 변화와 깊은 관계가 있다. 1930년대에 들어와서 만주사변, 중일전쟁, 대동아 전쟁을 일으키며 전시 파시즘을 강화한 일제는 새로운 종교정책을 수립하여 개신교 교단들을 통합하였다. 이미 신도수가 크게 줄어들었던 개교회들은 통·폐합에 나서는 등 존립 자체를 위해 남은 힘을 모아야 했다. 이 암울한 시기에 교회

---

20 이효재, 앞의 글, 43f.

는 신사참배 반대운동에 나서서 교회의 정체성을 유지하기 위해 노력하였지만 대부흥운동 이래의 내세지향적 신앙운동에 기울거나 신비주의에 빠지는 경향을 보였다. 그리고 일제의 전시 파시즘 체제에서 기독교 여성 지도자들 가운데 일부가 친일 행각을 보이기 시작한 것은 교회여성사의 오점으로 남았다.

3. 해방 이후 1960년대 말까지

해방 이후 한국 사회는 많은 굴곡을 거쳤다. 국토 분단과 민족 분단은 한국전쟁으로 이어졌고 이승만 정권의 독재를 무너뜨린 4·19 학생혁명의 성과는 박정희의 군부쿠데타로 인해 무너졌다. 군사정권은 국가 주도의 경제개발 정책을 강력하게 추진하여 이른바 개발독재에 의한 압축성장을 시작하였다.

이 시기에 한국교회는 매우 복잡한 분열상을 보였다. 장로교는 일제 강점기의 신사 참배 문제를 놓고 분열을 시작하였고, 근본주의 논쟁과 에큐메니칼 운동 참여 문제를 둘러싸고 대분열을 겪었다. 감리교는 교권을 둘러싸고 큰 진통을 겪었으나 교단 분열로 나아가지는 않았다.

이러한 상황에 대응해서 교회여성들은 여러 가지 활동을 펼쳤다. 그들은 해방 뒤의 교회 재건에 동참하였으나 교단 분열의 아픔도 겪었다. 전쟁의 혼란과 전후 복구기의 가난 속에서 교회여성들은 구호사업을 조직하고 전국 단위의 교회여성 조직을 재정비하는 데 주력하였다. 개신교 여성 지도자들 가운데 일부는 이승만의 친미 반공 정부에 참여하였고 전국 단위의 여성 조직들 역시 이승만 정권을 기독교 정권으로 간주하고 지지 입장을 취했다.[21]

군사쿠데타 이후 한국교회는 한 목소리로 1965년의 한일국교정상
화 회담에 반대하는 입장을 천명하였으나 군사정권의 장기 집권 계획
이 드러나기 시작한 1960년대 말에 이르러 교회의 정치 참여 논쟁을
중심으로 진보진영과 보수진영으로 양분되었다. 1960년대 중반에 개
신교 보수진영은 초교파적으로 결집하여 "3천만을 그리스도에게로!"
라는 구호를 내걸고 전국복음화 운동을 전개하기 시작했는데 이 부흥
운동은 1970년대 내내 한국교회의 양적 성장에 기여했다. 교회여성
들의 대부분은 이 운동에 동참하였다.[22]

교회여성들의 에큐메니칼 운동은 1967년 감리교 여선교회, 예수
교장로회(통합) 여전도회, 기독교장로회 여신도회가 참여하는 한국
교회여성연합회를 결성함으로써 첫 열매를 맺었다. 한국교회여성연
합회는 해외 교회 여성들과 에큐메니칼 협력을 전개하면서 한국교회
와 사회의 개혁에 관심을 기울이기 시작하였다.

4. 1970년대 초 이후 1980년대 중반까지

이 시기에 한국교회는 박정희 독재와 교회 성장을 둘러싸고 서로
다른 세력으로 나뉘었다. 민주화와 인권, 그리고 민중 생존권을 위해
투쟁하는 세력과 정교분리를 앞세운 채 민족복음화에 나선 세력이 서
로 뚜렷이 갈렸다.

보수적 개신교는 1973년과 1977년에 개최된 엑스플로 대회를 통
해 대대적인 교회성장운동에 나서자 보수진영에 속한 교회여성들도

---

21 이우정, 앞의 책, 223.
22 이효재, 앞의 글, 55.

이에 적극적으로 참여하였다. 그들은 복음 전도를 위해 군 선교, 교도소 선교 등에 주력하였으며 사회봉사활동을 활발하게 조직하였다.[23] 이에 반해 진보적 개신교는 민주화·인권 운동 및 도시산업선교를 통해 정치 개혁과 사회 개혁을 위해 애썼다. 이에 동참하는 교회여성들은 한국교회여성연합회를 중심으로 활동을 벌였는데 교회여성연합회는 기생관광 반대운동, 재일 원폭 피해자 보상운동, 구속자 및 가족 지원 사업 등 인권운동에 주력하였고 급속한 산업화 과정에서 파생된 노동 문제에 대응하는 차원에서는 동일방직, 방림방직, 남영나일론 등의 여성 노동자들의 투쟁을 지원하였다.[24]

1970년대 말에 도입되기 시작한 여성신학은 교회여성들이 교회 내 성차별과 권위주의를 비판하는 설득력 있는 논거를 제시해 주었으며 여성교육의 특성을 살리는 관점을 형성하게 하였다. 1980년대에 들어와 한국기독교장로회 여신도회는 생명문화창조운동을 전개하였는데 이 운동은 정치, 경제, 사회, 문화, 생태계에 만연한 죽음의 문화를 극복하고 살림의 문화를 형성하려는 매우 포괄적인 프로젝트를 제시하였다.[25]

IV. 교회 여성교육의 실상

교회 여성교육은 위에서 밝힌 역사적 배경을 놓고서 매우 다양하게 전개되었지만 필자는 여성 정체성 발견, 여성 지도력 개발, 생활과 교

---

23 이연옥, 앞의 책, 120ff.
24 이우정, 앞의 책, 256ff.
25 이우정·이현숙, 앞의 책, 405ff.

육의 통합 등 세 가지 주제에 초점을 맞추어 교회 여성교육의 실상을
분석하려고 한다.

1. 여성의 정체성 발견

개신교가 교육을 통하여 여성들의 자의식을 일깨우고 스스로를 존
중하게 한 것은 교회 여성교육의 큰 성과이다. 교회에서 여성들은 제
이름으로 불리게 되었고 한글을 깨우쳐 학습 능력을 갖게 되었다.

봉건적인 유교문화에서 이름 없이 살아가던 여성들은 세례를 받으
면서 자기 이름을 갖게 되었는데 이것은 "남자의 압박 아래서 생명 없
이" 살아온 그들이 세상에서 고유한 가치와 의미를 지닌 존재로 다시
태어나는 사건이었다.26 이와 같은 자아인식은 여성들이 문맹의 상태
에서 문자해득 교육을 받으면서 강화되었다. 한글을 깨우침으로써 스
스로 성경을 읽을 수 있고 세례문답도 가능했다. 자신의 이름을 가진
개인의 자격으로 하나님의 자녀가 되었으며 가정 밖의 사회에서도 활
동할 수 있는 기회를 얻게 되었다. 선교 초기 한국교회의 성장에 지대
한 공헌을 한 '전도부인'들과 일제 강점기에 민족과 사회를 위하여 활
약했던 개신교 여성 지도자들은 여성의 자아발견과 자기 존중 의식을
고취시킨 교회 여성교육이 나름대로 큰 성과를 거두었음을 보여준다.

그러나 교회는 자기 발견과 자기 존중 의식에 눈을 뜬 교회여성들
에게 부단히 현모양처형의 여성상을 주입하기도 하였다. 1950년대
중반부터 1960년대 중반에 이르는 시기에 한 교단에서 전국 규모로
발간된 여성교재 "그 달의 양식"에 실린 다음과 같은 설교 내용은 이를

---

26 이우정·이현숙, 앞의 책, 40.

보여 주는 한 실례이다.

> 남의 가문에 들어간 안해의 유일한 책임은 자녀를 낳아 남편을 기쁘게
> 하고 가문을 빛내는 것이 사회와 국가에 봉공하는 일이 됨과 같이 그
> 리스도인은 복음의 자녀를 주께 바쳐야 한다.[27]

이와 같은 여성상은 1970년대와 1980년대에 진행되던 한 교단의 여성 지도자 교육 프로그램에서도 쉽게 찾아볼 수 있다. 그 당시 시행된 각종 지도자 교육에서는 여성의 지도력과 능력을 교회 봉사와 기독교 가정의 형성에 국한하였다. 교역자 부인들과 권사, 장로 부인들, 농어촌 교역자 부인들을 대상으로 각각 시행된 교육 프로그램은 교육 취지를 다음과 같이 밝히고 있다.

> 교회의 발전은 교역자들에 의해 좌우되고 교역자들은 가정의 영향을
> 절대적으로 받게 되므로 여전도회에서는 교회 발전에 중요한 동력인
> 교역자 부인 수련회를 구상하였다.[28]

목회자 및 교회 지도자 부인들을 위해 여전도회에서 구상한 이 교육 프로그램은 여성의 역할을 가정에 국한하고 그 역할을 제대로 수행할 때 교회 발전을 이룬다는 단순한 논리에 근거하고 있다. 개교회 여신도들의 활동이 대체로 교회 식당 운영, 교회 미화, 대인 봉사 등 가사 활동의 연장선상에 있는 것도 이러한 논리와 무관하지 않다. 여교역자

---

27 이우정 · 이현숙, 앞의 책, 227.
28 이연옥, 앞의 책, 138.

가 희생과 봉사를 미덕으로 삼는 목사의 보조자나 자상한 어머니 역할을 맡도록 기대되는 것도 마찬가지이다.

현모양처형의 여성상을 강조하는 것 자체가 잘못되었다고 말할 수는 없지만 시대 상황의 변화와 무관하게 여성의 성 역할을 고정시키는 것은 자아의식에 눈 뜬 여성의 주체성 발달을 어렵게 하고 사회참여를 통한 여성의 자아실현을 가로막을 수 있다. 위에서 예로 든 교육 프로그램이 20세기 후반에 구상되었다는 점을 감안하면 교회 여성교육이 시대착오적으로 진행될 수 있음을 인식하고 이를 경계할 필요가 있을 것이다.

2. 여성지도력 개발

선교 초기부터 한국교회에서 독특하게 발전한 사경회는 남성들뿐만 아니라 여성들도 교육시키는 학습의 장이었으며 교육받은 남성 목회자들이 배출되기 이전에 여성들이 열정을 갖고 복음 전도와 교회 발전에 헌신할 수 있도록 하였다.

사경회를 통해 훈련받은 교회여성들은 개교회 차원에서 조직된 자치회의 운영과 자체적인 재정 조달을 통하여 서서히 지도력을 갖추기 시작하였다. 그들은 회의 진행, 조직 관리, 재정 운영 등과 관련하여 가장 선진적인 훈련을 받았고 민주적인 역량을 갖출 수 있었다. 이와 같은 여성 지도력 개발은 학교교육을 받은 기독교 여성들이 사회에서 지도적인 역할을 하는 데 기여했다고 볼 수 있다.

전도부인들의 지도력도 주의 깊게 살펴볼 필요가 있다. 그들은 비록 단기간의 교육을 받고 언어와 풍습이 다른 선교사들을 돕는 역할을 맡았지만 토착민 선교에서 지도력을 발휘할 수 있었다. 그들은 매서

(賣書) 활동을 통해 생계를 꾸려야 했던 만큼 독자적인 활동 영역을 갖고 있었을 것으로 추정된다.

그러나 초기에 발휘되었던 교회여성들의 지도력은 각 교단이 제도적 기반을 갖추기 시작한 이래로 한계에 부딪치게 되었다. 교회여성들은 제도 교회에서 자신들의 의견을 관철할 수 있는 수단을 거의 갖지 못했다. 1930년대에 들어와서 교회여성들이 강력하게 요청한 여성 안수 제도 도입은 이와 같은 상황 인식에서 비롯된 것이다. 장로회의 경우 특정한 성서 구절에 대한 축자적 해석에 근거하여 교회여성들의 요구는 철저하게 외면당했지만 그들은 전국 차원의 여신도 조직을 통해 이 문제의 해결을 위해 부단히 노력했다.

여성 지도력 개발이 장기간에 걸쳐 지체됨으로써 한국교회에서 여성들은 교단 차원의 중요한 의사결정 과정에서 줄곧 배제되었다. 그 단적인 예는 1953년 기장과 예장이 분열할 때 여성 지도자들이 겪었던 당혹감과 무력감이다.

한국장로교 전도활동의 충실한 수행자이면서도 장로교 정치의 외곽에 머물러 있어야 했던 여전도 회원과 지도자들은 신학논쟁이나 교회 정치적 분쟁을 자세히 파악하기 어려웠다. (…) 더구나 전시상황에서 가족들의 하루하루 생계와 안전을 돌보기에 여념이 없었던 대부분의 여성들에게 신학논쟁이나 교권투쟁은 관심사일 수도, 중요한 일일 수도 없었다. (…) 따라서 여전도회 회원들은 예장이니 기장이니 하는 분립된 교파로 갈라질 의사가 전혀 없었다는 것이 당시 여전도회 지도자들의 증언이다. (…) 그러나 남자들이 분쟁으로 갈라지고 나니 자연적으로 교회, 집안, 고향을 중심으로 해서 갈라질 수밖에 없었고 총회가 나뉘니까 당연히 여성들도 나뉘어야 한다는 생각에 울면서 나뉠

수밖에 없게 되었다. (…) 따라서 여전도회는 분열에 즈음한 어떤 입
장 표명도 없이 타율적으로 남편 따라 교회 지도자 따라 분열된 어느
한 교단에 편입되고 말았다.[29]

이런 식으로 타율적으로 분열된 교회여성들은 1960년대 중반 이래
로 초교파적인 활동을 통하여 새로운 형태의 지도력을 발휘하기 시작
하였으나 아직 개교회 차원에서 활성화되고 있지는 않다.

여성 지도력의 또 다른 한계는 1980년대 중반에 이르기까지 대부
분 남성 교수들과 목회자들이 여성들을 위한 특별 강연, 설교, 성서 공
부, 교재 집필 등을 주도한 데서도 엿볼 수 있다. 여성 강사와 필자로
이에 참여한 사람들은 소수의 여성 지도자들뿐이었다.

3. 생활과 교육의 통합

선교 초기에 이루어진 교회 여성교육은 지식과 생활을 통합하는 형
태로 진행되었다. 비록 사경회에서 초보적인 성서 지식을 습득하였다
할지라도 학습자가 습득한 인권 사상은 학습자의 삶에 큰 영향을 미쳐
서 삶의 변화를 이끌었다. 선교 초기의 부녀반 교육이 성서 공부, 위생
교육, 자녀 교육, 시대 상황의 인식 등으로 구성되었던 것은 교육과 생
활을 통합하고자 한 좋은 사례이다.

교회여성들의 자치조직에서 학습 과정과 조직 운영이 별개의 영역
으로 분리되지 않는다는 것은 교회 여성교육의 매우 중요한 특성이다.
예를 들면 1970년대 말에 조직되기 시작한 생명문화 창조운동은 그

---

29 이우정·이현숙, 앞의 책, 194-195.

당시의 문화를 죽음의 문화로 인식하는 데서 싹텄다. 교회여성들은 힘이 제일이라는 권위주의 가치체계, 돈이 제일이라는 물질만능의 가치관, 명예를 중시하는 파벌주의적 가치관, 성적 쾌락주의, 인간을 노예로 만드는 계율주의 종교 문화에서 죽음의 문화가 나타난다고 분석하였고 이러한 죽음의 문화는 하나님의 형상으로 지음 받은 인간의 존엄성을 유린하고 창조세계를 파괴한다고 인식하였다. 오랜 학습 과정을 통해 얻은 이러한 지식을 바탕으로 교회여성들은 죽음의 문화를 극복하고 생명의 문화를 창조하기 위한 조직을 결성하고 실생활에 적용할 수 있는 구체적인 행동강령을 제시하였다. 이러한 행동강령의 실천 경험은 이미 실시된 교육 과정을 평가하고 재구성하도록 활용되었다.[30] 이런 점에서 생명문화 창조운동은 학습 과정과 조직 운영의 통합을 추구하는 교회 여성교육의 좋은 실례이다.

교회 여성교육의 통합적인 교육구조는 교회여성들의 선교사업에서도 나타난다. 선교의 사명을 자각한 교회여성들은 조직적으로 성미를 모은다든지 재활용품을 수집한다든지 하는 살림 솜씨를 발휘하여 선교의 기반을 마련하였다. 아동, 청소년, 장애인, 노인을 위한 복지사업과 독거노인들을 위한 밑반찬 배달사업 등을 지원했던 "작은 자 운동"[31]은 그 좋은 사례일 것이다.

교회여성들의 지역사회운동도 학습과 실천을 통합하는 교회 여성교육의 장점을 잘 보여주는 좋은 실례이다. 지역사회운동의 성격은 다음과 같은 취지서에 잘 드러나고 있다.

---

30 이우정 · 이현숙, 앞의 책, 406-435.
31 이연옥, 앞의 책, 279-293.

하나님은 외아들 예수 그리스도를 우리에게 보내 주셔서 전적인 복음 (Whole Gospel)을 전해 주셨습니다. 교회는 예배 행위를 통한 위로 뿐 아니라 모든 사람의 삶 속에서 그리스도의 전적인 복음을 뿌리내리게 할 사명을 받았습니다. 이것은, 곧 교회가 서 있는 자리(지역) 구석 구석에 그리스도의 향기를 풍겨 넣어야 할 사명입니다.[32]

이러한 사명을 자각한 교회여성들은 교회를 개방하여 도시 서민을 위한 독서실과 농촌지역의 계절탁아소를 운영했고 여신도회의 사무실을 근로여성들의 야학 장소로 제공하였다. 교회여성들은 자신들이 받은 은사대로 저마다 필요한 자리에서 복음을 증거하면서 이 과정에 참여했다.

교회 여성교육이 생활과 지식, 학습 과정과 조직 운영의 통합 구조를 보이고 있는 데 반해 평생교육적 관점에서 보면 아직 미흡한 점이 많이 있다. 교회여성들의 자치적인 조직에는 다양한 연령층의 교회여성들이 참여하지만 이들을 위한 연령별, 생애주기별 교육이 조직된 흔적은 거의 찾을 수 없다. 평생교육이라는 개념이 워낙 최근에 대두된 것이기는 하지만[33] 다양한 연령의 교회여성들이 다양한 생활경험들을 갖고서 참여하는 교회 여성교육이 평생교육의 틀을 갖추지 못했다는 것은 비판적으로 짚고 넘어가야 할 대목이다.

---

32 이우정 · 이현숙, 앞의 책, 327.

33 권두승, 『평생학습 사회 실현을 위한 성인학습 지도 방법의 이론과 실제』(서울: 교육과
  학사, 2002), 187ff.

V. 교회 여성교육의 과제 – 결론을 대신하여

결론을 대신하여 필자는 한국의 대표 교단들의 여성사와 에큐메니칼 여성사에 나타난 여성교육의 실상을 분석하면서 새롭게 배울 수 있었던 점들을 밝히고 교회 여성교육의 과제를 몇 가지 제시하고자 한다.

1. 여성들의 경험은 기록되고 기억되어 여성들의 역량강화를 위한 밑거름이 되어야 한다

가부장제 사회에서 여성들의 경험은 오랫동안 그 가치를 인정받지 못했다. 여성들의 경험은 기록되거나 기억되지 않고 사장되기 일쑤였다. 이런 점에서 여성들의 경험을 발굴하고 기록하여 여성사를 쓴다는 것은 그 자체만으로도 여성들의 자의식을 표현하고 역량을 강화하려는 노력이라고 볼 수 있다. 기억되고 해석되지 않는 역사는 침묵 속에서 사장되고 그 역사의 침묵은 우리로 하여금 과거 여성들의 귀한 경험을 배우고 성찰함으로써 오늘과 내일의 삶을 발전시킬 수 있는 여성연대의 지혜와 힘을 소멸시킨다. 지난 날 여성들이 자신들의 삶의 자리에서 성차별의 제도와 관습에 온몸으로 저항하면서 축적했던 경험들은 소중히 간직되고 전달되어야 한다.

2. 여성의 관계지향성은 상호 유익과 공동의 선을 추구하는 방식으로 개발되어야 한다

여성의 특성은 관계를 중시하는 데서 찾을 수 있다. '현모양처'의 여성상도 여성의 관계지향성을 나름대로 강조한 것으로 볼 수 있다. 역사적으로 수많은 어머니들과 아내들은 자신보다는 가족을 위하여 헌신과 희생의 삶을 살았고 그 때문에 가족과 사회로부터 존재 가치를 인정받았다. 그러나 가부장제 사회에서 일방적으로 주입되고 강요되는 현모양처의 여성상은 무엇보다도 여성 자신의 독립과 자기실현을 포기하도록 만든다. 여성의 일방적인 희생을 전제로 하는 관계지향성은 이웃을 네 몸과 같이 사랑하라는 기독교의 가르침과 무관하다. 따라서 여성의 관계지향성은 관계를 맺고 있는 파트너들의 상호 유익과 공동의 선을 추구하는 방식으로 개발되어야 할 것이며, 교회 여성교육은 이 점을 강조하여야 한다. 교회 내 가부장제 문화를 극복하여 양성평등 문화를 실현하는 것은 이러한 교회 여성교육의 중요한 목표가 되어야 할 것이다.

3. 여성의 지도력은 다양하게 형성되어야 한다

교회 여성교육은 많은 여성 지도자를 훈련하고 배출하여 한국교회와 사회에 기여한 바가 크다. 초창기의 애국계몽운동과 독립운동, 1920년대의 사회계몽운동, 1960년대 중반 이후의 민주화·인권운동, 1980년대에 활발하게 전개된 생명문화 창조운동은 그 좋은 실례들이다. 그러나 교회여성들은 교단별 여성사에서 드러나듯이 시대의 변화에 적절하게 대응하여 지도력을 발휘하지 못한 것도 사실이다. 교회여성들은 교회 성장을 위해 동원되어 생활세계의 문제들을 외면하였으며 교회의 권위주의 체제에서 제 목소리를 내지 못하기도 하였다.

오늘의 상황에서 교회여성의 지도력은 교회의 민주화를 추진하고 교회의 사회적 책임을 감당하기 위해 새롭게 형성되어야 한다. 이러한 새로운 교회여성 지도력 창출 과정에서 중요한 것은 다양한 연령층의

지도자를 발굴하여 훈련시켜서 그들로 하여금 능력과 필요에 따라 지
도력을 발휘하도록 돕는 일이다.

4. 교육 참여자들의 의견과 평가를 반드시 기록하여 교육 자료로 활용하여야 한다

교회 여성교육은 평생교육을 강조하는 시대 추세에 적응하여 개편
되고 서로 가르치고 배우는 학습공동체의 요구를 수용하여 교육 참여
자들의 상호교육 형태로 발전될 필요가 있다. 상호교육이라는 새로운
교육모델에서 중요한 것은 학습 경험에 대한 평가와 의견을 기록하고
이를 활용하여 교육과정을 부단히 재구성하는 일이다. 학습 지도자들
과 전문가들의 권위에 지나치게 의존하거나 중앙의 상부기관에 의해
통제되는 교육구조는 수평적인 쌍방향 교육구조로 재편되어야 한다.

5. 여성교육의 대안적 모델은 주제의 일관성과 지속성을 유지하면서 모색되어야 한다

교회 여성교육은 교단의 신학적 배경과 선교정책 그리고 개교회의
상황과 밀접한 관계를 갖고 있다. 이런 조건 속에서도 자치적인 교육
모델을 개발하는 것은 매우 중요하다. 여성교육이 남성 중심의 교육에
동화되지 않고 성차별을 극복하는 비판적인 대안을 제시하려면 여성
주의 교육의 성 인지적 관점을 뚜렷하게 할 뿐만 아니라 주제의 일관
성과 지속성을 유지하는 교육활동의 틀을 마련하는 일도 필요하다. 교
회 여성교육의 통합적인 교육 구조는 이러한 교육활동의 모델을 마련
하는 데 이상적인 조건을 구비하고 있다고 판단된다.

제2부

교회와 여성운동

한국 사회와 교회에서
여성 현실과 젠더 정의

I. 들어가는 말

오늘 우리 사회에서는 정의에 대한 관심이 고조되고 정의 담론이 활성화되고 있는데, 그것은 그만큼 우리 사회에 정의가 상실되어 있음을 반영한다고 볼 수 있다. 젊은이들이 연애, 결혼, 출산, 인간관계, 취업, 집, 꿈을 포기하는 '7포' 세대로 불리고, 인성교육을 강조하는 학교에서 성폭력이 빈발하고, 남성 노동자들에 비해 여성 노동자들이 낮은 지위와 적은 임금을 받는 성차별적인 관행이 고착되고, 한국 사회의 중층적 모순이 집중적으로 드러난 세월호 사태 등은 '정의 상실'의 사례들로 꼽을 수 있을 것이다.

정의의 개념은 정의를 논하는 사람들의 관점과 처지에 따라 매우 다양하게 규정되어 왔고, 우리 사회에서도 사정은 마찬가지이다.[1] 여성들은 여성들 나름의 관점과 처지에서 정의의 개념을 구상하고 정의의 담론을 펼치는데, 젠더 문제에 관심을 갖고 있는 여성들은 젠더 정의에 초점을 맞추고 있다. 젠더 정의는 성 인지적 관점에서 추구되는 정의의 구상이다. 가부장제를 기반으로 짜인 사회에서 여성들이 겪는 차별과 배제, 억압과 착취, 주변화 등을 극복하고 새로운 사회를 모색하기 위해 여성들이 제시하는 젠더 정의는 사회적 재화의 분배, 사회적 인정, 동등한 참여의 권리 등을 포괄하는 개념이다.

여성신학 분야에서 정의에 대한 연구는 아직 시작 단계에 있지만, 그동안 가부장제 사회에서 여성들이 부당하게 겪어 온 성차별, 빈곤의 여성화, 과소대표성 등과 같은 다양한 주제들을 다루어 온 여성신학자들의 선행연구는 넓은 의미에서 젠더 정의에 연관된 작업이었다고 볼 수 있다. 이런 점을 염두에 두고 나는 한국 사회와 교회에서 여성들이 겪는 불의한 상황을 분석하고, 이를 극복하기 위해 그동안 전개되어 온 실천들을 살피고, 더 많은 젠더 정의를 구현하기 위한 방안을 여성신학적 관점에서 제시하고자 한다.

II. 한국 사회에서 젠더 정의는 얼마큼 실현되어 있는가?

머리말에서 간략하게 언급한 바와 같이, 젠더 정의는 사회적 재화의 분배, 사회적 인정, 동등한 참여의 권리를 포괄하는 구상인데, 이에

---

1 법철학자 로널드 드워킨은 정의 개념이 일치하기 어려운 현상을 "해석적 개념"의 속성에서 비롯된다고 주장한다. 정의는 인간 존엄성, 자유, 평등과 같은 개념처럼 경험, 직관, 상식, 종교적, 정치적 가치관 등의 개입으로 형성되는 복합개념이기에, 그 개입요소들이 저마다 지닌 최선의 의미들이 상호통합되는 차원에서 정의 개념의 평가기준을 찾을 수 있다는 것이다. 로널드 드워킨, 박경신 역, 『정의론』(서울: 민음사, 2015)을 참조.

대해 정교한 이론을 제시한 학자는 낸시 프레이저이다. 그녀는 페미니즘의 역사에서 정의 담론이 사회적 재화의 분배에 집중하는 단계에서 사회적 인정 내지 정체성을 강조하는 단계로 나아갔다는 것을 비판적으로 분석하고, 사회적 재화의 분배와 사회적 인정은 서로 양립되는 개념이 아니라 서로 밀접하게 연결시켜야 한다고 주장하였고, 이와 같은 정의의 근본문제들을 해결하기 위해서는 동등한 참여의 권리에 바탕을 둔 대표권의 문제를 도외시해서는 안 된다고 역설한다.[2] 따라서 낸시 프레이저의 젠더 정의는 재분배(redistribution), 인정(recognition), 대표(representation) 등 세 가지 개념을 주축으로 구성된다. 그녀는 1989년 현실 사회주의권의 몰락 이후에 신자유주의적 지구화[3]가 급속하게 진행된 오늘의 세계에서는 정의를 베스트팔렌적 프레임에 갇혀 있는 영토국가 단위에서 논의하는 것만으로는 불충분하다고 지적하고 지구적 스케일에서 정의를 논해야 한다고 주장한다.[4]

이제 사회적 재화의 분배, 사회적 인정, 대표권 등을 포괄하는 낸시 프레이저의 젠더 정의 구상을 염두에 두고 한국 사회에서 젠더 정의가

---

2 낸시 프레이저 · 엑셀 호네트, 김원식 · 문성훈 옮김, 『분배냐, 인정이냐?: 정치철학적 논쟁』 (서울: 사월의책, 2014); 낸시 프레이저, "여성주의의 상상력에 대한 지도그리기: 재분배에서 인정으로, 다시 대표로," 김원식 옮김, 『지구화시대의 정의』(서울: 그린비, 2011), 173-192.

3 이에 대해서는 데이비드 하비, 최병두 옮김, 『신자유주의: 간략한 역사』(서울: 한울, 2014); 리처드 세넷, 김용 옮김, 『신자유주의와 인간성의 파괴』(서울: 문예출판사, 2002)를 보라.

4 베스트팔렌 프레임은 1648년 30년 전쟁을 종결하면서 체결한 베스트팔렌 조약에 기반을 둔 영토국가 프레임을 가리킨다. 국가는 영토 안에서 최고의 주권을 갖고, 그 주권은 불가침하다는 것이다. 근대 세계에서 정의를 실현하는 최종적 책임은 국가에 있다고 보기 때문에 베스트팔렌 프레임은 정의의 스케일을 영토국가에 한정하는 효과를 발휘했다. 케인스 복지국가도 베스트팔렌 프레임에 갇혀 있었다. 케인스 복지국가는 영토 안에서는 어느 정도 분배 정의를 실현하는 데 성공하였지만, 타국(주로 제3세계 등)에 대해서는 불의를 자행해 왔다. 이에 대해서는 낸시 프레이저, 『지구화시대의 정의』, 29-55.

얼마큼 실현되었는가를 살펴보기로 한다. 한국 사회에서 주목되는 젠더 문제는 기본적으로 신자유주의 시장경제와 지구적 자본주의를 배경으로 한 사회적 양극화와 불평등, 그에 따른 불안의 확산과 관련이 있다. 특히 여성들이 경험하는 불의한 현실은 빈곤, 저출산과 고령화, 돌봄의 부재, 비정규직의 증가로 나타난다.

2010년 세계 경제포럼(World Economic Forum: WEF)이 발표한 국가경쟁력지수에서 한국은 22위(전체 139개국)를 차지했지만, 사회적 양극화와 상대적 빈곤은 확산되고5 노동시장에서 고용 불안정이 악화됨에 따라 자살률과 범죄율은 급증하였다.6 이런 상황에서 국민들의 정부 신뢰도는 낮아지고 한국인의 삶에 대한 만족감(75%)은 OECD 평균(76%) 수준이다.7

국제적으로 한국 여성의 경제적 참여율은 낮은 편이다, 2013년 여성 경제활동 참가율은 전체 여성의 50.2%인데 10년 동안 같은 수준을 유지해 왔다(통계청, 2014). 이에 비하여 한국 여성의 대학진학률은 2009년에 82.4%(남성의 대학진학률 81.6%), 2010년에 80.5%(남성의 대학진학률은 77.6%)로 남성보다 많은 것으로 나타났다. 하지만 대졸 여성의 경제 참여율은 2012년 대졸 여성의 63.1%로 대졸 남성의 경제 참여율 88.6%와 대조를 보인다.8 이처럼 성별 간 교육수준과 경제

---

5 한국 사회의 상대적 빈곤율은 1990년 7.1%, 2000년 9.2%, 2010년 12.5%로 악화되고, 지니계수도 1990년 0.256, 2000년 0.266, 2006년 0.306, 2008년 0.314, 2010년 0.310로 확대되었다. OECD, "Income Distribution and Poverty (2014)," http://stats.oecd.org/Index.aspx?DataSetCode=IDD.

6 자살률은 2011년 기준, 인구 10만 명당 33.3명(OECD 평균 12.9명)으로 세계 최고 수준이다. OECD, "Suicide Mortality Rates (2011)," http://stats.oecd.org.

7 중앙 정부에 대한 한국인의 신뢰도는 23%(OECD 평균은 40%)인데 사법체계에 대한 만족도 매우 낮은 수준으로 나타났다. OECD, "Government at a Glance 2013," http://stats.oecd.org.

참여율이 불균형을 이루는 것은 가부장제의 변화가 사적 영역과 공적 영역에서 양면성을 유지하는 것으로 사료된다. 한국 여성의 교육적 성취가 경제적 참여9뿐만 아니라 정치적 권한으로 연계되지 못하는 현실은 다음과 같은 통계자료로 잘 드러난다.

2009년 유엔여성지표인 유엔개발계획(United Nations Development Programme: UNDP)의 여성권한척도(Gender Empowerment Measure: GEM)10는 61위(전체 109개국)였는데,11 2014년 세계경제포럼이 발표하는 성 격차 지수(Gender Gap Index: GGI)12에서 한국은 117위(전체 142개국)였다. 국제의원연맹(IPU)에서 발표한 주요국가의 여성의원 비율통계를 보면, 한국의 여성의원 비율은 18대 44명(14.7%), 19대 47명(15.7%)로, IPU평균 19.5%에 비해 상당히 낮은 수준이다(2013년 189개국 중 88위).

노동시장에서 젠더불평등은 여성 노동자들의 비정규직 비율이 남성 노동자들의 그것보다 높은 데서 분명하게 나타난다. 남성성의 경우에는 정규직이 677만명(63.6%), 비정규직이 388만명(36.4%)으로 정규직이 많은 데 반해, 여성의 경우에는 정규직이 364만명(44.7%), 비

---

8 「통계청 경제활동인구년보 2012」(국가통계포털 KOSIS), 17.

9 민간 기업에서 한국 여성의 관리직 비율은 9%로 OECD 평균 28.3%에 훨씬 미치지 못하고 기업의 여성임원 비율은 1.9%에 불과하다.

10 여성권한척도는 여성의원 수, 공사영역의 주요 지위, 전문기술직에서의 여성의 참여, 임금 수준의 4가지 영역을 중심으로 정치적 의사결정 과정에서 참여를 측정한다.

11 HUMAN DEVELOPMENT REPORT 2009: Gender empowerment measure and its components, http://www.tr.undp.org/content/dam/turkey/docs/Publications/hdr/HDR_2009/K%20Gender%20empowerment%20measure%20and%20its%20components.pdf

12 남성과 여성 사이의 경제적 참여, 정치적 권한, 교육 수준, 건강 등의 격차를 분석한 결과이다.

정규직이 451만명(55.3%)으로 비정규직이 더 많다.[13] 비정규직 노동자 839만 명 가운데 기혼 여성은 345만명(41.1%), 기혼 남성은 257만명(30.6%)으로 기혼자가 71.7%를 차지하고 있다. 성별 혼인별 비정규직 비율을 살펴보면 미혼 남성은 44.6%, 기혼 남성은 33.3%, 미혼 여성은 44.1%, 기혼 여성은 60.0%로, 미혼자는 남녀 간에 차이가 없지만, 기혼자는 남녀 간에 차이가 크다.[14]

노동 시장에서 나타나는 젠더 불평등은 빈곤의 여성화를 가져온다. 저임금, 불안정한 지위, 연금의 부재와 부족, 남성에 비해 상대적으로 긴 수명 등은 여성 빈곤을 유발하는 요인들이기 때문이다. 2013년 OECD 자료[15]에는 한국 여성노인의 빈곤율이 세계 1위로 나타났는데 65세 이상 여성노인의 47.2%가 빈곤상태였다(OEDC 평균 여성노인 빈곤율은 15.2%). 여기서 주목되는 것은 국가가 제도적으로 보장해야 하는 영역이 시장에 무방비 상태로 맡겨지고, 그에 따라 초래된 사회불안과 고통을 개인들이 떠안는 것이다.[16] 탈규제화와 개인화를 강요하는 신자유주의 시장경제 체제에서 개인들은 자신이 감당하게 될 예측 불가능한 위기로 불안해하고, 위기의 대안을 무능한 국가보다 가족이나 개인, 자본에 의존하게 된다. 오늘 한국 사회에서 나타나는 만혼화 현상, 저출산, 이혼율 상승, 1인 가구와 여성단독가구의 증가[17] 등은 사회적 불안에 대응하는 여성들의 한 생존전략이라고도 평가될 수 있다. 이는 저출산의 요인을 여성의 경제참여율 증가와 사회적 지위 상

---

13 「한국노동사회연구소 이슈페이퍼[2015-07]: 비정규직 규모와 실태」(2015년 3월), 7.
14 Ibid., 11.
15 OECD Factbook(2013).
16 지그문트 바우만, 한규진 역, 『유동하는 공포』(서울: 산책자, 2006), 220-221.
17 이미 10가구 중 1가구 이상이 여성 단독가구임.

승, 여성들의 이기심과 모성 상실로 보는 관행적 주장과 다르게 저출
산 문제를 사회경제적 젠더불평등(불의)의 문제로 보는 관점이다.[18]

III. 한국교회에서 젠더 정의는 얼마큼 실현되어 있는가?

한국 개신교는 젠더별 상황을 파악할 수 있는 통계자료와 실태조사
가 부족하다. 그나마 2000년대부터 전개된 양성평등 운동의 영향으
로 대한기독교감리회 교육국 양성평등위원회에서 『양성평등지수 통
계자료집』(2006년)을, 한국기독교장로회 양성평등위원회에서 『한국
기독교장로회 양성평등 실태조사 보고서』(2010)를 각각 출간함으로
써 교회여성들의 현실을 반영하는 실증적 자료를 제공하였다. 에큐메
니칼 차원으로는 교회여성연합회가 1998년과 2008년, 10년을 주기
로 교회여성들의 의식 실태조사를 실시하여 각각 시대에 부응하는 개
신교 여성운동의 과제를 제안하였다. 그 밖에 대한예수교장로회 통합
(이하 예장통합), 대한기독교감리회(이하 감리교), 한국기독교장로회(이
하 기장) 등 세 교단의 여교역자협의회와 양성평등위원회가 발간한 실
태조사를 중심으로 여성 목회자들의 현실을 분석한 개인 연구 논문이
한 편 있을 따름이다.[19]

여기서는 이러한 실증적 자료들에 근거하여 한국교회에서 젠더 정

---

18 조은, "신자유주의 세계화와 가족 정치의 지형: 계급과 젠더의 경합," 『한국여성학』 24/2
　(2008), 5-37; 이재경, "한국 가족은 '위기'인가?: '건강가정' 담론에 대한 비판," 『한국
　여성학』 20/1(2004), 229-244; 배은경, "현재의 저출산이 여성들 때문일까?: 저출산
　담론의 여성주의적 전유를 위하여," 『젠더와 문화』 3/2(2010), 37-75.
19 임희숙, "한국 개신교 여성목회자의 실태와 한국교회의 과제," 서강대종교연구소 편,
　『한국 여성 종교인의 현실과 젠더 문제』(서울: 동연, 2014), 121-151을 보라.

의가 얼마큼 실현되었는가를 여성 목회자들의 현실을 중심으로 살펴보려고 한다. 그 이유는 앞에서 언급한 교회여성들에 대한 실태조사가 의식과 제도에 대한 일반적인 내용을 다룬 것에 비하여, 여성 목회자들을 대상으로 한 실태조사는 당사자들의 목소리를 통해 보다 구체적인 내용을 반영하고 있기 때문이다.[20]

1. 여성 목회자의 지위와 역할

개신교 여성 목회자의 지위를 반영하는 기본적인 것은 목회자의 성별 비율이다. 교회사에서 나타나듯이 안수받은 여성 목회자의 출현은 교회여성들이 부단한 투쟁으로 획득한 결과였다. 따라서 목회자의 성별 비율은 남성지배적인 교회에서 여성들에게 부여된 기회평등의 수준을 반영하고, 교회정책의 결정과정에 영향을 끼칠 수 있는 여성 권한척도라는 점에서 중요한 의미를 갖는다. 2012년 교단별 여성총대의 비율은 예장통합 0.9%, 감리교 4.96%, 기장 7.7%에 불과하다. 이런 현실은 젠더정의의 차원에서 세계교회협의회[21], 아시아교회협의회[22], 세계개혁교회연맹이 각각 50%, 한국기독교교회협의회가 30%의 여성참여율을 권장하는 것과 많은 차이를 보인다.

여성 참여의 증가와 함께 여성의 지위 향상을 위해 고려해야 할 것은 성 역할이다. 교회에서 여성 목회자가 담당하는 역할과 그에 대한 사회적 평가가 성차별적이기 때문이다. 사회적 현실에서도 나타나듯

---

20 여기서는 각주 19에서 언급한 논문의 내용을 재구성하여 여성 목회자들의 현실을 조명하였다.
21 여성총대 권고 비율은 50%이고 실제 비율은 37.9%이다.
22 여성총대 권고 비율은 50%이고 실제 비율은 40%이다.

이 여성의 경제 참여율의 증가가 여성 지위의 향상을 보장하지 않는다. 비정규직과 임시직에 편중화된 여성의 경제 참여는 경제 참여율이 성별 편차를 좁힌다고 해도 노동시장의 성별 위계질서를 반영할 뿐이다. 먼저 교단별 여성 목사의 비율은 예장통합 5%(2006년 통계), 감리교 5.8%(2009년 통계), 기장 8.6%(2009년 통계)이다. 개신교 선교 100년의 역사를 지닌 교단들에서 여성 목사의 비율이 각각 10%에도 미치지 못한 현실은 갈수록 전문직 여성의 비율이 증가하고 있는 사회적 변화[23]와 격차를 보이는데 이는 한국 개신교에서 목사에 대한 성 역할 고정관념이 크게 달라지지 않고 있음을 보여준다.

여성 목회자들의 사역 분야는 아래의 표와 같이 심방, 상담, 교육에 집중되고, 이는 돌보고 양육하는 여성의 전통적 성 역할과 일치한다. 이에 비하여 남성(주로 담임목사) 목회자들은 주로 설교(특히 대예배), 치리, 성경공부(주로 성인 대상)를 담당하여 성별로 양분화된 목회 구조가 형성된다. 목회자 개인의 소명과 은사를 도외시한 성역할의 강제는 젠더 정의를 가로막는 걸림돌이 되고 있다.

교 단	담당 사역
기장 (공동목회자)	심방 50%, 교육 37.5%,
예장	심방 29.4% 설교 19.9%(주로 교회학교, 새벽예배, 찬양예배) 교육 19.3%(주로 교회학교)

(기장 2009년 통계, 예장 2006년 통계)

---

23 2008년 한국 사회의 여성 취업률은 공무원의 45%, 전문/관리직의 20%, 검사의 14%였고, 국가고시의 여성 합격률은 외무고시 68%, 행정고시 48%, 사법고시 35%로 나타났다.

2. 여성 목회자의 결혼 경험

개신교 선교 초기에 여성 목회자들은 독신인 경우가 지배적이었으나 점차 기혼 여성목회자가 증가하는 추세를 보인다.

교 단	기혼(부부목회)	비혼	남편(평신도)과 같은 교회
감리교	(50여 명 중 10명이 같은 교회)		
기 장	56% (24%)	44%	66.7%
예 장	43.3%	46%	

앞의 도표에서 나타나듯이 비혼에는 미혼뿐 아니라 이혼이나 사별을 경험한 독신이 포함된다는 점에서 여성 목회자들의 결혼생활은 확산되고 있다. 기혼 여성 목회자들은 목회 활동 이외에 가사와 양육의 짐을 떠안는다. 그들은 한국 사회의 워킹맘(기혼 취업여성)들처럼 사회적 노동과 가사 노동의 이중 노동을 수행하고 있는 것이다. 특히 여성 목회자들에게 임신은 대부분 사직의 이유가 되고 교회와 교단 차원에서 출산 및 양육 휴가의 제도 마련은 아직 전무한 실정이다.

목회와 가정이라는 이중 과제를 두고 볼 때 여성 목회자에게 배우자의 외조는 중요하다. 실태조사의 결과를 보면, 기혼 여성 목회자들의 현실은 내조를 받는 남성 목회자들의 경우와 큰 차이를 보인다. 이는 교회 공동체가 '가정과 사역을 병행'하는 여성 목회자의 목회 활동을 염려하면서 "여성 목회자가 결혼하지 않아야 목회에 더 충실할 수 있다"는 인식을 갖는 것과 같은 맥락으로 이해된다.

특히 부부 목회의 경우, 대다수 한국교회가 부인을 목회자로 인정하기보다 남편 목회자의 사모로 여기는 경향은 '부인 목회자'에게 목회의 소명과 전문성보다 내조의 역할을 요구하는 성 역할 관행을 반영한다.

3. 여성 목회자의 월 사례비

액수	기장(2010년)	액수	예장(2002년)
50만 원 미만	15.0%	60만 원 이하	40.6%
50~150만 원	54.6%	100만 원 이하	37.8%
150만 원 이상	29.8%	100만 원 이상	21.6%

통계에서 나타나듯이 여성 목회자의 사례비는 교회별로 다르게 책정되지만 월 100만 원 이하가 지배적이다. 현재 한국 개신교는 교회별, 교단별로 사례비에 대한 통계자료가 없기 때문에 목회자 사례비의 성별 차이에 대한 객관적 평가는 매우 어려운 실정이다. 여성 목회자의 사례비가 최저생계비를 하회하는 것은 말할 것도 없고, 결혼 여부, 가족 수, 주거지역, 취학 자녀의 유무 등을 고려하여 책정되지도 않는 형편이다.

4. 여성 목회자의 노후대책

앞에서 살펴본 여성 목회자들의 목회 사례비의 문제는 은퇴 후 미비한 노후대책과 연결된다. 이에 대한 여성 목회자들의 개인적 준비 상황은 다음과 같다.

	은 퇴	노후대책
기장	은퇴 연령을 65세 이상 89.1%	총회연금재단 50.8%(담임목사직만) 노후보장제도의 만족 13.1%
예장	은퇴 후 계속사역 78% (공부방, 어린이집, 지역사회 프로그램, 해외선교)	하나님께 맡긴다 30.4% 노후적금 21.5% 총회연금재단 16.0%

노후보장제도에서 배제되고 개인적인 노후 준비가 어려운 여성 목회자들은 생존 불안과 경제적 어려움으로 고통을 겪고 있다. 고령화 시대를 살아가는 노후대책은 "하나님께 맡기는" 신앙 차원뿐 아니라 사회복지적 제도 마련이 불가피함에도 불구하고 이를 위한 구체적인 실태 파악이나 제도 개선이 이루어지고 있지 않다.

5. 여성 목회자들이 겪는 성차별적 언행

목회현장에서 여성 목회자들이 경험하는 성차별적 언행은 여전히 사라지지 않는데 몇 가지 예를 들어보면 다음과 같다.

"아이는 하나만 낳아라. 심방 갈 때 업고 다닐 거냐?"

"남편도 당신 설교 듣느냐?"

"결혼 못해서 목회하려고 하느냐, 시집이나 가라."

"새벽기도 갔다 오면 남편은 누가 출근시키느냐?"

"얼굴이 예뻐서 남성 신도들이 좋아하겠다."[24]

---

24 진급 심사 과정에서 여성 목회자들이 경험한 성차별적 발언들이다. 기독교대한감리회 교육국 양성평등위원회, 「양성평등지수 통계자료집」, 19.

이상의 언술은 여성 목회자의 임신과 출산, 가사와 양육, 목회자 부부생활과 성 역할, 외모와 섹슈얼리티 등에 대한 남성 목회자들과 교인들의 성차별적 의식과 태도를 반영한다.

IV. 젠더 정의를 구현하기 위한 교회의 노력

교회는 젠더 정의를 구현하기 위하여 다양한 활동을 펼쳐 왔는데, 여기서는 주로 세계교회협의회(이하 WCC)의 주도 아래 진행된 몇 가지 프로그램들을 살펴보고자 한다.[25]

1. 기독여성 10년(Ecumenical Decade of Church in Solidarity with Women)

WCC가 1988년부터 10년 동안 여성들과 연대하는 교회를 형성하기 위한 "기독여성 10년"은

— 여성들을 억압하는 집단과 구조에 도전하는 힘과 권한을 부여하기 위하여,
— 여성의 지도력, 의사결정권, 신학과 영성을 여성과 남성이 함께 나누도록 하기 위하여
— JPIC와 관련된 여성들의 헌신을 인정하고 여성의 관점과 행동을 반영하기 위하여

---

25 http://www.kncc.or.kr/sub03/sub00.php?ptype=view&idx=9622&page=3&code=old_pds&category=98을 참조하라. 좀 더 자세한 내용은 이 책에 수록된 "'폭력 극복 10년'의 의미와 과제"를 보라.

― 교회를 인종차별, 성차별, 계급주의에서 해방시키기 위하여

― 교회가 여성들과 연대하는 것을 격려하기 위하여 구상되었다.

이와 같은 목적을 이루기 위해 몇 가지 과제들이 설정되었는데, 그것은 1) 교회와 사회에서 여성들의 참여를 높이고, 2) 정의, 평화, 창조의 보전을 위한 여성들의 결단과 헌신을 격려하고, 3) 여성들이 스스로 신학하고 영성을 나누는 일을 권장하는 것이었다.

"기독여성 10년"의 성과는 무엇보다 교회가 여성을 포함한 약자들의 음성을 들음으로써 전 세계의 여성들이 사회와 교회에서 당하는 개인적, 구조적 폭력을 알게 된 것이다. 그 결과 1998년 하라레에서 개최된 제8차 WCC 총회는 폭력 문제의 해결을 교회의 책임으로 인식하고, 여성에 대한 폭력을 죄와 하나님에 대한 공격으로 규정하고, 교회와 에큐메니칼 운동이 사회와 교회에서 관행화된 여성에 대한 폭력에 관심을 갖고 폭력을 변화시키는 일에 동참해야 한다고 촉구하였다.

한국교회도 "기독여성 10년" 운동에 참여하여 많은 활동을 전개하였는데,[26] 이를 통하여 여성들의 참여 기회를 제한하고 여성들의 헌신을 제대로 인정하지 않는 성차별을 정의와 평화를 깨뜨리는 '폭력'으로로 해석하기 시작하였다.

2. 폭력극복 10년(DOV: Decede to Overcome Violence)

세계적, 지역적으로 증가하는 폭력에 교회가 함께 대처해야 한다는

---

26 1997년 NCC 여성위원회가 편집해서 발간된 기독여성 10년 자료집『누가 바윗돌을 옮길 것인가』에 잘 정리되어 있다.

인식에서 「폭력극복 10년: 화해와 평화를 일구어 가는 교회, 2001-2010」(이하 DOV)이 시작되었다.

DOV의 취지는 모든 교회가 "비폭력과 화해를 위해 일하고 비폭력 문화를 건설"하고 세계화의 맥락에서 다른 국제기구들과 협력하여 갈등 전환과 정의로운 평화를 위한 접근 방식을 개발하는 것이다. "기독여성 10년"이 주목한 '폭력'을 극복하는 데 주력하면서 이를 위해 일하는 교회들과 단체들의 긍정적인 경험들을 유발하고 다양한 활동들의 네트워크를 만드는 것이다.[27] 세계교회는 DOV를 통해 폭력의 극복을 교회의 중심 과제로 인식하고, 평화를 위해 일하는 것이 교회의 정체성을 표현하는 행위임을 확인하고, 질서 유지와 순종을 강조하기 위해 폭력을 정당화하는 신학적, 교회적, 문화적 전통들을 변화시키고자 노력하였다. DOV의 구체적인 목적은 다음과 같다.

— 직접적인 폭력, 구조적인 폭력, 가정폭력, 공동체 안에서의 폭력, 국제사회에서의 폭력 등 모든 형태의 폭력을 다루고, 폭력에 대한 세계 각 지역의 분석과 폭력극복을 위한 방법들을 배운다.
— 교회들은 폭력에 대한 신학적 정당화를 폐지시키고 화해와 비폭력의 영성을 새롭게 확인한다.
— 지배와 경쟁이 아닌 협력에 기초한 공동체 내 공동안보에 대한 새로운 이해를 창조한다.
— 공동체 내의 다른 종교와 협력하고 다른 종교로부터 평화건설에 대한 영성을 배우고 자료들을 얻는다.

---

27 대표적인 사례가 유엔이 전개한 "세계 어린이들을 위한 평화와 비폭력 문화 10년"(United Nations Decade for a Culture of Peace and Nonviolence for the Children of the World: 2001-2010) 캠페인과의 연대다.

― 세계의 군사문화와 소형 무기의 확산에 도전한다.

역사적 배경을 염두에 두고 볼 때 DOV는 1990년 서울에서 열렸던 JPIC(Justice, Peace and the Integrity of Creation: 정의, 평화, 창조의 보전) 대회의 정신을 구체화하고자 한 프로그램이었고, 2013년 부산에서 "생명의 하나님, 우리를 정의와 평화로 이끄소서!"라는 주제로 열린 제10차 WCC 총회를 준비하는 사업이었다고 평가할 수 있다.

3. 던디 선언문: 여성에 대한 폭력극복

2001년 8월에 발표된 던디 선언문은 DOV 프로그램의 틀에서 교회 내 여성폭력의 문제가 심각하고 이를 극복하는 것이 교회의 책임이라는 인식을 재확인하였다. 이와 관련된 10개 조항의 주안점을 살펴보면 다음과 같다.

― (폭력적) 태도와 습관에 영향을 주는 성서적, 신학적 견해들을 반성한다.
― 교회 공동체의 모든 부분에 (폭력극복의) 의식과 훈련을 위한 교육적 전략을 적용한다.
― 비폭력적인 언어를 사용하고 어느 누구의 경험도 소외되지 않도록 교회들을 격려한다.
― 모두가 능력을 갖출 수 있는 믿음의 공동체 안에 안전한 환경을 보존한다.
― 폭력을 방지하고 폭력 문제에 관여하는 교회 구조를 만든다.
― 다양한 신학, 문화, 언어, 구조들을 인정하고 이해함으로써 함께

하는 교회가 된다.

— 자원들, 이해, 그리고 건강한 실천을 가능하게 하는 교회와 개인
들의 네트워크를 만든다.

— 여성에 대한 폭력을 극복하기 위한 보다 넓은 공동체들의 파트
너십을 형성한다.

— 목표를 달성하기 위한 기금을 마련한다.

— 여성폭력과 연관된 이슈들과 개인, 공동체, 사회에 끼치는 폭력
의 결과들을 과제로 받아들인다.

던디 선언문의 효과는 여성폭력을 극복하기 위한 프로그램과 프로
젝트들의 개발과 그와 관련된 전문적 관심, 책임, 정책의 증가를 가져
왔다. 이런 과정에서 WCC는 여성들에 대한 폭력 문제는 교회와 사회
에서 여성들의 연대를 필요로 하고 여성폭력의 극복을 위해 안전한 공
간과 기회의 제공이 필수적임을 강조하였다.

4. 국제 에큐메니칼 평화회의(IEPC, International Ecumenical Peace Convocation)

2011년 5월 17일~25일까지 자메이카의 킹스톤에서 열린 '국제 에
큐메니칼 평화회의'는 DOV(2001-2010년)의 성과와 남겨진 과제들을
확인하고, 회원교회들에게 비폭력, 평화, 화해 그리고 정의를 위한 지
속적인 헌신과 결단을 요청하는 자리였다. 그 모임에서 발표한 "정의
로운 평화(Just Peace)에 대한 에큐메니칼 선언"은 세계적인 도전에 대
응하는 교회의 과제로 두려움에서 벗어나 함께 살기 위한 공동체의 평
화, 생명의 지속을 위한 지구와의 평화, 모두가 존엄성을 누리며 살기
위한 시장의 평화, 생명의 보호를 위한 민족들의 평화를 제안하였다.

이 선언문이 밝힌 정의로운 평화의 구현을 위한 "성서의 증언"은 다음과 같다.

— 성서적 전통은 정의와 평화가 긴밀히 결합되어 있다는 통찰을 제공한다(시 85:10). 평화는 비록 부서졌지만 여전히 사랑받고 있는 세상에 주시는 하나님의 선물이다. 예수 그리스도의 삶, 교훈, 죽음과 부활을 통해서 우리는 정의로운 평화를 이해한다.

— 예수께서는 적극적인 비폭력의 길을 선택한다. 그는 약자의 편을 들고, 그 시대의 부자와 권력자의 불의를 비판하면서 회개하라고 촉구한다. 하나님은 예수의 부활을 통해서 예수의 확고한 사랑과 순종과 믿음이 실패와 죽음으로 끝나지 않고 생명에 이르게 된다는 것을 확증해 준다.

— 성서는 정의와 평화를 뗄 수 없는 동반자로 제시한다(사 32:17). 따라서 질병, 불의, 가난, 갈등, 폭력, 전쟁이 우리의 몸과 영혼, 사회와 지구에 상처를 줄 때 평화는 사라진다.

— 성서의 일부 구절에서 폭력을 하나님의 뜻과 연결하는 것이 사실이다. 오늘날 우리는 폭력과 증오와 편견에 대해 말하는 성서구절이나, 다른 민족을 멸망시켜달라고 하나님의 분노를 요청하는 성서구절을 신중히 살펴보아야 한다. 우리는 이런 구절을 통하여 우리의 목적, 계획, 증오, 열정, 습관이 하나님의 뜻보다는 우리의 욕망을 드러내지 않는지 살펴보아야 한다.

이상에서 개괄적으로 살펴본 대로 정의를 구현하기 위한 교회의 노력은 줄기차게 지속되어 왔다. WCC라는 국제기구를 중심으로 전개된 정의·평화운동이 각 나라와 교단, 개교회에 끼친 영향과 결과는 다양하지만 한국 개신교의 젠더 정의를 모색하는 데 많은 자극과 연대의 힘을 제공하였다. 정의로운 평화라는 개념은 정의와 평화의 불가분의 관계를 의미한다. 그런 점에서 폭력은 평화를 파괴하고 정의를 상실하게 만든다.

V. 더 많은 젠더 정의를 구현하기 위한 여성신학의 제안

여성신학은 낸시 프레이저가 제시하는 사회적 재화의 분배, 사회적 인정, 동등한 참여의 권리에 근거한 대표권 등 정의의 세 가지 핵심 내용을 공유하지만, 정의가 관계론적 개념이라는 점을 특별히 부각시킨다. 정의는 "자기, 타인, 피조물 그리고 하나님과의 올바른 관계" 혹은 "이 관계 안의 힘"이라는 것이다.[28] 관계론적 정의 개념은 아리스토텔레스의 분배적 정의 개념이나 자연법적 정의 개념을 넘어서서 가난한 사람들과 억압받는 사람들에 대한 우선적 관심과 그들의 인식론적 특권을 전제한다. 하나님의 정의는 그분이 가난하고 억눌리는 사람들을 우선적으로 선택하고 그들을 압제와 수탈, 차별과 배제, 주변화로부터 해방시킨 행위를 통해 드러났고, 하나님을 믿고 따르는 사람들은 작은 사람들 편에 서서 그들의 권리들을 유린하고 그들에게서 삶의 기회를 박탈하는 구조들과 체제들로부터 벗어나도록 함께 일한다. 그런 점에서 불의를 정의로 바꾸는 일은 깨어지고 어그러진 관계들을 바르게 회복하는 일과 분리될 수 없다. 정의는 사랑과 화해를 이루는 길이다.

---

28 레티 M. 러셀 · J. 샤논 클락슨 엮음, 황애영 옮김, 『여성신학사전』(서울: 이화여자대학교 출판부, 2003), 322.

나는 이상과 같은 정의 개념을 기반으로 오늘 한국교회가 더 많은 젠더 정의를 구현하기 위해 고려하여야 할 것을 제안하고자 한다.

1. 관계 회복으로서의 젠더 정의

나는 한국 사회와 교회에서 사회적 재화의 분배, 사회적 인정, 동등한 참여의 권리에 바탕을 둔 대표권 확립 등 젠더 정의의 핵심 과제들을 조금 더 철저하게 해결하기 위해서는 정의를 관계론적 관점에서 재정의하여야 한다고 생각한다. 정의는 어그러지고 깨어진 관계의 회복이며, 올바른 관계의 수립이다. 이러한 관점에서 나는 최근 새롭게 부각되고 있는 '회복적 정의'(restorative justice)를 검토하는 것으로부터 이야기를 풀어가고자 한다.

불의한 일이 끊임없이 벌어지고 정의가 근본적으로 위협받는 상황에서 사람들은 정의를 실현하는 하나의 방식인 법과 사법적 정의에 더 많이 호소하는 경향을 보인다. 정의로운 심판으로 올바른 것과 올바르지 못한 것을 분별하고, 불의한 행위와 범죄로 인해 나타난 피해를 보상하고 범법 행위를 단죄하여 정의와 질서가 수립되기를 갈망하는 것이다. 그러한 갈망은 '응보적 정의'(retributive justice)의 관념에서 비롯된다. '회복적 정의'는 이와 같은 '응보적 정의'를 넘어서고자 한다. 정의는 불의한 일에 관련된 당사자들 사이의 올바른 관계를 회복시키는 것을 목적으로 하는 것이지, 단순히 불의를 심판하기 위해 죄의 유무를 가리고 처벌과 피해 보상의 양을 결정하는 것에 그쳐서는 안 된다는 것이다.[29] '회복적 정의'는 응보 관념에 바탕을 둔 사법적 정의가

---

29 하워드 제어, 손진 옮김,『회복적 정의란 무엇인가? - 범죄와 정의에 대한 새로운 접근』

범죄를 예방하고 억지하는 데 크게 기여하지 못할 뿐 아니라 범죄의 가해자와 피해자 모두에게 만족감을 주기 어렵고 피해자가 사법적 처벌을 받은 뒤에 사회에 제대로 적응하지 못한다는 문제의식에서 구상되었다. 여기서 주목되는 것은 범죄에 대한 새로운 규정이다. '회복적 정의'의 개념을 구상하고 이를 실현하기 위한 다양한 프로그램들을 진행하는 법학자 하워드 제어는 다음과 같이 범죄에 대한 서로 다른 규정을 제시하였다. '응보적 정의'에서 "범죄는 법 위반과 유죄로 정의되는 국가에 대한 침해"다. "따라서 사법은 체계적 규칙에 의해 지도되는 범죄 가해자와 국가의 경쟁을 통해 비난을 결정하고 고통을 부과한다." 이와는 달리, '회복적 정의'에서 "범죄는 사람과 관계에 대한 침해"이다. "따라서 범죄는 잘못을 바로잡을 의무를 창출한다. 사법은 피해자, 가해자, 공동체가 잘못을 시정하고, 화해와 안전을 촉진하는 해결책을 찾는 것이다."30

제어가 부각시키는 '회복적 정의'는 성서의 관계론적 정의 이해에 바탕을 두고 있다.31 그는 성서의 정의 개념에 기초하여 '회복적 정의'가 '전환적 정의'(transformative justice)32를 의미한다고 설명한다.

잘못을 바로 잡기 위해서는 단순하게 상태와 사람을 원래의 조건으로 되돌려놓는 것으로는 충분하지 않고, 그 이상의 무언가가 필요하다.

(서울: KAP, 2014), 81-118.

30 Ibid., 207.

31 Ibid., 8장 "언약법: 성서적 제안"을 참조하라.

32 본래 이 표현은 Marie Fortune과 Joretta L. Marshall이 사용한 것인데, 하워드 제어가 이를 채용하였다. Marie Fortune · Joretta L. Marshall (ed.), "Introduction," *Forgiveness and Abuse: Jewish and Christian reflections* (New York: Haworth Pastoral Press, 2003), 1-5.

예컨대, 아내를 학대한 경우에 피해를 회복하는 것만으로는 충분하지 않다. 즉, 사람과 그 관계의 손상이 재발되지 않을 수 있는 건강한 상태로 변화되지 않고서는 진정한 정의가 있을 수 없다는 것이다. 정의는 단순히 과거의 상태로 돌아가는 것을 의미하는 것이 아니라 새로운 방향으로 이동하는 것을 의미한다.[33]

이러한 '회복적 정의'의 새로운 인식은 젠더 정의를 성찰하는 데도 시사점을 제공한다. 젠더 정의는 '응보적 정의'의 수준을 넘어서서 '전환적 정의'를 추구할 필요가 있다. 젠더 정의는 성차별에 대한 '응보적인' 사법적 대응을 목표로 하는 데 그치지 않고, 남성중심적이고 여성 배제적인 사회적 규범과 관행을 총체적으로 변화시켜 여성과 남성의 관계를 새롭게 형성하는 것을 목표로 삼기 때문이다.

젠더 정의를 관계론적으로 재정의할 때, 성 인지적 관점에서 고찰되는 관계 능력을 중시할 필요가 있다. 인간의 관계 능력은 도덕의 발달에서 매우 중요한 의미를 갖지만, 성 인지적 관점을 결여한 기존의 도덕발달 이론에서는 이 점이 간과되었다. 도덕발달 이론을 정교하게 수립한 콜버그는 도덕의식이 낮은 단계에서 높은 단계로 발달한다고 보고, 낮은 단계의 응보적이고 관행준수적인 도덕관념이 점차 발전하여 비교적 높은 단계인 도덕발달의 제5단계에서는 사회적 합의에 기반을 둔 공리주의적 법의 준수로 발현되다가 마침내 최고의 단계인 도덕발달의 제6단계에서는 존엄성, 정의, 공정성, 평등과 같은 추상적인 보편 원리에 바탕을 둔 자율적이고 탈관행적인 도덕의식을 형성한다고 보았다. 캐롤 길리건은 콜버그가 도덕발달의 최고단계에서 공정성

---

33 하워드 제어, 앞의 책, 217-218.

과 정의라는 추상적 원리가 자율적인 도덕행위를 이끈다고 본 것은 연민(compassion)과 배려(caring)를 중시하는 여성들의 도덕발달을 간과한 남성중심적 관점에 사로잡혔기 때문이라고 비판한다. 길리건은 인간의 도덕의식이 이기적 단계에서 다른 사람에 대한 책임을 인식하는 단계를 거쳐 자기와 다른 사람 사이의 평등한 관계를 강조하는 단계로 발달한다고 분석한다.[34] 남성들에게서 법과 질서를 중시하는 도덕원리가 뚜렷이 나타나고 여성들에게서 다른 사람들과 평등한 관계를 지향하는 배려의 도덕원리가 두드러지게 나타난다는 길리건의 연구결과는 정의에 대한 논의에서 성 인지적 관점의 중요성을 재확인하게 만든다. 성 인지적 관점에서 볼 때, 젠더 정의는 기존의 법과 질서에 편입되어 사회적 재화와 기회의 평등한 분배에 참여하는 것만 갖고서는 실현되지 않고, 남성지배적 기존질서를 넘어서서 새로운 관계를 실현함으로써 비로소 구현될 수 있을 것이다.

최근의 여성신학적 연구들은 젠더 정의를 관계 중심의 '전환적 정의'로 재정의할 수 있도록 여러 가지 실마리를 제공한다. 남미 여성신학자 이본 게바라는 고통당하는 여성들의 경험과 그 증언을 기반으로 선악 개념에 대한 전통신학의 해석학을 비판한다.[35] 오늘 여성들의 삶에 반영된 악과 불의는 단순하게 이원론적 가치판단으로 해석될 수 없을 만큼 복합적이고 그로 인한 피해자의 고통과 상처는 중층적이다. 그런 점에서 악의 근원을 규명하는 것에 지나치게 집중하면서 죄와 구원의 문제에 집착하는 신학 작업은 오늘 여성들이 일상적으로 경험하는 폭력과 착취, 소외와 차별이라는 악의 문제와 그로 인한 이웃의 고

---

34 권대훈, 『교육심리학의 이론과 실제』(서울: 학지사, 2009), 95.

35 김혜령, "이본 게바라의 남미 여성해방신학과 생태여성신학 연구," 한국여성신학회 편, 『21세기 세계 여성신학의 동향』(서울: 동연, 2014), 114-119.

통에 대한 연대적 책임을 약화한다는 것이다. 여기서 주목되는 것은 악에 가담한 가해자들의 죄뿐 아니라 악에 희생당한 피해자들의 죄도 인식해야 하고, 개인 간의 악한 행위들뿐 아니라 그런 행위의 동기를 부여하는 사회구조적인 악을 동시에 인식하는 일이다.[36] 게바라는 이와 같은 인식의 전환이 악의 항존성과 죄의 보편성을 강조하는 것이 아니라 현실에서 직면하는 악의 위협과 죄의 문제에 대응해서 '관계의 회복'을 추구하여 정의와 연대적 책임을 실현하도록 영감을 준다고 강조한다. 이러한 '전환적 정의' 개념에 바탕을 둘 때, 젠더 정의는 생태 정의(eco-justice)로 확장된다.

구성주의 신학자인 캐서린 켈러는 과정신학의 영향을 반영한 하나님의 관계성을 강조한다. 창조주 하나님은 복수의 존재로서 창조주와 피조물 사이의 상호의존적인 관계를 형성하시는 분이기에 피조물은 끊임없이 서로 의존하고 서로 연관되는 관계의 현실을 이룬다. 이와 같은 상호의존적 관계 안에서 모든 개별적 존재는 상호작용의 힘을 주고받는데, 개별적 존재들 사이에서 흐르는 힘이 "오용되거나 독점될 때 고통과 악이 발생"한다. "하나님의 힘과 능력도 모든 존재가 주고받는 영향과 관계 속에 존재"한다.[37] 그래서 하나님은 피조물의 악과 고통과 무관하신 분이 아니고 "그 고통으로부터 다시 시작하는 힘을 불러일으키는" 하나님이다. 켈러는 이와 같은 상호의존적 관계를 하나님의 "연민적 사랑"(compassionate love)[38]이라고 명명하고 "아가페적

---

36 게바라는 이런 악의 현상학을 "우리 앞에, 우리 안에 그리고 우리 주변에 항상 존재하는 다양한 악들이 서로 복잡하게 얽혀 있고 교차하고 있"다고 표현한다. Ibid., 115.
37 최순양, "캐서린 켈러의 과정신학적 부정신학," 한국여성신학회 편, 앞의 책, 260-264.
38 앞의 글, 270쪽에서 최순양은 김규향의 번역에 동조하여 "애끓는 사랑"이라고 번역하였는데 나는 연민적 사랑이라고 번역하였음을 밝힌다.

정의"(Agaplc Justice)[39]와 연결시킨다. 이 정의 개념은 악의 위험과 죄의 고통을 공유하는 열정적 관계를 의미하는 것으로 사랑과 정의의 상호연결을 특성으로 한다.

2. 사회적 재화의 분배와 인간의 존엄성 보장

관계의 회복이라는 관점에서 젠더 정의를 재구성할 때, 사회적 재화의 분배 문제가 뒷전에 놓일 수는 없다. 앞에서 살펴본 바와 같이, 우리 사회와 교회에서 여성들은 사회적 재화의 분배와 기회들의 배분에서 남성들보다 훨씬 더 열악한 처지에 있기 때문에 사회적 재화의 분배는 젠더 정의를 실현하는 데서 매우 절실한 과제로 부각된다. 물론 페미니스트 논쟁의 역사에서 나타났듯이, 가부장제 사회의 성차별을 여성 일반의 문제로 부각시키는 사람들은 여성들 사이의 계층적 차이를 전제하는 분배 정의에 대한 논의가 페미니스트 이론의 우선적인 주제가 아니라고 주장할 수도 있을 것이다. 또한 사회적 재화의 분배에 관한 논의가 정체성 정치나 인정 투쟁의 선결성을 가려서는 안 된다고 주장할 수도 있을 것이다. 그러나 지구화의 조건들 아래서 사회적 양극화가 확산되는 현실에서 분배의 정의를 논하지 않고는 젠더 정의를 실현할 수 있는 방안을 찾을 수 없을 것이다. 모든 개별적 존재들 사이의 관계를 형성하는 데 요구되는 상호존중과 상호의존성도 기본적인 생존조건이 보장되어야 가능할 것이다. 관계 회복을 중시하는 젠더 정의는 사회적 재화의 분배를 논할 때 인간의 권리와 존엄성 보장을 중시하는 관점을 제시한다.

---

39 Ibid., 271.

현대 정의론에서 분배적 정의의 기준을 설득력 있게 제시한 학자들 가운데 하나로 꼽히는 사람은 존 롤즈이다. 그는 평등지향적인 차등의 원칙 혹은 최소 수혜자 최대 이익의 원칙(maximin principle)을 정의의 원칙으로 제시했다.[40] 최근에 사회적 재화의 분배 방식으로 세계적인 주목을 끌고 있는 기본소득 구상에서도 롤즈의 분배 원칙은 폭넓게 활용되고 있다. 예를 들면, 기본소득 이론을 정교하게 가다듬고 있고 있는 반 빠레이스는 기본소득이 '사전적 순서에 따르는 최소 수혜자 최대 이익의 원칙(leximin principle)'[41]에 따라 정의를 구현하는 제도라고 주장하는데, 여기서 그는 존 롤즈의 입장을 따르고 있다.

그러나 정의와 평등은 같은 개념이 아니다. 사람들이 똑같이 분배받고 똑같은 처지에 있어야 정의롭다고 말하는 것은 똑같음이 올바름을 의미한다고 주장하는 셈인데, 이것은 개념적인 혼동일 수 있다. 이러한 관점에서 앙엘리카 크렙스는 사람들에게 사회적 재화가 얼마나 평등하게 분배되었는가를 서로 비교하는 방식으로 정의를 논하지 않고, 정의의 절대적 기준을 제정할 필요성을 역설하였다.[42] 크렙스는 모든 사람에게 보편적으로 적용되는 정의의 기준을 제정하기 위해서는 모든 사람에게 똑같이 필요하고 그들에게 반드시 보장되어야 할 것을 규명하는 데서 출발해야 한다고 생각하였고, 그것을 인간의 존엄성이라고 보았다.[43]

---

40 존 롤즈, 황경식 옮김, 『사회정의론』(서울: 서광사, 1985, 수정 제1판 제1쇄), 316f.

41 Philippe Van Parijs, *Real Freedom for All: What (If anything) can Justify Capitalism?* (Oxford; New York: Clarendon Press; Oxford University Press, 1995), 27.

42 Angelika Krebs, "Gleichheit oder Gerechtigkeit: Die Kritik am Egalitarismus" (www.gap-im-netz.de/gap4konf/proceedings4/pdf/6%20Pol1%20Krebs.pdf), 565.

43 Ibid., 567.

이러한 관점에서 볼 때, "정의의 필수적인 기준들은 인간의 존엄성에 부합하는 삶의 조건들을 모든 사람에게 보장"하는 것이어야 한다.[44] 여기에는 음식, 의복, 주택, 의료 혜택, 개인적인 자율성과 정치적인 자율성의 보장, 사회적 참여, 프라이버시와 친밀한 이웃관계의 유지 등을 누릴 권리를 인정하는 것이 포함된다. 인간이 "인간으로 존재하고 있다는 바로 그 사실 때문에 인간의 존엄성에 부합하는 삶을 보장받아야 한다"는 것이다.[45]

모든 사람에게 인간의 존엄성을 보장하는 방식으로 사회적 재화를 배분하라는 계명을 부각시킬 때, 성 인지적 관점에서 여성과 남성을 위한 분배 규칙의 차이를 강조할 필요가 있지 않은가를 되물을 수 있다. 나는 여성과 남성의 존엄성을 보장하는 데 필요한 재화들의 차이를 분명히 구별할 수 있고, 또 구별하여야 한다고 생각하지만, 그것은 어디까지나 기술적인 문제라고 본다. 중요한 것은 여성과 남성을 막론하고 모든 사람이 윤리적 최소한의 요구(*ethisches mininimum forderni*)를 공동체적으로 충족시키는 것이다.

앞에서 살펴본 대로, 개신교 여성 목회자들이 최저 생계비에도 미치지 못하는 사례비를 받고 노후대책 없이 살아가는 것은 문제가 아닐 수 없다. 교단별로 시행하고 있는 최저 생활보장제도와 연금제도도 여성 목회자들에게는 그림의 떡이다. 대다수 여성 목회자들이 교회 내 지위가 불안정하기 때문에 교단 복지정책에서 배제되는 경우가 많기 때문이다. 여성 담임목사를 꺼리는 교회 현실[46]에서 여성 목회자의 다

---

44 Ibid., 568.

45 Angelika Krebs, "Why Mothers Should Be Fed: Eine Kritik am Van Parijs," *Analyse & Kritik* 22 (2000), 174.

46 양성평등의 구현에 선구적 역할을 보이는 한국기독교장로회의 2013년 통계를 기준으

수가 담당하는 전도사직은 남성 담임목사를 보조하면서 일 년마다 시무계약을 하는 조건에서 최저 생활보장제도와 연금제도가 보장되지 않는 게 일반적이다. 전도사직도 풀타임의 전임이 아니고 파트타임의 비전임일 경우는 사례비 외 각종 지원이나 혜택에서 제외된다. 적은 사례비로 장시간 봉사하는 여성 전도사들의 이와 같은 상황은 고령화 시대의 노인 빈곤과 연결된다.

이에 대한 대안으로 페미니즘에서 제안하는 성 인지적 예산의 제도화가 바람직하다.[47] 성 인지적 예산을 실행하기 위해서는 기관의 정책, 예산, 사업이 성별에 미치는 영향을 분석하고 평가하는 성별 영향 분석 평가가 먼저 이루어져야 한다. 이를 통해 교단의 최저 생활보장제도와 연금제도가 여성 목회자와 남성 목회자에게 끼친 영향과 실태를 분석하고 평가할 수 있기 때문이다. 성별 영향분석 평가에 기초한 성 인지적 예산 제도는 목회자의 사례비 책정과 노후복지제도에서 성차별이나 성별 불균형이 나타나지 않도록 돕는 한 방식이다. 아직 한국교회에서 시도되지 않은 성 인지적 예산의 제도화를 위해서는 무엇보다 이것을 인간의 존엄성을 유지하는 정의의 문제라는 인식의 확산과 교회와 교단 재정의 공개와 자원의 배분이 뒷받침되어야 한다.

로 보면, 단독 목회자 1,486명 가운데 여성 목사의 비율은 5.2%(78명)에 불과했다. 여성 목회자가 단독으로 시무하는 교회들의 92.1%가 교인 50명 이하였고, 여성 목회자들이 시무하는 교회들의 86.8%가 연 예산이 3천만원 이하였다. 교회 자립에 필요한 연 예산이 5천만원이라는 점을 감안하면, 여성 목회자들이 시무하는 교회들의 재정은 극히 열악한 것이다. 출석교인 100명 이상의 교회를 담임하고 있는 여성 목사는 단 한 명도 없다.

47 임희숙, "한국 개신교 여성목회자의 실태와 한국교회의 과제," 148.

VI. 나가는 말

이 글에서 나는 한국 사회와 교회에서 여성들이 겪는 차별과 배제, 억압과 수탈, 주변화의 문제를 극복하기 위해 젠더 정의의 개념을 제시하고자 했다. 젠더 정의를 규정하면서 나는 사회적 재화의 분배, 사회적 인정, 동등한 참여의 권리에 근거한 대표권을 통합하는 낸시 프레이저의 정의 이론을 수용하되, 관계의 회복을 중시하는 성서적 정의 개념에 근거하여 이를 재해석하고, 특별히 성 인지적 관점에서 젠더 정의를 구상하고자 했다. 특히 경제의 지구화 조건들 아래서 점차 악화되는 사회적 양극화 현상을 주목하면서 나는 관계 회복에 방점을 찍는 젠더 정의가 사회적 재화의 정의로운 분배의 문제를 우회할 수 없다는 것을 지적하고 여성과 남성을 포함한 모든 사람에게 인간의 존엄성을 지키는 데 필요한 만큼 사회적 재화의 분배를 보장하여야 한다는 분배적 정의의 기준을 명확하게 밝히고자 하였다.

이 글에서 나는 한국 사회와 교회에서 여성들이 겪는 불의를 극복하기 위해 어떤 노력을 기울여야 할 것인가를 염두에 두었지만, 그것을 여성 정책의 수준에서 구체화할 수는 없었다. 이에 대한 논의는 간학문적 대화와 협력을 필요로 할 것이며, 별도의 본격적인 작업을 통해 수행되어야 할 것이다.

한국교회 세습 문제와
그 여성신학적 성찰

I. 들어가는 말

요즈음 일부 대형교회를 중심으로 담임 목사직이 아버지에게서 아들에게로 이어지는 현상을 '세습'이라고 명명할 수 있는가를 놓고 논란이 일어나고 있다.[1] 어떤 사람들은 아버지의 목사직을 이어받은 아들도 자격을 갖춘 목사이고 적법한 절차를 거쳐 그 직책을 맡게 된 만큼 이는 어디까지나 '담임목사 후계자 문제'이지 세습 문제로 보는 것은 지나치다고 펄쩍 뛴다. 이와 같은 주장에 대하여 다른 사람들은 대형교회에서 이루어지는 청빙이 비록 합법적인 절차에 따른 것이라는 겉모습을 띤다고 해도 전임 목사의 카리스마적 지도력이 관철되고 교인들의 민주적 참여와 의사결정이 실제로 보장되지 못하는 조건 아래

---

[1] 이 논란에 대해서는 2000년 8월 21일 한국교회백주년기념관에서 사단법인 한국기독교 총연합회가 주최한 "목회자 후임(소위 '세습') 문제에 관한 포럼"에 실린 자료들을 참조하라. 이 포럼에서는 차종률 목사의 '후임자론'과 박득훈 목사의 '세습론'이 서로 날카롭게 대립되었다.

서 전임 목사가 자기 아들을 후임자로 선정하도록 영향력을 행사할 수 있다는 점을 들어 그 주장이 아예 허구적이라고 생각하고 있다. 그들은 '담임목사직 세습'이 교회를 멍들게 하고 있다고 흥분을 감추지 못한다.

직계 혈통의 담임목사 승계를 둘러싼 논란은 요즈음 교계나 기독교인들만의 관심에 그치지 않고 있다. 이 문제는 매스컴의 보도를 통해서 이미 일반 사회의 이목을 끌게 되었고 교회에 대한 여론은 극히 악화되고 있다. 한국 사회에서 교회의 비중이 적지 않고 기독교인들의 인구 분포 또한 무시할 수 없는 상황에서 불거져 나온 이 문제는 교회의 사회적 신인성(信認性)을 크게 위협하고 있다.

이러한 정황을 놓고 볼 때 필자는 '담임목사직 세습'을 둘러싼 논쟁을 논쟁 쌍방의 감정 대립의 소산으로 보거나 지엽적인 화젯거리로 다루기보다는 교회의 사회적 신인성과 관련된 중대한 문제로 인식하고 이에 대해 냉정하게 검토하는 일이 필요하다고 본다. 이 글에서 필자는 우선 담임목사직 세습 논쟁의 쟁점들을 살피며 문제의 핵심을 추리고 그 다음에는 '세습'이라는 개념으로 지칭되기까지 하는 이 현상이 한국교회의 어떤 교회사회학적, 종교심리학적 요인들을 매개로 하여 나타나는가를 분석해 보고자 한다. 분석의 초점은 한국교회에 지배적인 권위주의 멘탈리티와 가부장주의에 맞추어질 것이다. 끝으로 필자는 '담임목사직 세습' 현상을 극복하기 위하여 한국교회가 앞으로 어떤 점에 유념하여야 할 것인가를 밝혀 보고자 한다.

II. '담임목사직 세습' 문제에서
     핵심이 되는 것은 무엇인가?

교회에 대한 성서적, 조직신학적, 교회사적 설명을 늘어놓지 않고 교회를 신도들의 자발적 결사에 바탕을 둔 공적 기구로 상식적으로 이해한다고 해도 교회지도부의 핵심을 이루는 담임목사직이 '세습'된다는 것은 사실 상상할 수 없는 일이다. '담임목사직 세습' 문제로 시끄러운 교회들이 서로 다른 교파에 속해 있어서 담임목사직 부여 절차가 교회법적으로 조금씩 다르기는 하지만 청빙제도를 실질적으로 채택하고 있다는 점을 생각해 보면 '세습'이라는 개념은 사단의 성격을 드러내는 데에는 전혀 어울리지 않는 개념인 것처럼 보인다. 청빙제도를 실제로 채택하는 교회에서 담임목사의 청빙은 엄연히 교인총회(장로교회에서는 '공동의회')의 결정을 거쳐야 하고 이 결정이 개교회 치리기관(장로회에서는 '당회')을 통해 한 심급 더 높은 교회 치리기관(장로교회에서는 '노회')에 전달되면 반드시 그 치리기관의 심의와 허락을 거쳐야 하는 것이기에 '세습'이라는 말이 적용될 여지는 없다.

무릇 세습이라 함은 자기 것 자기 마음대로 제 자식에게 넘겨 준다는 것인데 이러한 세습은 엄연히 세습물에 대한 사적 소유권을 전제하기 마련이다. 로마 물권법 이래로 소유권은 소유물에 대한 소유자의 배타적이고 절대적인 처분권[2]을 의미하기 때문에 재물의 '세습'이 정당한가를 시비하는 것은 이러한 소유권이 확립되어 있는 사회에서는 아무 의미도 없었다. 프랑스 혁명 이후 로마의 물권법을 다투어 받아

---

2 Franz Klueber, *Eigentumstheorie und Eigentumspolitik* (Osnabrueck, 1963), 257ff., 261.

들여 소유의 신성불가침을 법제화한 부르주아 국가들에서도 '세습' 그 자체가 문제가 되지는 않았다. 재산의 세습은 어디까지나 그 재산을 소유한 자의 의지에 달린 문제였기 때문이다. 그러나 이 경우에 세습의 대상이 되는 것은 습득한 물건, 혹은 벌어들인 물건에 한정되었다.

이런 의미에서 담임목사직은 세습의 대상일 수 없다. 담임목사의 직책이 한 교회의 영적 지도력과 관련된 것이라고 할 때 그 지도력은 교회에 의해 인정(認定)되고 확립되는 불가시적인 것이어서 이것은 소유의 대상이 될 수 없다. 교회 역시 예수 그리스도를 주로 고백하는 사람들의 자발적인 결사체이기에 어떤 특정한 인사의 담임목사직과 그 지도력을 인정하라고 강제할 수 없다. 인정은 자발적인 동의를 전제로 하기 때문이다.3 그렇다면 담임목사직의 '세습'이라는 개념은 세습의 법제사적 의미에 비추어 보거나 그 직책의 교회법적 구성원리에 비추어 볼 때 성립될 수 없는 것이라 하겠다.

그럼에도 불구하고 담임목사직 '세습'이라는 용어가 비판가들이나 매스컴에 의해 사용되는 것은 요즈음 일부 교회에서 일어나는 후임 담임목사 선출 과정이 공교롭게도 '세습'의 외양을 띠고 있는 것처럼 보이기 때문일 것이다. 전임자가 마치 담임목사직을 자기의 소유물로 여기고 이를 자기 의지에 따라 자기가 원하는 사람에게 물려줄 수 있는 것처럼 생각하지 않았다면 하늘의 별처럼 수많은 목사 가운데 어떻게 자기의 아들에게 그 직책을 넘겨주는 일이 일어날 수 있단 말인가? 교인들의 자발적인 동의가 교회에서 이루어지는 의사결정의 핵심일 텐데 이것이 완전히 허구화되거나 왜곡되지 않고서야 어떻게 전임자의

---

3 이에 대해서는 Joachim Mattes, *Kirche und Gesellschaft. Einfuebrung in die Religions-soziologie*, Bd. II (Reinbeck bei Hamburg, 1969)를 보라.

'세습' 의지가 교회에서 관철될 수 있단 말인가?

많은 비판자들이 추정하고 있는 것처럼 정말로 담임목사직 '세습'이 담임목사직의 의사 사유화(擬似私有化)와 교회 내 의사결정 구조의 왜곡에 의해 가능한 것이었다면 이것은 매우 심각한 문제다. 필자가 보기에 담임목사직 '세습' 논쟁의 핵심은 바로 이것이다. 따라서 담임목사직의 의사 사유화와 교회 내 의사결정 구조의 왜곡이 어떤 조건들 아래서 나타나는지 분석하는 것은 담임목사직 '세습' 논쟁을 좀 더 생산적으로 전개할 수 있게 할 것이며 한국교회를 어떤 방향으로 개혁할 것인가를 시사할 것이다.

III. 카리스마의 오용이 담임목사직을 사유물처럼 만든다

교회를 그리스도의 몸으로 보는 성서의 가르침은 그리스도인이 교회의 지체이며 그 지체들이 서로 연합해 한 몸을 이룬다는 것을 강조한다.[4] 각 지체는 서로 다른 모양으로 서로 다른 분량으로 은사를 받지만 그 은사들이 서로 어우러져 교회의 덕을 이루고 모두 유익을 얻는다는 것이다.[5] 담임목사직은 말씀과 치리를 전적으로 담당하는 직책으로서 교회의 한 지체이다. 교회사회학적으로 볼 때 교회는 이 세상에서 하나의 제도로 존재하고 그 제도는 특정한 조직과 질서를 필요로 한다. 담임목사는 교회의 조직을 관리하고 운영하는 치리기관의 대표성과 책임을 부여받는다. 이렇게 보면 교회에서 담임목사직은 교회를

---

4 고전 12:12-31.

5 고전 12:1-11.

형성하는 여러 지체 가운데 하나로 특수한 임무를 수행하는 직책이다.

그러나 한국교회의 현실에서 담임목사의 카리스마가 차지하는 비중은 이보다 훨씬 지대하다. 그것은 무엇보다도 개교회의 성장이 담임목사의 역량에 따라 좌우되는 관행에서 비롯된다. 담임목사의 남다른 카리스마가 능력을 발휘함으로써 선교 현장에서 많은 사람의 호응과 인정을 받게 되면 그것은 자연히 교회의 외형적 성장과 부흥에 연결되었다. 따라서 개교회 간의 경쟁구조 속에서 존립해야만 하는 한국교회 현실에서 담임목사의 카리스마적 능력은 그 무엇보다도 큰 권위를 인정받아 왔다.[6]

하나님에게 소명을 받은 목회자의 카리스마적 능력은 성령의 선물로 부여받은 은사로서 마땅히 공동의 유익을 위한 선교를 위해 사용되어야 하고 그에 합당하게 인정받아야 한다. 그렇다고 해서 그것이 특별한 카리스마를 받은 목회자가 공동체에서 절대적인 권위를 행사할 수 있다는 뜻은 아니다. 오히려 그에게 허락된 카리스마를 사용하여 교회 공동체에 기여하는 바가 많은 사람일수록 공동체가 그에게 허락하는 권위에는 한계가 있다는 것을 의식해야 한다. 왜냐하면 이 특별한 카리스마는 자신이 만들어낸 것이 아니고 성령이 은혜의 선물로 주신 것이며 공동체의 모든 구성원에게 다양하게 부여하신 여러 은사 가운데 하나이기 때문이다. 교회의 덕과 유익을 위해 주어진 성령의 다양한 은사를 염두에 두면 어느 특정한 은사가 다른 은사들을 무시하거

---

6 이에 관한 종교심리학적, 종교사회학적 분석에 대해서는 拙著 *Eine Analyse des protestantischen Fundamentalismus Koreas im Rahmen der kirchlichen Erwachsenenbildung. Mit einer Fallstudie zum "Handbuch fuer den Gottesdienst im Hauskreis" der Presbyterianischen Kirche Koreas zwischen 1975 und 1985* (Lottbeck bei Hamburg 1999), 184ff.를 참조하라.

나 지배할 수 없다는 것은 자명하다.7

그러나 이와 같은 성서의 가르침이 교회에서 제대로 실현되려면 극복해야 할 과제들이 있다. 그 가운데 중요한 것은 권위를 인정받는 카리스마를 사용하는 사람이 갖기 쉬운 권력의지와 소유욕을 경계하는 것이다.8 제도로서의 교회는 통일성과 지속성을 유지하려는 속성 때문에 그 자체 내에 권력체제가 되기 쉬운 위험성을 지니고 있다. 이런 위험성은 그 제도가 자리 잡고 있는 사회의 시대적 상황이 급속한 변동이나 전환을 경험하게 될 때 가속화되는 경향이 있다. 또 한 번 구축된 제도의 권력체계는 시대적 조건이나 조직의 구성이 바뀐다고 해서 스스로 해체되거나 소멸하지 않고 계속 유지되는 속성이 있다. 이와 같은 점을 고려해 볼 때 다양한 은사의 공동체로서 제도화된 교회 안에서는 위계구조와 권력관계를 방지하는 일과 그것으로부터 파생되는 특권의 집중화와 특정인의 지배욕을 경계하는 일이 무엇보다도 필요하다.9

일반적으로 요즈음 '세습' 문제와 관련되어 있는 교회들은 담임목사의 카리스마를 중심으로 성장하였으며 아직까지도 그 카리스마의 영향력에서 벗어나지 않고 있다는 평가를 받고 있다. 이 교회들은 주로 지난 60, 70년대를 기점으로 일정 기간 동안에 급성장하였는데 그 하나의 원인으로 당시의 특수한 시대상황이 지적되고 있다.10 그때는 군부 독재 정권 아래서 경제개발을 위한 산업화와 도시화가 급속히 이

---

7 고전 12:21.

8 카리스마 개념과 그것의 상이한 형태에 대해서는 M. Hermanns, *Kirche als soziale Organisation. Zwischen Partizipation und Herrschaft* (Duesseldorf, 1979), 34-52; Vgl. E. Fromm, *Die Furcht vor der Freiheit* (Frankfurt am Main, 1966), 10. Aufl., 163.

9 L. Boff, *Kirche: Charisma und Macht* (Duesseldorf, 1985), 5. Aufl., 116.

10 이에 대해서는 拙著, a.a.O., 167ff.를 보라.

루어지고 있었다. 그 과정에서 사회의 전통적인 소속감과 결속력이 급격하게 약화되고 많은 사람이 '내적인 고향을 상실'하는 경험을 하였다. 이와 같은 사회심리적 조건에서 한국교회는 이들에게 소속감과 내적 결속력을 제공하는 역할을 하였다. 교회는 전통적인 가족공동체를 대체하는 역할을 맡았던 것이다. 그뿐 아니라 당시 많은 교회가 전환기적 시대의 위기의식에서 파생되는 불안과 불확실성을 근본주의적 확신과 성령 체험으로 대치시킴으로써 많은 사람들로 하여금 교회를 찾고 그 공동체의 일원이 되는 데 기여하였다. 그 결과로 교회의 일반적인 양적 성장이 두드러지고 담임목사의 카리스마적 능력이 널리 알려진 일부 교회들은 초대형교회로 변모하였다.

교회가 급속하게 외적으로 팽창함에 따라 시급히 요구되는 것 가운데 하나가 거대하고 복잡해진 교회 조직의 관리와 운영을 효율적으로 감당하는 일이었다. 그런 필요에 따라 강력한 지배력과 통제력을 허용하는 권력체제가 무리 없이 교회 안에 형성되었고 카리스마적 리더십을 발휘하여 교회 성장에 결정적인 역할을 수행한 담임목사에게로 권력과 특권이 집중되었다.[11]

그러나 이미 지적한 것처럼 한번 형성된 권력체계는 그것에 대한 강력한 저항을 받지 않는 한 기존제도 속에서 계속 유지되는 경향이 일반적이고, 그 권력체제가 오랜 세월 동안 공고화되는 만큼 특정인의 권력 집중화는 강력해진다. 이처럼 권력의 독점이 허용된 특정한 카리스마는 공동체 안의 은사 평등성을 깨뜨리고 다양한 다른 은사의 능력들을 사장하거나 폐기하게 만든다. 그것은 동시에 그 카리스마를 사용

---

11 이 메커니즘에 대한 자세한 종교심리학적, 종교사회학적 분석에 대해서는 拙著, a.a.O., 185를 보라.

하는 특정 개인을 우상화하고 그 권위를 절대화하는 위험을 동반한다. 이런 과정에서 카리스마를 인정받는 사람과 카리스마를 추종하는 사람들 사이에 양분법적인 지배·복종 관계가 나타나는 것은 너무도 자명하다.

결국 이상과 같은 카리스마의 오용이 장기간 체질화된 풍토에서 담임목사직을 사유화할 수 있다고 생각하게 된 것이다.

IV. 권위에 맹종하는 멘탈리티로 인해 교회 내 의사결정 구조는 왜곡되어 있다

이미 앞에서 설명한 것처럼 권력화된 카리스마는 그것을 보증하고 계속 지속할 수 있는 제도적 뒷받침과 특정 권위에 대한 자발적인 승복과 동의를 유도해내는 내면 구조가 있을 때 지속적으로 가능하다.

필자가 연구한 바에 따르면 한국교회를 지배하는 근본주의적 성향은 한국 그리스도인으로 하여금 권위에 맹종하게 하는 멘탈리티를 빚어낸다.[12] 이 멘탈리티는 물론 기독교 근본주의에 의해서만 조성된 것은 아니다. 한국인의 의식구조를 형성하는 데 결정적인 영향을 미쳤던 문화 전통과 종교 전통도 한국 기독교인들의 의식 형성에 직·간접적인 영향을 미쳐 권위주의 멘탈리티를 형성하는 데 이바지했다는 것을 부정할 수는 없다.[13] 오래 동안 한국 사회가 권위주의에 의해 지배되

---

12 권위주의 멘탈리티의 특성에 대해서는 T. Adorno, *Studien zum autoritaeren Charakter* (Frankfurt am Main, 1973), 12; S. H. Pfuertner, *Fundamentalismus. Die Flucht ins Radikale* (Freiburg, 1991), 168을 보라.

13 이에 대해서는 拙著, a.a.O., 102ff.를 보라.

어 왔고 특히 경제개발 과정에서 권위주의 정치가 지배적이었던 점도 권위주의 멘탈리티를 강화하는 데 도움이 되었다는 것을 부인할 수 없다.[14] 그러나 한국 기독교인들에게 두드러지게 나타나는 권위주의 멘탈리티는 이러한 상황적 조건들 이외에도 근본주의 신앙 양태 안에 깃들어 있는 권위에 대한 독특한 이해에 의해 강화되어 왔음을 놓쳐서는 안 된다. 권위에 대한 맹종은 삶의 불안을 제거하고 확고한 안정을 추구하는 사람들의 의식 구조 안에 준비되어 있는 것이라고 할 수 있지만 안정의 기반이 되는 확신은 그 확신을 추구하는 사람이 더 이상 뒤를 캐물을 수 없는 진리 앞에 서 있고 그 진리를 전달하는 목회자를 권위의 화신으로 받아들일 때 의심의 여지없이 주어지는 것이다.[15]

이러한 현상은 위에서 간략하게 짚고 넘어간 바와 같이 1960년대 중반 이후 한국교회가 개교회 중심의 대교회주의를 추구하는 과정에서 강화되고 가속화되었다. 양적 팽창 위주의 선교전략과 신앙의 내적 확신을 추구하는 교인들의 열망이 서로 결합될 때 카리스마의 권력 집중화와 권위에 맹종하는 멘탈리티는 상호 결합되어 같이 발전해 나갔던 것이다.

이러한 상황에서 목회자의 카리스마가 목회자 자신의 특질인 것처럼 오해될 수 있다는 것은 이미 지적한 바와 같지만 정작 더 날카롭게 주목해야 할 것은 구원의 확신을 목말라 하는 평신도들이 카리스마적 목회자의 권위에 굴종하고 그 굴종을 통해 편안함과 안정을 느끼게 된다는 것이다. 이렇게 되면 교회의 일에 대한 평신도들의 관심은 권위 있는 목회자에 대한 맹신과 굴종으로 대체되고 목회자에 대한 충성이

---

14 이에 대해서는 拙著, a.a.O., 167ff.를 보라.
15 근본주의의 이와 같은 특성들에 대해서는 T. Meyer, *Fundamentalismus. Aufstand gegen die Moderne* (Reinbeck bei Hamburg, 1989), 157을 보라.

이 세상에서 교회가 마땅히 할 일에 대한 헌신을 대체한다. 이제 목회자와 평신도의 관계는 명령과 복종의 관계로 단순화되고, 목회자의 의지는 평신도들에게 절대적인 명법으로 주어진다.[16]

바로 이것이 카리스마적 목회자의 '목사직 세습'을 가능하게 하는 요인이다. 목사직 세습이 교회법상 있을 수 없는 일이고 공교회의 성격과 정면으로 부딪치는데도 카리스마적 목회자를 위요(圍繞)하는 추종자들은 이 비판적 지적에 귀를 기울이지 않는다. 그들은 카리스마적 목회자가 교회의 발전과 덕을 위하여 자기 아들에게 그 직책을 넘겨주기로 하였고 그 아버지와 아들의 핏줄을 통해 거룩한 카리스마의 승계가 이루어지는 것처럼 이야기한다 해도 그것이 과연 성서적 가르침과 부합하는가를 묻지 않는다. 거기에 더하여 거룩한 교회법의 절차에 따라 그 승계가 이루어졌다고 할 때 그 누가 이 거룩한 혈통의 보전에 도사린 추잡한 특권주의를 한 번쯤 의심해 볼 수 있으랴!

그러나 이와 같은 '담임목사직 세습' 현상은 평신도의 권위주의 멘탈리티와 관련된 거대한 문제덩어리의 일각에 지나지 않는다. 권위에 대한 맹종이 비판적 성찰 능력을 제거하고 비판적 담론 능력을 퇴화시키면, 비록 교회 내의 의사결정 과정이 형식적으로 보장되는 경우라 하더라도 그 과정은 평신도들의 의사를 아래로부터 결집시켜 자발적인 동의를 이루는 과정일 수 없는 것이니, 거기서는 오직 위로부터 아래로 위계적으로 전달되는 교회지도부의 의사를 수용하거나 추인하는 일 이외에 달리 도모할 것이 없는 것이다.

---

16 이에 대해서는 S. H. Pfuertner, a.a.O., 168을 보라.

V. '담임목사직 세습'을 극복하지 않고서는 한국교회에서 성차별과 가부장제의 폐해는 사라지지 않는다

한국교회의 '담임목사직 세습' 문제에 내포되어 있는 또 다른 문제는 그것이 한국 사회의 뿌리 깊은 부계 혈통을 강화하고 계승하는 일과 맞물려 있다는 것이다. '담임목사직 세습'은 그 문제의 근원을 파헤쳐 보면 한국 사회와 한국교회에 깊이 도사려 있는 성차별과 가부장제 문화와 긴밀하게 결부되어 있다.

역사를 되돌아보면 한국 사회에서 가부장제는 철저히 모계 혈통을 배제하면서 부계 혈통에 따라 재산을 상속하고 가부장의 특권을 승계하는 제도였고 그 결과 오늘에 이르기까지 남아선호 사상과 남성우월주의를 배태해 온 것이니 그 본질이 성차별적이라고 해도 이를 부정할 길이 없다. 전통 사회에서도 그렇지만 천지가 개명되었다고 하는 오늘의 사회에서도 여성들은 남성중심 문화 속에 틈새를 찾아 끼어 들어가 가부장제의 요구에 순응할 때에만 생존 기회를 얻게 되어 있을 정도이니 한국교회 역시 이러한 성차별과 가부장제 문화에서 조금도 벗어나 있지 못하다고 하는 것을 '담임목사직 세습'이 증거하고 있는 것이다.

가부장제 사회에서 세습은 부계 혈통에 귀속되어 있는 하나의 특권이다. 그 특권은 개개인의 선택이나 의지, 혹은 노력과는 아무 상관없이 혈연에 따라 주어진다고 하는 점에서 철저히 배타적이고 폐쇄적이다. 혈연에 의해 보장된 특권은 정당화의 노력조차 필요로 하지 않는다. 이 특권은 그것을 침해하거나 공격하는 것에 대해서 결코 용인의 아량을 보이지 않는다. 그리고 그 특권이 가부장제 사회에서 재화와 지위의 독점과 관련되어 있다는 점에서 그것은 그 특권을 향유하는 자와 그 특권에서 배제되는 자 사이의 날카로운 구별을 필요로 한다. 부계혈통 중심주의는 이 특권을 둘러싼 외부 방어와 내적 단속의 체계이다. 그런 만큼 그것은 그 특권의 무효를 주장하는 논거에 대해 언제나 무자비하다. 성차별에 대한 비판은 따라서 가부장제 사회에서는 금기로 남을 수밖에 없다.

그럼에도 불구하고 여성들이 혈연의 배타성을 앞장서서 주장해 온 것은 가부장제의 틈바구니에서 살아남지 않으면 안 되었던 여성들의 생존전략 가운데 하나로 이해되어야 할 것이다. 많은 경우, 여성들은 부계 가문의 대를 잇고 혈연 공동체를 운영·관리하는 일을 앞장서서 주장할 수밖에 없었고 또 그것은 지금도 그러한데, 여성들의 이 생존전략은 본질적으로 가부장제에 의해 강제된 것으로 보아야 옳을 것이다. 설사 일부 여성들이 가부장제에서의 여성 역할로부터 상대적인 특권을 얻을 수 있다손 쳐도 그것은 어디까지나 남성지배 문화에 기생하는 것으로 주어졌을 뿐 결코 여성들의 자주적인 삶의 형태로 받아들여질 수는 없는 것이었다. 남아선호사상과 가족이기주의가 가부장제 문화의 파생물임에도 불구하고 많은 여성이 이에 순응하는 까닭도 여성들의 기생적인 특권 유지와 무관하지 않다. 한국교회에서 담임목사직이 부계 혈통을 통해 대를 물리는데도 교회여성들이 이에 저항하지 않고 도리어 순응하는 태도를 보이는 것도 이와 밀접한 관계가 있을 것이다.

한국 사회의 가부장제 문화와 성차별이 한국교회의 평신도들에 의해 알게 모르게 받아들여지고 있다는 것은 하등 이상한 일이 아니다. 그들은 한국 사회와 문화의 일원이고 바로 그러한 사회적이고 문화적인 존재로서 교회생활에 참여하고 있다. 만일 가부장제와 성차별이 예수 그리스도의 복음과 배치되고 복음이 사람들을 그것에서 해방시켜 남자들과 여자들의 공동체로 이끈다는 것을 평신도들이 체득하고 또

그렇게 살고자 한다면, 그리고 교회가 그러한 새로운 삶을 살도록 촉
진하고자 한다면, 이제까지 무비판적으로 받아들여 왔던 가부장제와
성차별을 매개로 해서 담임목사직의 특권을 직계혈통에게 물려주는
일이 한국교회에서 결코 일어나지 않았을 것이다.

하나님은 그의 백성을 혈연에 따라 선택하지 않았다. 그의 백성이
되는 특권은 결코 혈연에서 비롯된 것이 아니다. 하나님은 파라오의
종살이를 하던 사람들의 외침을 듣고 그들을 파라오에게서 해방시켜
하나님이 세계의 주임을 인식하게 한 다음 그분은 그것을 고백한 사람
들과 계약을 맺고 그들을 그의 백성으로 삼았다. 교회는 예수 그리스
도를 주로 고백하는 사람들의 공동체이다. 바로 그런 의미에서 교회는
예수 그리스도 안에서 하나님의 백성이다. 그 백성은 이 세상에서 하
나님의 선택을 받고 그분의 백성이 되었다. 교회를 이루는 한 사람 한
사람이 하나님에게 선택되었다는 이 고백은 하느님의 선택을 받은 사
람들이 이 세상의 특권이나 지위 혹은 혈연에 의해 그 지위를 차지하
지 않았다는 것을 웅변한다. 하나님은 그것을 보지 않고 예수 그리스
도 안에서 자유롭게 사람들을 부르고 그들과 계약을 맺어 교회를 이루
어 가신다. 이 하나님의 개방성을 생각하는 사람들은 혈연에 따라 교
회에 허락된 은사의 직무를 이어가고자 하는 것이 성서에나 하나님의
경륜에 아무런 근거도 갖지 않는 일임을 저절로 알게 될 것이다. 혈연
과 혈통이 주인이 되는 교회는 예수 그리스도를 머리로 삼고 그분의
주권을 선포하는 교회일 수 없다. 교회는 오직 예수 그리스도를 머리
로 삼는 몸으로 존재하고 그 몸은 갖가지 은사를 받은 지체들이 서로
연합하여 교통하는 유기체로만 존재한다.

교회에 대한 가르침이 이처럼 분명한데도 오늘날 대형교회를 중심
으로 '담임목사직 세습'이 이루어지고 있다는 것은 수치스러운 일이

다. 그러나 이 일의 수치스러움은 여기서 그치지 않는다. 지난날 엄청난 양적 성장을 통하여 한국교회의 지도에서 지워버릴 수 없는 위치를 점한 대형교회들은 한국교회 전체에 대해 긍정적이든 부정적이든, 커다란 영향을 미친다. 가부장제 문화와 성차별에 근거하여 '담임목사직 세습'을 결행한 교회들은 바로 그 가부장제와 성차별 문화를 극복하고자 헌신하여 왔던 사람들의 노력을 일거에 물거품으로 만들만큼 파괴력을 지닌다. 왜냐하면 이 교회들은 담임목사직의 대물림을 통해 성차별적 가부장제가 마치 교회의 부흥과 발전에 필요불가결한 것처럼 선전하는 역할을 하고 또 그 교회들을 성공 사례로 본받고자 하는 다른 많은 교회에서 성차별적 가부장제 문화를 극복하고자 하는 평신도들의 사기를 저하하고 그들의 연대를 방해할 것이기 때문이다. '담임목사직 세습'은 여성과 남성의 협력과 공동발전을 위해 그동안 평신도들과 목회자들이 그동안 싸워서 이룩해 온 성과를 무로 돌리고 역사의 시계바퀴를 수십 년 뒤로 돌리는 처사라 하지 않을 수 없다.

VI. 나가는 말

'담임목사직 세습'은 한국교회에 뿌리 깊이 박힌 문제점들이 서로 응결되어 나타난 현상이다. 이 현상 배후에는 한편으로는 한국교회의 권위주의와 교회 권위를 행사하는 목회자들의 특권의식이 깔려 있고 또 다른 한편으로는 그러한 특권의 행사를 용인하거나 거기에 굴종한 평신도들의 의식구조와 행태(行態)가 잠복되어 있다. '담임목사직 세습' 현상은 한국교회의 권위주의 구조와 평신도들의 권위주의 멘탈리티의 합작품이다. 이 현상이 한국교회의 사회적 신인성(信認性)을 크게 훼손했다는 것은 더 말할 필요가 없다. 만일 건전한 의식을 가진 평신도들과 목회자들이 이 위기를 극복하기 위해서 노력하고자 한다면, 그들은 최소한 다음 몇 가지 사항에 대해 깊이 생각해 보아야 할 것이다.

첫째, 교회가 예수 그리스도를 주로 고백하는 사람들의 자발적인 결사에 근거한 공동체라고 한다면 성서의 가르침과 신앙 양심을 억누르고 권위적으로 주어지는 교회지도부의 요구는 단호하게 거부되어야 한다. 이 경우에는 공동체와 교회지도부 사이의 대립이 나타나고, 진리를 둘러싼 투쟁이 불가피하다.

둘째, 교회는 서로 다른 은사들을 받은 사람들이 유기적으로 결합하여 한 몸을 이루는 공동체이다. 어떤 은사도 특권을 요구할 수 없다. 만일 특권을 요구하고 그 특권을 사유화하여 세습하고자 하는 기도가 있다고 한다면 교회를 이루는 지체들은 그것이 과연 교회의 덕과 유익을 위해 쓰일 수 있는 은사인지 물어야 하고 그 은사가 과연 성령에서 비롯되었는지 따져보아야 한다.

셋째, '담임목사직 세습'이 권위주의적인 교회 구조에서 비롯된 것이라고 한다면 교회의 구조를 은사공동체의 수평적이고 민주적인 구조로 개편하여야 할 것이다. 그러나 이 구조개혁은 평신도들의 권위주의적 멘탈리티를 극복하지 않는다면 아무런 의미도 없을 것이다. 평신도들의 권위주의적 멘탈리티가 근본주의적 신앙과 카리스마 운동에 의해 덧씌워지고 또 내면화된 것이라고 본다면 이 멘탈리티를 극복하기 위한 장기적인 교육 프로그램이 수립되고 힘 있게 추진되어야 할 것이다.

넷째, 이러한 반권위주의적 교육 프로그램에서 중요한 것은 한국 사회와 교회의 문화를 감안할 때 가부장제와 성차별과 권위주의의 논

리적, 역사적, 심리적 연관을 밝혀내고 그것을 구체적으로 해결할 수
있는 교과과정을 조직하는 일이다.

21세기 선교에 관한
기독교교육학적 성찰[*]

I. 들어가는 말

선교와 교육의 주제를 다룰 때 가장 먼저 떠오르는 것은 개혁교회의 정신이다. 개혁교회는 각 시대마다 그때그때의 삶의 자리에서 말씀의 사건을 새롭게 해석하고 그것에 바탕을 두고 하나님의 나라를 세상에 건설해야 한다는 것을 강조한다. 교회의 신앙고백은 새로워져야 하고, 교회의 선교는 끊임없이 갱신되어야 한다는 것이다. 21세기의 새로운 도전을 생각해 볼 때, 오늘의 그리스도인들은 신앙의 내용과 형식을 되돌아보고, 그들이 이 시대에 감당해야 할 새로운 역할과 선교적 과제를 성찰해야 할 것이다.

---

[*] 이 글은 한국기독교장로회 서울동노회 제79회 정기노회 기념 신앙세미나(2000년 10월 16일, 거암교회)에서 "신앙고백과 선교 – 그 기독교교육학적 성찰과 과제"라는 제목으로 행한 주제강연을 수정 · 보완한 것임.

이 글에서 필자는 지구화의 거센 도전에 직면한 한국 사회와 교회의 상황을 염두에 두면서 교회의 선교 과제들을 밝히고자 한다. 필자는 이 작업을 위해 1987년에 선포된 한국기독교장로회 제5문서(이하 "제5문서")와 1990년 서울에서 개최되었던 '정의, 평화, 창조질서의 보전' 세계대회의 문서들(이하 "JPIC 문서")을 참조하는 것이 좋을 것이라고 생각한다. 왜냐하면 이 두 문서에는 오늘의 교회 상황을 인식하고 선교 과제들을 밝히는 데 필요한 많은 시사점이 들어 있기 때문이다. 이 두 문서에 대한 검토에 뒤이어 필자는 오늘의 지구화 과정에서 교회가 어떤 선교 과제들을 설정하여야 할 것인가에 대해 언급하고자 한다.

II. "제5문서"의 시대적 배경과 선교 교육을 위한 제언

"제5문서"는 한편으로는 성령을 통하여 새 시대에 새 일을 행하시는 하나님의 시대 경륜을 깨닫고 항상 새롭게 개혁하는 교회가 되도록 명하시는 예수 그리스도의 소명에 대한 한 응답으로서, 또 다른 한편으로는 새 시대의 한국 사회에서 교회가 감당해야 할 역사적 소명에 대한 응답으로서 작성·채택되었다.

"제5문서"는 한국 사회가 1980년대 후반에 겪었던 격변의 시기를 반영하는 시대적 문서이기 때문에, 이 문서의 시대 인식을 짚고 넘어가는 것은 매우 중요하다. "제5문서"의 시대 인식은 다음과 같이 정리할 수 있다.

— 창조세계의 보전 원리가 파괴되어 생태계와 인류의 공생관계가
　　상실되었다.

— 정치 엘리트 세력과 강대국의 패권주의, 그리고 불의한 경제구
조로 인해 비인간화와 독재가 확산되고, 이로 인해 대다수의 민
중들이 고통을 받고 있다.

— 특정 이데올로기를 절대화한 두 정치체제와 세계열강들의 국제
역학에서 비롯된 한반도의 분단현실을 극복하고 평화적 통일과
화해를 이루어야 한다.

— 기존의 이원론적 사고방식과 행동방식이 지나친 물질주의와 소
비문화를 형성하고 있기에 올바른 가치관을 정립하고 건강한
생활세계를 건설할 필요가 있다.

— 서구 중심의 문화적 제국주의를 극복하기 위하여 한국의 전통문
화를 새롭게 해석·발전시켜야 한다.[1]

이러한 시대 인식에서 한국기독교장로회는 정의·사랑·평화·창조
세계의 보전 원리를 '하나님의 선교' 신학의 실천적 신앙 지식으로 고
백하였다. 그리고 이 고백에 근거하여 새로운 시대의 선교 방향을 교
단·교회·사회의 측면에서 제시하였는데, 그 가운데 기독교교육학적
관점에서 주목되는 것은 다음과 같다.

— 교단 차원에서는 지난 30여 년 동안의 선교정책을 반성하면서,
무엇보다도 교회의 예언자적 사명을 지나치게 앞세운 나머지
영성훈련을 다소 소홀히 하였음을 지적하고, 흩어지는 선교공
동체를 강조함으로써 전도하고 모이는 공동체의 형성을 다소
소홀히 다루었다고 지적하고 있다. 이것은 다른 교단보다 개교

---

1 『한국기독교장로회 제72회 총회 회의록』(1987), 365-369.

회의 성장이 미흡했던 점을 짚은 것이라고 볼 수 있다.

— 교회 차원에서는 선교의 다양성과 전문성을 강조하고 선교현장
과 학문연구의 협력체계를 수립할 것을 권장하고 있다. 특히 평
신도들의 전문지식을 활용하여야 한다는 지적은 주목을 요한다
고 하겠다.

— 사회 차원에서는 민중지향적인 정치적 참여와 통일운동의 의의
를 언급하고 폭력 사용에 대한 상황윤리적 해석을 제시하고 있다.

— 교회교육과 관련해서는 1969년의 '교육정책' 문서에서 제시되
었던 내용들을 시대의 변화에 따라 수정·보완하여 새로운 교회
교육의 내용을 밝히고 교육공동체를 발전시키는 사업들을 구체
적으로 제시하는 데 역점을 두었다.

"제5문서"의 교육정책 부분을 좀 더 자세히 살펴보면, 우선 기존의
학교교육과 교회교육이 지닌 문제점들을 비판적 시각으로 평가하고
있다. 출세지향의 경쟁주의, 분단을 고착시키는 편파적인 반공교육,
서구문화의 무비판적 수용, 생태계 위기의 방치 내지는 조장 등을 학
교교육과 교회교육의 잘못된 점으로 지적하고, 그 대안으로서 삶과 유
리되지 않는 지식교육, 세상과 상호 연계된 신앙교육, 선교의 대상에
대한 이해와 그것에 기초한 교육과정과 교육방법의 개발, 자율과 연대
를 지향하는 공동체교육 등을 제안하고 있다.[2]

이렇게 보면 "제5문서"가 제시한 선교 교육은 생태계 문제, 통일 문
제, 문화적 주체성 문제, 의식화 문제에 관심을 집중한 것으로 볼 수
있고 이것은 당대의 현실과 한국 사회가 전반적으로 요구하는 것에 대

2 A.a.O., 389-397.

한 선교적 응답으로 평가할 수 있을 것이다. 다만 그 내용들을 개교회에 어떻게 전달할 것인가를 좀 더 구체적으로 제시하지 못한 것은 아쉬운 점이다. 만일 "제5문서"가 교회의 외형적 성장과 내면적 성숙에 영향을 미칠 수 있도록 교회교육의 내용을 좀 더 세분화하여 제시할 수 있었다면 "제5문서"의 교육정책은 선언적인 의미뿐만 아니라 교회교육을 이끄는 실질적인 지침의 역할을 할 수 있었을 것이다.

III. JPIC 세계대회와 선교 교육을 위한 제언

JPIC 공의회 과정은 1983년 캐나다 밴쿠버에서 열린 제6차 WCC 총회의 결의에 따라 조직되었다. 그 결의의 핵심적인 내용은 "회원교회들로 하여금 정의, 평화, 창조질서의 보전 문제에 상호 헌신할 공동체적 삶의 방안을 모색하도록 하자"[3]는 것이었다. 이 결의에 따라 전 세계 교회들은 정의 · 평화 · 창조질서의 보전에 대한 신학적 전망을 세우고, 정의 · 평화 · 창조질서의 보전이 파괴되었거나 그렇게 될 위험이 있는 상황들을 분석하고, 정의 · 평화 · 창조질서의 보전의 회복을 위한 구체적 대안들을 제시하는 공의회 과정에 참여하도록 초청받았다. 1990년 서울에서 소집된 JPIC 세계대회는 이 공의회 과정의 하이라이트였다.

이 역사적인 모임이 서울에서 개최된 것은 무엇보다도 한국이 JPIC의 성격과 내용을 실제적으로 부각할 수 있는 현실적 조건을 구비하고

---

3 한국기독교사회문제연구원 편, 「정의, 평화, 창조질서의 보전 세계대회 자료집」(1990),
  54.

있었기 때문이다. 즉, 한반도의 분단현실, 압축적인 경제개발로 인해 파생된 사회경제적 문제들, 생태계의 파괴현상 등이 그것이다. 동시에 한국교회가 이와 같은 문제들을 해결하기 위해 헌신할 수 있는 잠재력과 역량을 지니고 있다는 세계 교회들의 평가와 기대도 있었다.

JPIC 서울대회에서 채택한 최종문서의 서론에는 "JPIC는 2000년대에 대한 에큐메니칼 비전의 핵심이다"[4]라는 말이 나온다. 이것은 이 대회를 마친 후 WCC 중앙위원회가 내린 결론이었다. 다시 말해서 정의 · 평화 · 창조질서의 보전은 21세기가 해결해야 할 중대사이며 이 시대를 위해 교회가 감당해야 할 과제가 된다는 것이다. 왜냐하면 정의 · 평화 · 창조질서가 위협받으면 곧 생명이 위협받기 때문이고, 이러한 생명의 위기는 어느 특정한 상황이나 지역에만 국한되지 않고 범세계적인 문제로 등장했기 때문이다.

JPIC 세계대회의 최종문서의 내용을 보면, 우선 회개와 회심의 차별성과 다양성을 강조한 점이 눈길을 끈다. 한 대목을 인용하면 다음과 같다.

> 생명을 향하라는 예수의 부르심은 다양한 형식을 취한다. 부유한 이들에 대해서 그 부르심은 물질적 우상으로부터 자유케 되라는 것을 의미하고, 병든 자들에게는 하나님의 사랑과 치유하시는 권능에 대한 신뢰를 의미하고, 특권을 지닌 자들에게는 부와 권한을 나누어 줄 것을 의미하고, 억압당하는 자들에게는 좌절의 극복을, 교육의 혜택을 입은 이들에게는 우월감이라는 자부심을 버리는 것을, 연약한 이들에게는 자기 확신을 지닐 것을 의미한다.[5]

---

4 A.a.O., 58.

또한 모든 사람의 삶은 서로 다른 조건 아래 있음을 인식하고 이 다름을 존중해야 한다는 점이 강조되었다. 이를 인정하고 존중할 때 사람들은 서로를 필요로 하게 된다는 것이다. JPIC 서울대회 최종문서는 이를 다음과 같은 말로 명료하게 표현하였다. "우리가 서로서로에게 귀 기울이기를 배우고 다른 이의 눈으로 자신들을 파악하고 우리가 겪는 곤란들을 함께 나누고 우리의 실패를 함께 담당할 때 상호연대의 전 지구적 사귐이 비로소 성장해 나갈 것"6이다.

다음으로 JPIC 최종문서는 권력과 권위의 독점을 비판해야 한다는 점을 강조하였다. 왜냐하면 "모든 형태의 인간적 권력과 권위의 행사는 이 세상에서 하나님의 목적에 봉사해야 하며 민중을 위해 행해지고 민중에게 책임을 져야 하기"7 때문이다. 또한 권력과 권위의 독점은 민중이 참여할 수 있는 권리를 박탈하는 것이기에 마땅히 그런 현상에 대해 저항할 것을 주장한다.

그 밖에도 JPIC 최종문서는 다음과 같은 점들에 주의를 환기하였다. 사회구조에서 초래된 가난의 문제를 해결하는 데 동참해야 할 교회들과 그리스도교 공동체들의 책임, 인종의 다양함과 그 존엄성에 대한 인정, 죽음의 문화와 결합된 성차별의 극복, 기술공학에 대한 맹신을 제어할 수 있는 커뮤니케이션과 교육의 책임, 사회적 약자들의 인권 문제, 정의로운 경제질서와 교회의 경제활동에 대한 비판의식, 군사주의와 폭력에 대한 저항운동, 소비문화에 대항할 수 있는 영성과 생명문화의 창조 등을 강조하고 있다.

JPIC의 선교정신과 그 교육적 과제들은 이미 언급한 "제5문서"의

5 A.a.O., 133.

6 A.a.O., 133-134.

7 A.a.O., 146.

그것과 많은 점에서 일치하고 있다. 다만 JPIC의 경우는 "제5문서"에 비해 선교와 교육이 구체적으로 이루어지는 시기와 자리의 특성과 차이를 인정하고 배려한다는 점과 서로 다른 것들의 연관성을 설득력 있게 제시한다는 점이 돋보인다.

IV. 21세기의 포스트모던적 상황과 선교 교육

21세기는 근대 이래의 세계관이 전환되고 새로운 정신양태와 생활방식이 자리 잡도록 할 것이다. 사람들은 이를 가리켜 '포스트모던' 사회의 도래라고 말한다. '포스트모던' 사회에서는 1) 이성중심주의에 대한 비판, 2) 획일성과 중앙집권적 성격의 거부, 3) 이성에 의한 억압 및 사회통제에 대한 비판, 4) 이성에 억눌린 감성의 해방, 5) 진보사관에 대한 비판 등이 두드러지게 나타난다.[8] 이와 같은 사조들은 포스트모더니즘이라는 개념으로 총괄되기도 한다.

포스트모더니즘은 교육에 심대한 영향을 미칠 것이고, 여러 가지 결과들을 자아낼 것이다. 이를 몇 가지 점에서 예견해 본다면, 기존의 위계질서와 이분법적 구분(이성과 감성, 학교와 사회, 상류문화와 대중문화 등)이 임의적인 것으로 도전을 받을 것이며, 그 반작용으로 예전에 차별을 받았던 주변그룹과 소수그룹(여성, 유색인종, 동성연애자 등)이 관심의 대상이 될 것이다. 주변적 교육대상이던 성인에 대한 관심이 고조되고, 학교교육에 대항하여 기업교육이나 사회교육이 강세를 이루게 될 것이다. 또 교육 대상에 머물렀던 학습자들이 주체적 위치로 격

---

8 송두율, "탈현대의 사상적 논쟁구조와 한국사회,"『사회와 사상』7월호(서울, 1990).

상됨으로써 학습의 참여권, 선택권, 자율권을 요구하게 될 것이다.[9]

이와 같은 변화는 20세기 후반에도 예견되었던 것이지만 21세기 사회에서는 가속화될 것임이 틀림없다. 21세기에는 다양성, 차이, 복잡성 등의 개념이 부각할 것이며 각 분야마다 급속한 변화를 촉구할 것이다. 선교와 교육도 예외는 아니다. 21세기의 선교를 지향하는 기독교교육의 방향과 과제를 모색하는 과정에서 필자는 다음의 세 가지 주제가 중요하다고 본다. 교회의 성인교육, 다름과 차이를 수용하고 타자를 이해할 수 있는 공동체교육, 갈등과 폭력을 해소하거나 조정하는 평화교육이 그것이다.

1. 교회 성인교육의 필요성과 특성

일반적으로 성인교육은 평생교육과 같은 개념으로 혼동하여 사용되는 경우가 많다. 평생교육이란 학교교육, 사회교육, 가정교육 모두를 총체적으로 포괄하는(수평적 통합) 요람에서 무덤까지 생애의 전 주기에 걸친(수직적 통합) 교육의 모든 것을 등가치적으로 인정하고 존중하는 새로운 교육이념으로 정의할 수 있다.[10] 사람들은 평생교육이 요청되는 시대 상황을 다음과 같이 정리하고 있다.

— 무한경쟁 시대에 인력자원을 개발하여 인적자본을 축적해야 한다.
— 하이테크 시대에 적응하기 위한 부단한 교육이 필요하다.
— 폭증하는 지식정보의 유효주기가 예전에 비해 단축되기 때문에

---

9 강인애, "성인학습에 대한 구성주의적 진단과 처방," 한준상 편, 『앤드라고지: 현실과 가능성』(서울: 학지사, 1998), 26-29.
10 차갑부, 『열린사회의 평생교육』(서울: 양서원, 1998, 제2판), 69-71.

학습 능력을 개발하는 것이 절실히 필요하다.

— 전문적 능력을 중시하는 직업세계의 변화에 따라 재교육이 불가 피하다.

— 다양한 개성이 인정받는 시대에 학교교육은 한계를 보일 수밖에 없다.

— 여성의 자기실현과 노령화 현상으로 인해 가족문화가 변화하고 여가문제가 중요시된다.

이와 같은 시대적 요구에 순응하는 것이 능사가 아니고, 또 이러한 상황 인식에 문제점이 없는 것은 아니지만, 요즈음 강조되는 평생교육 은 전통적인 교육 개념에서 진일보한 측면이 있는 것이 사실이다. 평 생교육의 기본개념과 내용은 오늘날 다음과 같이 정리된다.

— 교육은 졸업장을 받고 끝나는 것이 아니라, 열린사회의 평생학 습으로 인식된다.

— 교육자만이 주체의 역할을 했던 타율적인 학습이 학습자가 교육 의 주체가 되는 개별화된 자율적 학습으로 변화된다.

— 종래의 교육이 주로 학령기의 아동과 청소년들을 중요한 교육대 상으로 삼았던 데 반해 새로운 교육은 모든 생애주기를 똑같이 중요한 학습 시기로 인식하고, 성인교육을 중시한다.

— 학교 일변도로 인식되었던 교육의 장이 가정을 포함한 사회전역 으로 확대된다.

— 학교 출석 위주의 직면학습이 자기주도적인(self-directed) 멀티 미디어의 원격학습, 화상학습, 학습공동체, 학습 네트워크를 통 하여 학습의 다양화를 모색하게 된다.

이와 같은 평생교육 가운데 성인교육은 그 필요성과 효율성 때문에 특별히 주목되고 있다. 성인들의 교육(앤드라고지)은 종전의 교육(아동 중심의 페다고지)에 비하여 탈전통적인 교육과정과 학습방법을 요구하게 되고, 그에 따른 교육의 효과와 영향력은 학습자 개인은 물론 사회 영역으로까지 확대된다.[11] 그런 의미에서 성인교육은 21세기의 시대적 특성에 가장 부합되는 분야로 평가된다.[12]

한국교회의 교육에서 성인교육에 대한 이해나 관심은 일반교육의 그것에 비하면 매우 미흡하다. 물론 한국교회와 신학계에서 평신도신학을 소개하고 그 선교 교육적 의미를 강조한 것은 오래전의 일이다.[13] 그러나 거기서 강조되었던 것은 "제5문서"의 내용과 마찬가지로, 평신도 자신에 대한 다각적인 의미 추구나 그것을 위한 구체적인 프로그램 개발보다도 선교의 다양성과 전문성을 위해 평신도의 자질과 능력을 활용하는 동기와 방법에 대한 것이었다. 그동안 한국교회가 실시해 왔던 평신도 대학, 평신도 교육, 구역장 훈련, 제자직 훈련 등의 구체적인 내용과 형식을 분석해 보면, 성서 지식의 전달이나 전도와 봉사를 위한 주입식 혹은 일방적 교육이 압도적이다. 물론 이러한 교육이 선교를 위한 교육으로서 필요하고 교회의 성장에도 기여해 왔다는 점을 부정하기는 어렵다. 그러나 이러한 교육만으로는 새로운 시대에 부응하는 선교 교육의 요구를 충족시키지 못할 것이다.

독일의 실천신학자이며 종교교육학자인 헤닝 루터가 주장한 바대

---

11 M. Knowles, "Andragogy: An Emerging Technology for Adult Learning," Edwards, R. (ed). *Boundaries of Adult Learning* (London: The Open University, 1996), 143.

12 UNESCO, *Adult Education: The Hamburg Declaration* (Paris, 1998) 참고.

13 그 대표적인 것으로 H. 크레머, 유동식 역,『평신도신학』(서울: 대한기독교서회, 1968); M. 깁스·T. 모오튼, 이계준 역,『평신도의 해방』(서울: 대한기독교서회, 1977) 참조.

로 성인학습자는 단순히 전달 내용의 수용자가 아니라 전달된 내용과 자기 자신 사이의 상호 작용을 통해 의미를 생산해 내는 구성적 행위자로 인식되어야 한다. 그는 이미 축적된 지식과 경험을 지니고 있는 사람이며 이에 근거하여 새로운 경험을 나름대로 성찰하는 학습의 주체이다. 따라서 교회의 성인교육은 종전의 평신도신학과 교육을 새롭게 해석하여 성인학습자가 전통과 만나고 제도화된 가치들과 만나면서 주체적으로 자기적응능력(대립과 순응)과 자기형성능력(자기성찰과 비판의식)을 형성하고 발휘할 수 있도록 도와야 할 것이다.[14]

2. 다름과 차이를 수용하고 타자를 이해할 수 있는 공동체교육

다양성, 차이, 복잡성이 특징적인 포스트모던 사회에서는 자율과 창의, 협동과 참여에 바탕을 둔 공동체교육이 필요하다. 교회교육은 성서의 가르침과 교회 전통을 통하여 오랫동안 공동체교육을 가르치고 배워 왔다. 그러나 이 교육이 전제하는 공동체 개념은 교회 안의 공동체를 가리키는 경우가 많았다. 기존의 공동체교육은 개교회의 안과 밖을 나누고, 그리스도인과 비그리스도인을 구별하며, 기독교와 타종교를 가르고, 종교의 세계와 세속사회를 분리한 다음에, 한쪽에 대해서는 관용을, 다른 한쪽에 대해서는 배타적 태도를 취하게 하였다.[15] 필자는 이러한 문제를 극복하는 하나의 대안이, 다름과 차이를 수용하고 타자를 이해하는 것을 배우는 일이라고 생각한다.

차이를 인식하고 수용하는 것은 쉬운 일이 아니다. 그것은 신뢰받

---

14 H. Luther, *Religion und Alltag: Bausteine zu einer Praktischen Theologie des Subjekts* (Stuttgart, 1992), 161.

15 이원규, 『한국교회 어디로 가고 있나』(서울: 대한기독교서회, 2000), 241-255.

는 기존의 가치에 의문을 제기하는 동시에 타자의 상처를 이해하고 그의 공격적인 자세를 받아들이며, 그로 인해 자신의 정체성이 위협받는 것을 견뎌내는 것이다. 그런데 정체성의 형성은 폐쇄적이고 지속적인 상태를 유지하는 것이 아니라 다름과의 만남을 통해 이루어지는 열린 상태로 해석할 수도 있다. 왜냐하면 삶 자체가 불완전하고 단편적이기 때문이다.[16]

그런데 여기에서 타인과 타문화의 가치와 배경을 알고 이해하는 것만으로는 충분하지 않다. 이해는 하나의 과정이지 어떤 결과가 아니기 때문이다. 참된 이해는 부단한 자아성찰을 필요로 한다. 자신의 약점을 인정하고 전능에 대한 환상을 포기하는 연습이 필요한 것이다. 자신의 한계를 인정하는 것은 다른 사람을 인정하는 것을 의미한다. 너와 나의 한계를 인정할 때 차이를 은폐하거나 무시하지 않고 만남의 조건을 충족시킬 수 있다.[17]

3. 갈등과 폭력을 해소하거나 조절하는 평화교육

1990년대 초기 냉전체제의 해체 이후 동서간의 이념대립 대신 민족적, 지역적인 문화 종교 갈등이 심화된 것은 주지의 사실이다. 그것에 따라 평화연구도 전쟁이나 군사충돌의 방지보다 다양한 폭력과 갈등을 해소하고 조정하는 방법에 집중하게 되었다. 그러나 전쟁의 가능

---

16 H. Luther, a.a.O., 161.

17 A. Groezinger, *Differenz-Erfahrung. Seelsorge in der multikulturellen Gesellschaft* (Waltrop, 1995), 45; Christina Kayales, "Interkulturelle Seelsorge und Beratung-Bruecken zu Menschen aus fremden Kulturen," Uta Pohl-Patalong · Frank Muchlinsky (Hg.), *Seelsorge im Plural. Perspektiven fuer ein neues Jahrhundert* (Hamburg, 1999), 66.

성이 감소되었다고 해서 평화가 자동적으로 보장되는 것은 아니다. JPIC 문서의 내용을 통해 상세히 밝혀진 것처럼 오히려 21세기에는 생존을 위협하는 여러 요인이 복합적으로 작용함으로써 평화를 유지하는 일이 중요한 관심사가 되고 있다.

평화교육을 생각할 때 중요한 것은 평화개념의 정의이다. 역사적으로 보면 평화는 오랫동안 전쟁과 그것을 가능하게 만드는 권력과의 관계 속에서 이해되고 평가됨으로써 지배층과 기득권자들의 입장을 옹호하거나 정당화하는 경향이 지배적이다. "정의로운 전쟁"을 명분으로 상대적 평화윤리를 강조했던 역사적 기독교의 경험이나 전쟁을 정의와 해방 실천 과정에서 요구되는 역사발전의 방법으로 해석한 19세기의 계몽주의자들의 경우가 그 일례이다. 이와 같은 한계를 극복하는 데 기여한 것은 1970년대 유럽을 중심으로 발전한 비판적 평화연구이다.

비판적 평화연구가인 요한 갈퉁은 평화를 폭력(물리적, 구조적 폭력)이 없는 상태와 (전쟁의 잠재적 요인을 제거하는) 사회 정의로 정의했다. 이런 평화개념을 적용할 때 1950~60년대의 평화연구는 군사적 대결구조를 유지한 채 갈등을 조정, 통제하려는 목적 때문에 비판을 받았다. 1980년대 반핵평화운동은 새로운 평화개념을 바탕으로 동서 안보전략의 차원을 넘어서고자 했으며, 국가의 안보 이데올로기와 자본주의 산업사회의 구조적 문제들(자본의 독점, 군수산업 확대, 환경파괴, 계급의 대립 등)을 비판함으로써 힘과 무기경쟁으로는 평화 구축이 불가능하다는 것을 설득력 있게 제시해 주었다[18].

이상과 같은 평화개념의 변화와 평화연구의 결과들은 평화교육을

---

18 한신대학교평화연구소 엮음, 『평화 - 이론과 실천의 모색 II』(서울: 삼민사, 1992) 참조.

정립하는 데 많은 시사점을 제공한다. 21세기의 기독교 평화교육은 기독교인의 평화인식을 비판적으로 함양시켜야 할 것이다. 이를 위해서는 샬롬에 관한 성서의 가르침을 새롭게 성찰하여 그 정신을 선교과정에서 실현하는 것이 중요하다.

또 교회 안에 평화를 정착, 발전시킬 수 있는 구조와 분위기를 형성하는 일도 필요하다. 가령 교회제도의 민주화 정착을 위하여 권위문화를 개혁하고 토론문화를 형성하여 지속적인 훈련과 연습을 하는 것이다. 그것을 위해 무엇보다도 필요한 것은 교회 내 갈등을 창조적으로 수용하여 생산적으로 활용할 수 있는 교육내용과 교육방법을 기독교교육의 관점에서 개발하는 일이다.

건설적인 갈등의 문화는 특히 성인교육에서 요구된다. 성인에게는 이미 자신만의 경험이 축적되어 있고, 그 경험을 바탕으로 자기의 정체성과 가치를 형성하는 경향이 아동보다 강하기 때문이다. 성인은 한편으로 자신의 경험을 중요하고 풍부한 자원으로 활용함으로써 다른 사람의 학습에 공헌할 수 있지만, 다른 한편으로 많은 고정된 습관과 사고방식을 가짐으로써 다른 사람과 갈등관계를 불러일으키는 경향이 있다. 그러므로 자신의 경험을 다른 경험과 연결시키는 것과 그것으로부터 의미와 가치를 생산해내는 것이 중요하다.

사회선교를 위한 기독교 평화교육은 또한 일반 평화운동 단체들과의 연대를 통하여 다양한 정보와 가르침을 나누고 공유하는 일에 기꺼이 참여해야 할 것이다.

V. 지구화 과정에 응답하는 선교 교육

21세기가 현대성을 해체하고 '포스트모던' 사회의 가능성을 열고 있는 것이 사실이지만 우리는 21세기를 이끄는 또 하나의 중요한 현상인 지구화 과정에 대해서도 깊이 있게 인식하고 이에 대한 선교 교육의 과제를 세우는 데도 등한시해서는 안 된다.

보통 지구화는 "정치, 경제, 문화가 하나의 지구적인 울타리 안으로 동질화되어 가는 과정이며, 분절된 영토에 기초한 국민국가의 경계가 무너지면서 세계가 하나의 단위체로 통합되어 가는 과정"[19]으로 정의된다. 1980년대 말 사회주의의 몰락과 저개발국가들의 세계경제로의 통합으로 인해 가속화된 지구화 과정은 자본, 생산, 경영, 시장, 노동, 정보, 기술을 지구적 차원에서 조직할 수 있도록 만들었다. 이 과정을 이끈 것은 신자유주의였다. 신자유주의적 지구화는 국제 금융구조를 통하여 화폐자본과 상품이 자유롭게 움직이도록 각국의 시장 규제를 철폐하도록 만들었고 기술과 첨단 정보를 독점한 선진공업국가에게 유리하도록 국제 무역구조를 바꾸었다. 노동은 국가의 보호막을 잃어버린 채, 자본의 야수적 공격에 그대로 노출되었고 국민경제와 세계경제에서 빈익빈 부익부 현상이 악화되고 있다. 자본의 수익을 극대화하기 위해 환경을 보호하려는 이제까지의 노력은 뒷걸음치고 있으며 생태계 위기는 걷잡을 수 없이 심화되고 있다. 그러나 이와 같은 현상을 실질적으로 통제할 수 있는 제도적 장치는 영토국가에는 없다. 지구적 차원으로 확대된 경제를 규율할 수 있는 지구적 차원의 정치는 아직 조직되지 않았다. 지역사회, 국가, 국제사회에서 시민운동(NGOs)이

---

19 조명래, "지구화의 의미와 본질," 『공간과 사회』 제4호(서울: 한울, 1994), 34-43.

조직되어 시민사회가 지구화 과정을 통제하는 데 효과적인 역할을 하여야 한다고 사람들이 주장하는 것은 바로 이 때문이다.

지구화는 정보화에 바탕을 두고서 서로 다른 문화들의 이종결합을 촉진하고 있다. 문화의 지구화로 알려진 이 과정은 문화적 식민주의(post-kolonialism)를 조장하고, 자본주의적 소비문화를 확대하고 있다. 서로 다른 문화들의 다중적인 접촉과 교류가 새로운 문화를 개방적으로 형성할 수 있는 기회를 제공할 수도 있지만, 현실은 자본주의적 관심과 과학적 합리성으로 무장한 정보와 이미지의 홍수 속에서 문화적 정체성을 잃어버리는 방향으로 치닫고 있는 것이다.

지구화 과정이 가져 온 이 어려운 문제들은 교회에 큰 도전이 되고 있다. 필자는 지구화 과정과 관련해서 교회가 선교교육의 차원에서 다음과 같은 점들을 고려해야 한다고 생각한다.

— 신자유주의 이데올로기에 대한 비판과 경제윤리 교육
— 문화적 식민주의에 대한 인식과 문화 정체성 확립을 위한 교육
— 지역사회 차원에서 민중의 생존권을 보장하는 데 필요한 미시금융제도와 사회봉사를 조직하고, 이를 위해 교회의 인적 자원과 물적 자원을 활용하는 방안의 훈련
— 지역사회 차원에서 교회가 주민운동과 시민운동에 개방적인 태도를 갖고 이들과 협력하는 구체적인 프로그램의 개발과 전개
— 지역적, 국가적, 국제적 차원에서 활동하는 NGO들에 대한 지원과 협력

VI. 나가는 말

　필자는 21세기가 우리에게 큰 도전인 동시에 기회가 되기도 한다고 본다. '포스트모던' 사회는 분명히 현대성의 억압으로부터 사람들을 해방시키도록 교회교육을 조직할 수 있는 기회를 준다. '지구화'는 교회로 하여금 새로운 가난의 확산에 맞서서 선교의 과제를 새롭게 설정하고 이를 위해 교인들을 새롭게 교육시킬 것을 요청한다. 이 두 가지 과제는 동전의 양면처럼 결합되어 있다.

　우리는 '포스트모던' 상황을 문화 간 이종결합에서 비롯되는 문화식민주의 상황과 혼동해서는 안 된다. 이러한 혼동은 경제의 지구화와 문화의 지구화가 가져 온 무서운 현실로부터 눈을 돌리고 환상을 좇게 만들 위험이 있다. 지구화의 문제를 명료하게 인식하면서도 문제의 해법을 현대성의 강박 아래서 찾지 않는 것이 중요하다. 필자는 이것이 우리 시대에 교회의 선교 과제를 찾고 선교 교육의 방법을 모색하는 데 고려할 점이라고 생각한다.

여성주의적 관점에서 본
나이 듦

낡은 사진 한 장을 들여다본다

전에는 나도 꽤 괜찮았다

여자 마음을 훔치는 도적 같은 얼굴에

검은 머리도 많았다

언젠가 한번은 심심해서

검은 머리카락을 세어 보고 싶었는데

너무 많았다

지금은 한 가닥밖에 남지 않았다

마지막 남은 나의 검은 머리카락

왜 매년 사진만 찍으면

내 모습이 점점 보기 딱할까?

사진사를 바꿔야 할까 보다

좀 더 젊은 사람으로?

왜 매일 아침 거울만 들여다보면

내 모습이 점점 보기 딱할까?

낡은 거울이라 새 걸로 바꿔야 할까 보다…

주름은 깊어지고

검버섯은 늘어 가고

피부는 탄력을 잃어 간다

피부는 주름이 잔뜩 져서 늘어지고 있다

이러다 주름에 발이 걸리고 말겠다

나는 늙은 코끼리를 닮아 가고 있다

곧 아이들이 나를 보면 겁내겠다

내가 날 봐도 추해 보인다

어쩌면 겨울이어서일까?

겨울이 지나고 나면 알게 될 것이다

여름에도 마찬가지라는 것을

— 장-루이 푸르니에,
〈나의 마지막 남은 검은 머리카락 하나〉 중에서

I. 들어가는 말

"이제 나도 나이가 들었나?" 하고 사람들이 처음 생각하는 때는 언제일까? 그때 얻는 느낌은 어떤 것인지 궁금하다. 나이는 태어난 뒤에 계속 늘어가는 것인데 새삼스레 나이를 의식하고 나이의 부피와 무게를 크게 느끼는 까닭은 무엇일까? 아마 그 순간은 삶의 표준인 양 여기

고 일상적으로 누려 왔던 '젊음'에서 벗어나는 때가 아닌가 하는 생각이 든다.

어린 시절에는 나이를 실제보다 늘려서 말하기를 좋아하고 나이가 들면 실제 나이보다 어리게 보이기를 좋아한다고 한다. 나이는 누구에게나 공평하게 한 살씩 보태지지만 그 나이를 받아들이는 경험은 사람마다 다른 것 같다.

우리 사회에서 나이는 성별(gender)처럼 개인을 확인하고 구별하는 중요한 기준이 되고 있다. 성별에 따라 여자다움과 남성다움에 합당한 품성과 역할을 보여야 하듯이 우리는 나이에 따라 '나잇값'을 제대로 할 것을 요구받는다. 전통적으로 나잇값은 생애주기별 발달 단계와 그에 따른 과제의 수행과 밀접한 관계를 맺는다고 생각되어 왔는데 이러한 주장도 우리 시대의 문화 변동으로 인해 큰 도전을 받고 있다. 이러한 도전은 무엇보다 과학기술의 발달에서, 신자유주의적 세계화로 나타나는 오늘의 자본주의에서, 가부장제를 탈피하면서 새로운 대안을 모색하려는 페미니즘 등에서 비롯되고 있다.

이 글에서 필자는 "나이에 대한 인식과 평가"가 오늘을 살아가는 사람들과 사회에 어떤 영향을 미치는가에 주목하고자 한다. 한국의 중년 여성으로서 여성주의적 관점으로 우리 시대에 나이 듦이 갖는 의미를 생각하는 데서 논의의 실마리를 찾고자 하며, 나이 듦의 기독교교육적 함의를 생각해 보고자 한다. 이 글은 아래의 질문에 하나씩 대답하는 방식으로 진행될 것이다.

— 나이 듦의 인식을 변화시키는 것은 무엇인가?

— 나이든 여자는 왜 나이든 남자와 다르게 살아야 하나?

— 나이가 들어도 신나게 사는 삶은 무엇일까?

1. 나이 듦의 인식을 변화시키는 것은 무엇인가?

태어나서 성장하다 마침내 죽는 사람에게 생애주기적 발달의 관점 (life-span developmental approach)은 나이 듦의 과정과 각 단계에서 요구되는 삶의 과제를 밝히는 데 도움이 된다. 단계별로 볼 때 10, 20대는 배움을, 30대는 일과 가정을, 40, 50대는 생활을, 60대 이후는 노화를 중요한 과제로 본다.[1] 이 도식에 통용되는 기본 관점은 나이 듦에 따라 달라지는 생물학적 변화와 사회적 역할의 상호관계를 규명하는 것이다. 나이에 대한 인식과 평가는 시간이나 공간에 따라 동일하지 않다. 평균수명이 길어지고 과학기술의 발달로 인해 신체적 조건을 바꾸는 일이 가능해지면서 각 연령에 대한 사회적 기대와 역할이 달라지고 있다. 나이가 단순히 숫자로 표기되는 것이 아닌 다음에야 나이에 대한 접근과 해석은 다양할 수밖에 없다.[2]

나이 듦과 관련하여 여기서 특히 주목하고자 하는 것은 주관적 나이이다. 주관적 나이는 각 사람이 나이에 대해 갖는 느낌인데 이에 대해서는 현상학적 접근(phenomenological approach)이 가능하다. 생활 나이(chronological age)가 같은 사람들에게 주관적 나이가 다른 경우가 많다. 이런 차이는 왜 나타나는 것일까? 한 연구에 따르면 주관적 나이는 생활 나이가 증가하면서 노화에 대해 부정적인 생각을 많이 가진 사람일수록 높은 것으로 나타났다. 생활 나이가 증가하더라도 낮은 나이 정체감을 가진 사람일수록 자존감(self esteem)이 높은 것으로 나타났다. 이것은 생활 연령이 증가하더라도 주관적 연령을 낮게 지각

---

1 윌리엄 새들러, 『서드 에이지』(서울: 사이, 2000).
2 실례로 생물학적 나이, 사회적 나이, 심리적 나이 등을 들 수 있다.

할 때 긍정적인 심리 조건이 형성된다는 의미로 해석될 수 있다.[3] 이런 점에서 나이 듦은 주관적 나이와 깊은 관계가 있기에 나이가 들더라도 삶의 질을 향상시키고 지속적인 성장과 발달을 모색할 수 있다.

주관적 나이를 적절하게 형성하기 위한 다양한 노력들 가운데 가장 일반적인 것은 몸의 변화를 꾀하는 것이다. 운동, 성형수술, 화장, 호르몬 요법 등 외모 가꾸기가 그것인데 젊어지고자 하는 개인적 욕구와 소비 자본주의가 맞물려 오늘날에는 사회적 물의까지 일으키고 있다. 이런 현상을 부추기는 이데올로기가 곧 나이차별주의이다. 나이차별주의는 한편으로는 유교적 관행으로 연장자 우선주의 유형[4]과 다른 한편으로는 젊음의 특권을 일방적으로 강조하는 연소자 중심주의 유형으로 나뉘는데 우리 사회에는 이 둘이 혼재한다. 특히 연소자 중심의 나이차별주의는 시장경제의 생산성과 효율성을 삶의 모든 영역에 적용하려는 문화 전략과 손을 맞잡고 나이 차별을 확산한다.[5] 대중매체를 통한 이미지 효과는 젊음에 대한 강박을 낳고 젊음에 대한 편견과 고정관념을 만들어낸다. 젊음을 매력, 순수, 열정, 능력, 희망과 동일시하고 젊지 않음 또는 늙음을 상실, 교활, 무기력, 무능력, 추함, 불쌍함 등으로 상징화하는 사회적 인식은 이제 더 이상 낯설지 않다.[6]

문제는 이와 같은 나이 듦에 대한 인식과 평가가 배제와 차별의 구

---

3 윤유경,「주관적 연령의 예측 요인과 심리적 특성에 관한 연구」(이대 대학원 박사학위 논문, 1995).

4 나이가 들수록 성숙해지는 변화는 사십 세를 불혹(不惑), 오십 세를 지천명(知天命), 육십 세를 이순(耳順)으로 명명하는 전통에서도 잘 엿볼 수 있다.

5 그 단적인 예로 우리 사회에서 중년기 사람들에 대한 공공연한 사회적 퇴직 압력을 표현한 '사오정'(사십 중반이면 정년퇴임이라는 뜻의 준말)이란 용어를 들 수 있다.

6 인생 후반기에 대한 사회적 인식을 D로 표현하면 다음과 같다: 쇠퇴(decline), 질병(disease), 의존(dependency), 우울(depression), 노망(decrepitude), 죽음(death).

조를 만들어내어 모든 연령층이 함께 사는 일을 방해한다는 데 있다. 무엇보다도 젊지 않은 단계로 들어선 사람들은 나이 듦으로 인해 일상적인 배제와 소외를 경험한다. 소위 세대차라는 합리적 경계 긋기는 세대 간 소통과 연대를 단절시키고 세대 갈등이라는 개념도 젊음이 지니는 지배력을 은폐하는 경우가 많다. 나이든 세대가 지닌 잠재적 가능성은 폭력적으로 억눌리고 같은 세대의 사람들이 지니고 있는 다양성은 속절없이 억압된다. 그러나 나이차별주의의 피해자는 나이든 사람들만이 아니다. 아직 젊은 사람들도 나이 듦에 대한 막연하고 근거 없는 두려움과 불안에 사로잡혀 자유롭지 못하다.7

이러한 사회문화적 맥락에서 나이 듦의 가치와 의미를 논하는 것은 단순한 일이 아니다. 장유유서의 경로사상을 창조적으로 계승하고 나이 듦의 성숙한 목표를 강조하는 원론적인 작업도 물론 중요하지만 그러한 견해는 오늘의 삶과 유리되어 추상화되는 한계가 있다. 오히려 나이차별주의를 생산하고 유지하는 기제로서 다양한 자본주의적 문화 권력과 그 통제방식을 분석하는 것이 중요하다. 이러한 분석에서 주목해야 할 것은 자원과 권력을 생산하고 소유하는 능력을 중심으로 늙음과 젊음의 가치를 정의하고 바로 그와 같은 정의를 자발적으로 수용하게 만드는 것이 무엇인가이다. 과학기술이 급속도로 발전하고 신자유주의적 자본주의가 지배적인 오늘의 세계에서 젊은 나이는 높은 업적과 이윤(고령자에 비해 상대적으로), 낮은 고용 비용을 상징한다. 따라서 나이 듦이란 단순히 '젊은 몸'의 상실만을 뜻하지 않고 '새로운 능력과 역할'의 결핍, 부족, 쓸모없음, 열등함 등을 의미한다. 이런 현실

---

7 나이 듦에 대한 한 연구는 나이든 사람들이 자신의 노화를 인정하고 수용함으로써 젊은 시절처럼 더 이상 남의 시선에 매이지 않는 해방과 자유를 경험한다고 보고하고 있다. 윌리엄 새들러, 앞의 책, 96-101을 참조하라.

에서 인간의 수명이 길어지는 것이 과연 축복인지 우려된다.

2. 나이든 여자는 왜 나이든 남자와 다르게 살아야 하나?

자본주의적 문화 권력과 가부장제가 결합되어 있는 사회에서 나이 듦에 대한 불안은 남자보다 여자에게 더 크다. 이와 관련된 논의를 성 역할과 여성의 몸을 중심으로 생각해 보고자 한다.

가부장제 사회에서 임금노동을 통하여 부양자의 역할을 맡는 남성들은 나이 듦에 따라 일정한 사회적 지위와 경제권을 지니게 된다. 따라서 남성들에게 나이 듦은 종종 권위와 능력을 상징한다. 이에 반해 사회 참여가 미약했던 여성들에게 나이 듦은 젊음의 상실이며 은폐되어야 할 부담이다.8 또한 중년기에 이르러 남성들이 가정이나 사회에서 중요한 역할과 책임을 맡아 생활의 만족감을 얻는 데 비하여 중년 여성들은 자녀의 독립으로 인한 '빈 둥지 증후군'과 역할 상실의 허무감, 사회적 소외감, 무력감 등을 경험하게 된다. 취업을 하더라도 소수의 전문직 여성이 아니라면 직업 성취감이 낮고, 남편의 조기 은퇴나 실직으로 생계를 유지하기 위해 노동을 하는 경우에도 만족감이 적다. 여기서 주목해야 할 것은 획일적인 성 역할이 나이 듦을 수용하는 방식에 어떤 영향을 미치는가이다. 가부장제에서 고정된 성 역할로 인해 여성들은 남성들보다 나이 듦과 관련된 부정적인 인식을 더 많이 갖는다. 그것은 여성의 성 역할과 몸의 관계에서 좀 더 분명하게 나타난다.

여성이 담당하는 출산, 양육, 가사노동, 섹슈얼리티는 몸을 통해 이

---

8 물론 나이 듦에서 누리는 남성의 특권이 모든 남성에게 똑같은 것은 아니다. 신자유주의적 자본주의 사회에서 남성의 나이 인식도 계급적 양극화를 보이고 있다. 나이 듦과 계급의 관계가 그런 것이라면 그것은 '가난의 여성화' 시대에 여성에게 결코 유리하지 않다.

루어지고 몸은 나이에 따라 달라진다. 이러한 차별화 과정에서 지배적인 권력을 행사하는 것은 여성의 주체성이 아니라 남성의 시선과 인정이다. 가부장제 사회에서 여성의 나이 인식은 여성의 몸에 대한 평가에 따라 좌우된다. 젊은 여자의 몸이 여자의 능력이나 자원을 대체하고 그보다 더 중요한 기능을 하는 것이나, 어리고 예쁜 여자가 사생활이나 직업상 '혜택과 특권'을 획득하기 쉬운 것은 결코 우연이 아니다.[9] 그것은 또한 노동시장이 취업여성들에게 직업적 능력과 함께 일정한 성적 역할을 요구하거나 기대하는 것과 관련이 있다.[10] 한국 사회가 외국의 경우와 달리 젊은 여승무원을 선호하고 심지어 의사나 약사도 고객만족도에 따라 나이든 여성을 회피하고 있는 것은 이를 보여주는 단적인 증거이다. 그러나 젊은 여자들도 나이가 주는 한계로부터 자유롭지 않다. 그들도 끊임없이 여성의 이상적인 몸(그러나 비현실적인 몸)을 요구하는 사회적 압력과 통제로부터 예외일 수 없기 때문이다. 어린 소녀들과 젊은 여성들이 왜곡된 외모주의에 맹목적으로 몰입하는 오늘의 현실이 이를 반영하고 있지 않은가.[11]

이러한 상황에서 나이든 여자들이 경험하는 차별과 배제가 나이 어린 여성들보다 훨씬 심각하리라는 것을 상상하기는 어렵지 않다. 늘어나는 주름과 몸무게, 흰 머리카락과 노안, 신체적·정신적 기능의 저하는 여성들에게 건강과 생활의 불편함보다 성적 매력의 감퇴라는 점에

---

9 유럽의 여성 관리자 1,114명을 대상으로 한 조사에서 독일 여성들은 직장에서 성공할 수 있는 첫 번째 조건으로 육체적인 매력(46%)을 꼽았다. 바바라 바라흐, 이미옥 옮김, 『바보같은 성 여자』(서울: 참솔, 2002), 173.

10 주로 여성들이 담당하는 감정노동은 아름답고 부드러운 성적 이미지로 직장의 분위기를 적절하게 조성하고 업무상의 긴장을 완화하는 기능을 가진다.

11 '얼짱', '몸짱', '동안'(童顔) 신드롬이 그것이다. 이것을 푸코가 주장하는 '생체권력'이 여성들의 자발적인 동조로 확산되는 한 현상으로도 볼 수 있다.

서 걱정거리가 된다. 성적 매력의 상실로 남성보다 여성이 자아존중심을 더 많이 상실하고 타인의 시선과 인정을 얻지 못하리라는 불안에 더 많이 시달린다. 이런 현상은 사회참여의 기회가 제한되고 직업을 통한 자립과 자아실현의 경험이 적은 여성에게 더 부정적인 효과를 가져와 우울증에 시달리게 하기도 한다.

나이 듦의 과정에서 여성들은 폐경과 갱년기를 겪으며 새로운 전환을 경험한다. 생물학적으로 볼 때 폐경은 호르몬의 변화로 월경이 그치는 현상이다. 여성의 중요한 성징인 월경은 임신과 출산의 기능을 유지하고 있다는 표지로서 여성의 정체성 형성에 영향을 준다. 폐경은 모성 기능의 중단을 의미한다. 이와 관련된 연구들에 따르면 폐경은 당사자들에게 나이 듦과 자신에 대한 부정적 인식을 갖게 한다. 여기서도 갱년기의 신체적 불편과 고통뿐만 아니라 성적 매력의 상실에 대한 우려도 나이 듦의 인식에 영향을 미친다고 볼 수 있다. 실제로 폐경에 대한 당사자의 부정적 인식은 성적 매력을 강조하는 문화일수록 높게 나타난다.[12]

성적 매력의 기준은 문화마다 차이가 있겠지만 우리 시대의 상업화된 서구 중심의 성 이미지는 젊은 몸의 외형만을 강조하는 경향이 있는데 이는 마땅히 비판받아야 한다. 성적 매력은 신체적 조건과 지성적 측면과 심리적 차원을 아우르는 통합 개념으로 인식될 필요가 있다. 그것은 건강하고 다양한 성 정체성을 형성하고 나이 듦을 긍정적으로 수용할 수 있게 하는 전제이다.

---

12 한 비교인류학적 연구에 따르면 성적 매력에 대한 사회적 압력이 높은 미국 여성들은 폐경 후 우울증을 경험하는 경우가 많은 데 비해 나이든 여성들의 지혜와 사회적 역할을 존중하는 태평양의 섬에서 사는 많은 여성들은 오히려 폐경의 경험에서 해방감을 느낀다고 한다.

3. 나이가 들어도 신나게 사는 삶은 무엇일까?

중년 연구자인 새들러는 중년 이후의 의미 있는 삶에 기본적으로 필요한 것은 경제적 준비, 정서적 성숙, 심리적 안정이라고 주장한다. 고전적인 발달이론은 성공적인 나이 듦을 위한 조건으로 자아통합 혹은 지혜를 제안하면서 과거에 대한 후회나 미련을 떨쳐버리고 남은 생애를 위해 의미 있는 목표를 설정하는 것의 중요성을 강조한다. 사회학적으로는 물질적, 경제적인 만족보다 주관적인 욕구를 충족하는 삶의 질을 중시한다. 이와 같은 제안들은 나이 듦에 대한 이상적인 모델이 따로 있는 것이 아니고 나이가 들어가는 사람들이 바람직한 가치관과 삶의 의미를 추구해야 한다는 것을 시사한다. 따라서 나이 듦의 사회문화적 맥락을 중시하면서 보편적으로 제시되는 모델은 성별, 나이별, 계급별로 더 세분화되어야 할 필요가 있다. 이것은 중년층을 동일한 집단으로 규정하는 관점에서 벗어나 문화, 사고방식, 경험, 역사, 창의성 등을 기준으로 해서 개별화하려는 시도라고 할 수 있다.

1) 위축되는 사람들의 기 살리기

나이 듦이 젊음의 상실과 결핍을 뜻한다는 생각은 사람들로 하여금 나이가 들었다는 이유로 많은 것을 포기하게 하고 무력하게 만든다. 이에 대해서는 젊음이 삶의 중심인 양 강조하는 생애 인식 자체를 바꾸는 것이다. 나이 듦이 한 단계의 상실과 결핍을 뜻하기도 하지만 다른 단계의 시작과 성장이기도 하다는 인식이 중요하다. 그렇게 되면 진정한 나잇값은 무엇을 할 수 없는가보다 무엇을 할 수 있는가에서 찾을 수 있을 것이다.

그렇다면 인생의 전반기에 남성처럼 외형적으로 축적한 자산이 많지 않는 여성들은 무엇으로 새 출발의 자원을 삼을 수 있을까? 요즈음 활발하게 전개되는 아줌마 운동과 성인교육은 이와 관련해서 여성들의 생활사와 다양한 경험을 새로운 성장 잠재력으로 볼 것을 제안한다. 외형적으로 내세울 것이 적다는 것은 달리 보면 이 시대의 파괴적인 경쟁구조, 과소비 문화, 편협한 이기주의의 대열로부터 더 자유롭다는 것을 뜻한다. 양육과 가사에 공들인 젊음과 시간도 헛된 것이 아니다. 생명 노동자로서 개인을 살리고 공동체를 가꾸어 온 소중한 역사인 것이다. 생산과 효율을 중시하는 자본주의 사회에서 이러한 여성들의 경험이 제대로 인정받지 못한다 해도 그 경험의 가치를 재평가하고 제대로 활용할 때 그것은 여성들의 새로운 출발을 위한 훌륭한 성장 잠재력이 된다. 심리학자 융이 시사하듯이 인생의 후반기는 삶의 목표를 외향적·물질적인 것으로부터 정신적·문화적 가치로 전환하는 시기이다.[13] 이 시기에 내면적 성숙을 지향하려는 여성들은 더 이상 물질과 업적을 중시하는 사회적 기대와 문화적 기준 앞에서 위축될 필요가 없다. 오히려 여성 자신의 바람직한 변화를 위해 부당한 기존 질서와 가치관을 거부할 수 있는 용기와 힘을 키워야 한다. 나이 듦을 수치스럽고 불안하게 만드는 사회구조나 문화에 대해 이유 있는 저항을 해야 한다.

여성들의 새로운 시도와 의미 있는 저항은 혼자보다 함께하는 것이 바람직하고 위축된 여성들이 서로에게 용기와 지혜를 부여할 수 있다는 점에서 중요하다. 다음에 소개하는 사회교육 프로그램은 나이 듦에 대한 대안을 보여주는 한 방법으로 평생교육과 기독교 성인교육에도 시사하는 바가 많다.

---

13 게르하르트 베어, 한미희 역, 『카를 융』(서울: 까치, 1998), 75.

대구시는 45세 이상 60세 미만의 중년여성들을 대상으로 8. 29일~
11. 7일까지 매주 화요일 10:00~12:00까지 '준비된 여성이 아름답
다, 중년여성의 행복한 미래 만들기' 프로그램을 대덕노인복지회관에서
무료로 운영한다. 이 사업은 여성들이 중년기에 일어나는 신체적·정신
적 변화를 이해하고 자신의 모습을 있는 그대로 수용·개방하여 자신
의 성장과 행복한 미래를 준비하도록 프로그램을 구성, 다가오는 노
후를 건강하고 활기찬 삶이 되도록 준비하는 데 그 목적이 있다. (중
략) 이번 행사의 주요 프로그램은 행복을 여는 이미지 메이킹, 중년기
올바른 건강법, 노블레스 오블리쥬(사회 참여와 자원봉사), 음악치료
의 효과 및 실습, 아름다운 여행, 웃음과 건강한 삶, 21세기 사회와 사
회변화 읽기 등이다.

(한국여성개발원 홈페이지에서 인용)

2) 분노를 힘으로 선용하기

가부장제 사회에서 여성들은 자신의 몸에 대한 억압을 경험하고 이
와 관련된 분노를 품는다. 이 분노는 종종 공격적 형태로 발산되기도
하고 은폐된 형식으로 자신의 몸에 대한 부정적 의식을 내면화하기도
한다.[14] 여성들의 부정적인 몸 인식은 나이에 대한 인식과 관련되어
있기 때문에 나이 듦에 대한 인식을 전환하기 위해서는 분노를 극복하
는 것이 중요하다. 그것은 자기 성찰을 통하여 자아존중심을 높이는
일과 다르지 않다. 더 이상 젊고 아름답지 않기에 사랑받지 못할까 하
는 두려움을 극복하고 타인의 시선과 평가에 더 이상 종속되지 않도록

---

14 분노와 관련된 성별 증후군에 대해서는 P. Chesler, *Women and Madness* (Four-
   WallsEightWindows, 1995)를 참조하라.

자아정체감을 강화하는 일이다.[15] 이를 위해 페미니스트 교육학은 먼저 여성들이 자신들의 분노와 좌절을 자유롭게 드러내고 그 분노와 좌절이 부당하고 불의한 제도와 문화에서 비롯된 것을 깨닫게 하여 그 분노가 잘못된 사회구조와 인식을 바꾸는 원동력이 되도록 하는 방법을 제안한다. 이 과정에서 은폐되고 왜곡된 분노는 자기 긍정의 힘으로 변화된다. 자기를 긍정하게 되면 나이에 따라 변화하는 자신을 있는 그대로 수용하고 불필요하고 헛된 욕망을 포기할 수 있는 용기를 갖게 된다. 더 나아가 나이가 들면서 새롭게 요구되는 기대와 욕망에 더 충실함으로써 자기 성취감과 만족감을 얻는다.

전통적으로 신학과 교회는 여성들의 분노에 대하여 성실하게 대응하지 않았다. 분노는 여성적이지 않다는 생각이 지배적이었고 분노와 관련된 갈등보다 회개와 은혜를 선호하는 관행이 강했기 때문이다. 이런 점에서 여성들의 억압된 분노는 무엇보다 다른 사람들의 공감과 이해를 통하여 적절하게 표현될 필요가 있다. 여기에 요구되는 것이 상호신뢰와 의사소통이다. 그러나 목회자나 지도자가 일방적으로 내용을 전달하는 교육은 여성 참여자들 사이의 신뢰적 의사소통을 어렵게 만든다. 바람직한 신앙교육은 참여자들의 관심과 경험을 중심으로 공동의 생활지혜를 모으는 일도 배려해야 할 것이다.

3) 제대로 즐겁게 살아보기

나이가 들면서도 자아존중심을 상실하지 않기 위해 주목해야 할 것은 나이든 사람들의 욕망과 그 실현이다. 경로사상으로 대접을 받든지

---

15 이에 대해서는 미리암 그린스팬, 고석주 옮김, 『우리 속에 숨어 있는 힘』(서울: 또하나의 문화, 1995)을 참조하라.

나이차별주의로 푸대접을 당하든지 간에 나이가 들수록 사람들은 자신의 욕망을 제대로 표현하거나 그것을 충족하는 데 더 큰 억압을 경험한다. 그것은 젊음의 상실을 욕망의 소멸로 맹신하게 하는 나이 듦의 신화에서 비롯된 결과이다. 나이든 사람들이 "몸은 늙어도 마음만은 그대로"라고 하면서 억울함을 호소하는 것도 그 때문이다. 나이 듦에 대한 편견으로 인해 너무 쉽게 은폐되거나 억압받는 욕망들, 즉 호기심, 상상력, 놀이의 즐거움, 순진함, 지적 추구, 질문, 개방성, 웃음, 장난, 모험정신, 자발성, 꿈, 유연성, 감수성, 보살핌을 받고자 하는 욕구 등은 마땅히 재평가되고 회복되어야 한다. 이런 욕망들은 나이 듦에 따라 저절로 소멸하는 것이 아니라 성인기의 업적과 성공을 위해 억압되고 거세되었을 뿐이다. 삶의 젊은 시기를 통과해서 보다 성숙한 삶의 의미와 가치를 추구하는 시점에 이른 사람들에게서 일시적으로 거부되었던 욕망들은 새롭게 인정받고 나이에 맞는 모습으로 복원되어야 한다. 왜냐하면 나이가 들어도 활기와 창조력, 삶의 풍요함을 유지하려면 이런 욕망들이 반드시 있어야 하기 때문이다. 또한 누군가의 관심을 끌고 위로와 인정을 받고 싶은 욕구는 모든 연령층에 나타난다는 인식을 가져야 한다. "그 나이에", "나이에 어울리지 않게"라는 말을 내세우며 자발적 포기와 좌절을 강요하는 '나이의 터부'는 극복될 필요가 있다. 나이에 맞는 정상적인 삶이 있다고 누군가 말을 한다면 그가 어떤 의도로 그런 주장을 하는지 살펴보고 그것이 부당할 경우에는 저항해야 한다.[16]

---

16 우리 사회에서 아줌마들의 돌발 행위를 '뻔뻔하고 막 간다'고 일방적으로 폄하하는 현상도 어떤 측면에서는, 오랫동안 타인의 욕구를 먼저 충족시키면서 자신의 욕구를 억압해온 여성들이 이제는 눈치를 보지 않고 용기를 내어 자신의 욕망을 표출하는 과정으로 이해할 필요가 있다.

필자는 나이든 사람들의 욕망을 존중하고 이를 건강하게 표현하게 하는 방법으로 놀이를 통한 배움을 제안하고 싶다. 놀이는 모든 연령대에 걸쳐 성장의 중요한 요소이며 자기표현, 개방성, 창조력, 활력 등을 제공한다. 나이든 사람들의 놀이 학습은 호모 사피엔스(고뇌하는 인간)와 호모 파베르(일하는 인간)와 호모 루덴스(유희하는 인간)의 개념을 통합하여 다양하게 전개될 수 있다. 성인교육의 엔드라고지 이론은 사이버 공간의 온라인과 오프라인을 통하여 창조적인 학습공동체의 형성에 도움을 준다. 나이의 제한 없이 학습자들의 필요와 요구에 부응하는 평생교육도 상호학습의 좋은 모델이다. 한 실례로 사회주부운동은 가족 이기주의에 매몰된 모성에 대한 비판적 대안으로 사회적 돌봄 노동을 추구한다. 특히 출산, 양육, 가사의 부담에서 가벼워진 나이든 여성들이 이 과정에서 자신의 숨겨진 욕구와 재능을 발견하고 지도력을 발휘하면서 나이 듦의 새로운 모델을 창조하는 모습도 바람직하다.

이에 비하여 한국교회는 아직도 금욕적인 전통이 강하고 놀이와 학습을 구분하는 경향이 강하다. 진리를 보고 익히는 방법으로 감각을 활용하는 일이 더 요구된다. 또한 재미와 흥미를 부여하는 것이 학습효과를 높일 뿐 아니라 교회공동체의 친교를 강화하는 데 도움이 된다. 이를 위한 다양한 통합적 교육모델을 개발하는 일이 중요하다.

4) 주체적 여성성을 정의하기

나이 듦의 터부에서 오랫동안 굳어진 고정관념은 탈성화(脫性化)이다. 중년기의 호르몬 변화는 전통적인 성별의 경계를 약화한다. 여성 호르몬 에스트로겐의 분비가 감소하면서 여성들은 이전보다 강하고 독립적이고 자기주장이 강해지고 경쟁적이 되어 가고, 남성 호르몬 테스토스테론이 점점 더 적게 분비되면서 남성들은 점점 부드럽고 감성적이고 자상해지고 상처받기 쉬운 모습을 보인다. 이것은 가부장제 사회에서 표준화된 남성성과 여성성의 개념이 역전되는 현상이다. 성별에 따른 기질의 변화는 성 역할의 교차를 초래하고 성 정체감에도 영향을 끼친다. 특히 폐경기에 이르러 여성의 생리적 기능이 중단되고 여성다움의 특성이 약화되는 시점에서 여성들은 종종 스스로에게 "내가 아직도 진정한 여성인가? 여성으로서 성적 매력을 갖고 있는 것인가?" 하고 묻는다. 이러한 물음은 성 정체성의 혼란과 탈성화에 대한 두려움을 반영하며 이분법적 성별 구조를 전제로 한 것이다.

그러나 새들러의 연구[17]에 따르면 남성적인 기질을 나타내는 중년 여성들은 이전보다 자신의 여성성에 더 예민해지고 여성적인 특성을 보이는 중년 남성들도 여전히 자신의 남성성을 강화한다고 한다. 이러한 연구 결과는 기존의 분리적 성별 개념과는 달리 중년기의 여성과 남성 모두에게 양성적 특성이 나타날 수 있음을 시사한다. 그것은 중성화를 뜻하기보다 고정화된 성 정체성의 의미가 확대된 것으로 해석된다.

가부장제 사회에서 여성들의 성 정체성 강화는 남성의 평가와 인정에 의해 지대한 영향을 받는다. 여성은 남성의 시선을 의식할 때에는 자신의 여성성을 최대한 강조하고 남성 세계의 인정을 얻고자 할 때에는 자신의 여성성을 최대한 억압하는 경향을 보인다. 이와 같은 분열적인 성 정체성은 여성의 주체성을 방해하고 성숙을 저해한다. 그런 점에서 중년기에 이르러 그 이전의 타자의존적인 성 정체성을 여성 자신의 시각에서 비판하고 새롭게 정의를 내리는 일은 여성들이 자신의

---

17 새들러는 4, 50대 성인 200여 명을 인터뷰하여 삶의 패턴을 살피고 그 가운데 50여 명을 12년간 추적하여 마흔 살 이후의 변화 과정을 조사하였다. 앞의 책, 91f.

성에 대하여 좀 더 긍정적이고 주체적인 인식을 갖는 데 도움이 될 것이다. 그 좋은 실례가 종래의 폐경을 '완경'(完經)으로 새롭게 명명하는 일이다. 폐경은 여성의 자기비하와 우울증을 동반하는 데 비해 완경은 이제 모성의 역할을 마치고 새로운 여성으로 다시 시작한다는 긍정적이고 적극적인 의미를 부여한다. 이러한 여성들의 주체적 정의내리기는 더 계속될 필요가 있다.

5) 역동적 상호의존으로 사랑하기

이혼, 사별, 재혼 등 관계변화가 많은 중년기 여성들에게 자율성과 친밀함을 통합하는 것은 중요한 과제가 된다. 여성의 삶에서 지배적인 것은 관계지향성과 이와 관련된 역할이라고 생각되지만 중년기 이전의 관계 방식은 비판적으로 검토될 필요가 있다. 여성 중심의 관계 맺기는 종종 상호적이기보다는 분리적이고 이성적이기보다 감정적이며 쌍방 성취적이기보다는 일방적 희생위주였기에 이러한 측면은 근본적으로 재고되어야 한다. 이러한 관계 방식은 타자의존적인 여성들의 삶의 조건에서 내면화된 기제이겠지만 성숙한 관계 방식으로 변화해야 한다. 예를 들면 자신의 성장을 도모하기 위하여 자식과 가족으로부터 심리적으로 건강하게 거리두기, 이성관계(기혼일 경우는 남편, 미혼일 경우는 연인을 대상으로)에서 창조적 긴장과 만족을 추구하기, 이제까지 서로 분열되어 있었던 자아실현과 사회참여를 상호 순환구조로 만들기 등을 들 수 있다. 필자는 이러한 새로운 모델 만들기를 획일적인 독립과 의존의 이분법을 극복하고 다양성과 차이를 인정하는 '역동적 상호의존의 사랑하기'로 명하고 싶다.

'역동적 상호의존의 사랑하기'는 나이 듦의 목표이자 나이 듦의 과정이요 그 연습이다. 사랑하기는 기독교의 가르침이고 뿌리 깊은 인간의 욕망이지만 여전히 어려운 과제로 남아 있다. 우리 시대에도 사랑하기는 성별, 나이, 자본의 지배구조 등에 의해 훼손되고 왜곡되는 경우가 비일비재하다. 그것은 사랑의 욕구가 부족하기 때문이 아니라 사랑하는 방식이 획일적이기 때문일 것이다. 역동적으로 사랑하기는 의존적이면서도 독립적일 수 있고, 상처받기 쉬우면서도 강할 수 있으며, 자신의 욕구에 대해 솔직하면서도 다른 사람을 위해 포기할 수 있는 다양한 모습을 보일 것이다. 나이가 들면서 축적되는 지혜와 힘은 창조적인 사랑하기의 모델을 만들어내는 능력이다. 건강한 자아상을 기초로 삶에 대한 흥미와 열정을 유지하면서 새로운 가능성을 포기하지 않는다면 그리고 삶의 아이러니와 자신의 어리석음을 수용하면서 웃을 수 있는 여유가 있다면 나이 듦도 하나의 축복이 아니겠는가.

II. 나가는 말

오늘날 한국교회는 고령화 사회의 현실을 맞이하면서 새로운 선교를 준비하고 있다. 그것은 한국 사회 곳곳에서 나타나는 실버산업이나 노인복지와는 다른 차원을 가질 것이다. 나이가 들수록 종교에 가까워진다고 하는데 나이든 사람들의 이러한 실존적 요구와 공동체에서 소속감을 느끼려는 현실적인 필요에 오늘의 신학과 교회가 제대로 대응하기 위해서는 많은 준비를 해야 할 것이다.

이 글은 여성의 삶을 중심으로 나이차별주의를 극복하기 위한 관점을 제시하고 세대 간 소통과 존중과 나눔을 강조하기 위해 쓰인 작은 구상이지만 훨씬 다양한 시도와 실천으로 나이가 드는 즐거움이 활성화되기를 기대한다.

제3부

교회와 여성신학

한국교회 여성의 의식 분석과
한국교회의 과제

I. 문제 보기와 관심 갖기

다종교 사회인 한국에서 개신교는 전통종교에 비하여 선교역사가 길지 않음에도 불구하고 급격한 교회성장으로 많은 교인을 확보하고 그 종교적 지위와 영향력을 갖게 되었다. 해방 후 개신교 교인수는 1950~60년에 25%, 1960~70년 412%, 1970~85년 103%, 1985~95년 35%로 증가하다가 1995~2005년 -1.6%로 감소[1]하는 추세를 보인다. 이런 현상이 나타나는 원인은 교회 내·외적인 상황에서 찾아볼 수 있다. 먼저, 교회 외적 요인은 한국 사회의 발전으로 정치적 민주화, 소득 증가, 복지 실현, 성평등 향상[2]이 이루어지면서 종교적 동기

---

1 같은 기간에 가톨릭은 74%, 불교는 4%의 교인증가율을 보였다. 기독교윤리실천운동, 『한국교회의 사회적 신뢰도 여론조사』(2009)를 참조하라.
2 세계 188개국의 비교연구의 결과에 따르면, 성평등 지수와 여성권한척도가 높을수록 교

가 약화된 것으로 본다. 이는 서구교회의 경험에서도 동일하게 지적되는 부분이다. 다음, 교회 내적 요인은 한국 사회에서 개신교의 신인성(信認性)을 상실하는 모습들이 노출되고[3] 교회 내부의 갈등으로 신도의 수평이동이 증가하는 것이다. 여론조사의 결과를 살펴보면, 개신교는 비종교인에게 호감도가 가장 낮고[4] 타종교에 대한 배타성이 강하며[5] 한국인이 가장 낮은 신뢰성을 갖는 종교[6]로 여겨지고 개신교 교회에 대한 평가도 "영적 문제"(응답률 15%)나 "지도자의 좋은 자질"(19%)보다 "교세 확장"(67%)에 대한 비판이 가장 많은 것으로 나타났다.[7]

교회성장률이 정체·둔화하면서 주목되는 현상은 여성교인의 감소 추세다. 역사적으로 교회 구성원의 다수를 차지한 교회여성들은 개신교 교회성장에 지대한 역할을 담당하였다. 그런 점에서 여성교인의 감소 현상은 교회성장과 선교에 끼치는 영향이 크고 우려되는 바가 많다. 2000년대 교단별 여성교인의 비율은 한국기독교장로회(이하 기장) 61.2%(2009년), 기독교대한감리회(이하 감리교) 58.8%(2006년), 대한예수교장로회(통합)(이하 예장통합) 57.59%(2011년)로 급감하여 교인의 성별 비율이 같아지거나 역전되는 현실도 예측할 수 있게 되었다. 오늘 한국교회에서 보이는 고령화 양상과 아동·청년층 교인의 부족 상황을 감안하더라도 젊은 세대의 여성교인들이 줄어드는 현상은 교

회는 쇠퇴하는 것으로 나타났다. 이원규, 『인간과 종교』(서울: 나남, 2006), 338-342.

3 한국기독교목회자협의회, 『교인 감소 현상에 대한 의식조사 보고서』(2006)를 참조하라.

4 한국갤럽, 『한국인의 종교와 종교의식』(2004), 68.

5 현대사회연구소, 『우리나라 종교 지도자들의 의식에 관한 조사』(1990), 24-29; 한국갤럽, 『한국인의 인간 가치관』(1990).

6 종교 신뢰도가 가장 높은 종교는 가톨릭(응답률 38.9%)이고 개신교는 가장 낮은 종교(10.8%)로 응답되었다. 기독교윤리실천운동, 앞의 책.

7 한국교회 미래를 준비하는 모임/한국 갤럽, 『한국교회 미래 리포트』(서울: 두란노, 2005)를 참조하라.

회여성의 활동이 위축되고 여성 지도력을 개발·전개하는 데 문제를 초래한다. 여성과 종교의 관계는 밀접하고 여성의 종교성은 남성의 경우보다 강한 것은 종교사회학과 젠더 연구의 일반적 견해다. 예배 출석, 새벽 기도회 참석, 기도 시간, 성경 읽기, 구원 확신에 이르기까지 종교활동의 성별 비교에서 여성은 남성보다 적극적이고 종교의 영향을 많이 받는 것으로 나타났다. 이와 같은 성별 종교성의 차이가 생겨나는 주요 요인에 대하여 여성의 의존적 수동성과 박탈보상이론[8]이 거론되었다.

그렇다면 오늘 개신교 교회에서 젊은 여성교인이 감소하는 현상은 어디서 비롯되는 것일까. 그 주요 배경[9] 가운데 여성 관련 사안으로 추정되는 것은 여성의 경제활동 참여의 증가, 가사와 취업의 병행으로 인한 시간 부족, 여가산업의 확대, 성평등 의식의 함양과 개인주의의 강화, 교회의 비민주적 관행과 가부장적 전통에 대한 비판의식의 발현 등이다. 이와 같은 현상 이해는 앞에서 언급한 여성의 종교적 의존성과 박탈보상 기제가 여성의 사회문화적 환경의 변화에 따라 다르게 나타나고 급변하는 사회문화적 변화에 대한 여성들의 대응은 세대별 차이를 갖는다는 것을 반영한다.

본 연구는 한국교회의 젊은 여성교인의 감소 현상은 사회문화적 환경의 변화에 대한 여성들의 세대별 인식과 요구에 교회가 제대로 대응하지 못한 것과 관련이 있다는 전제를 바탕으로, 한국교회여성연합회가 2012년 3월부터 6월까지 3개월 동안 본 회에 속한 여성교인 1,340명을 대상으로 실시한 "젊은 세대 교회여성의 의식조사"[10]를 분석한

---

8 이원규,『종교사회학의 이해』(서울: 사회비평사, 1997), 299.
9 정치민주화, 사회문화적 변동, 시대변화는 여성교인의 감소에 영향을 끼친 큰 틀로 논의될 수 있다.

것이다. 이 실태조사는 젊은 여성교인들의 교회 현실과 의식을 파악하고자 시도된 최초의 실증적 자료[11]로서 여성교인의 감소 현상에 대한 세대별 비교의 시사점을 제공한다는 점에서 의미가 있다.

본 글은 이 실태조사의 내용을 성 인지적 관점에서 분석하고, 그 분석 결과를 중심으로 젊은 교회여성들을 위한 교회의 과제를 제안할 것이다.[12] 이는 교회가 급변하는 사회문화적 환경에서 살아가는 여성들을 배려하고 돌봄으로써 여성교인의 감소 추세를 극복하는 데 일조하는 작업이 될 것이다.

II. 실태조사로 젊은 세대 여성교인을 이해하기

본 장은 실태조사에 나타난 "젊은 세대 교회여성의 의식"을 분석함으로써 젊은 여성교인들의 생각, 태도, 가치관, 요구를 이해하고자 한다. 먼저 실태조사가 지닌 다음과 같은 한계와 특성을 언급할 필요가 있는데, 이 한계와 특성이 분석 결과의 맥락적 의미를 구성하는 데 영향을 미치기 때문이다.

---

10 실태조사의 제목은 "교회여성"이란 포괄적 용어를 사용하였으나 본 글은 교회여성에서 목회자를 제외한다는 의미로 여성교인이란 용어를 사용한다. 실태조사의 모집단은 교인(신도)들로 한정되었다.

11 이 조사는 우리나라에서 실시된 대단위 설문조사(1000명 이상의 모집단) 가운데 젊은 교회여성들의 실태 파악을 주제로 한 첫 시도였다.

12 필자가 실태조사의 기획에 참여하고 분석한 경험은 다음과 같다: 『한국 기독교인의 정치·사회 의식 조사』(2004), 『한국인의 문화의식 조사』(2005), "한국교회에서 양성평등 실현을 위한 기독교교육의 과제"(2009), 『한국기독교장로회 양성평등 실태조사 보고서』(2010).

― '젊은 세대'라는 연령대 구분은 상대적 의미를 지닌다는 점에서
실태조사에서 사용한 "젊은 세대"의 개념은 모호하다고 할 수 있
다. 관행적으로 젊은 세대는 2030세대를 지칭하는데, 실태조사
의 응답자 연령별 비율이 20대 13.0%, 30대 20.8%, 40대 46.7%
를 차지한 점에서 본 분석 결과는 3040세대의 의식을 많이 반영
하고 있다. 50대 이상의 응답자 비율도 19.5%를 차지했으나 세
대별 차이를 비교하는 데 도움이 된다고 사료된다.

― 교회 출석 기간이 20~39년에 해당하는 응답자가 70.8%라는 점
에서 본 분석 결과는 교회생활을 20년 이상 한 여성교인의 의식
을 많이 반영한다.

― 교단별 참여도는 예장통합 34.2%, 기장 31.0%, 감리교 20.7%
로 나타나 본 분석 결과는 상대적으로 진보적인 세 교단(85.9%)
여성교인들의 의식을 반영한다.

― 실태조사는 교회생활을 중심으로 한 의식조사라는 점에서 한계
성을 갖는다. 여성교인들의 의식구조는 교회생활뿐 아니라 사
회생활(가정생활을 포함)을 통해 형성되기에 그들의 사회의식과
관련된 설문 내용이 생략된 것은 매우 아쉬운 부분이다. 본 분석
결과는 한국 개신교 여성교인의 의식을 파악하는 데 교회적 맥
락을 중심으로 이루어졌음을 밝혀 둔다.

본 실태조사의 분석은 설문조사의 주제 분류와 문항 순서에 따르지
않고 젊은 세대 여성교인들(이하 젊은 여성)의 의식구조를 교회인식,
성평등 의식, 여성연대 의식으로 분류하고 재구성하여 그 특징과 함의
를 살펴보았다.

1. 교회인식

1) 교회 내 역할과 의미

젊은 여성들의 교회 내 역할과 그 만족도, 새로운 역할에 대한 기대는 여성교인의 교회 내 지위와 교회에 대한 생각을 시사한다. 교회에서 젊은 여성들이 많이 활동하는 분야의 순위별 열 개 가운데 전통적성 역할과 관련된 것으로 식당 봉사(13.3%), 유치/유년부 교사(12.5%), 교회행사준비(6.2%), 교회 청소(6.1%), 안내(3.9%)를 들 수 있다. 이는 교회 젊은 세대의 상황도 성 역할 고정관념이나 관행에서 자유롭지 않음을 보여준다.

자기 역할에 대한 만족도는 젊은 여성이 적게 활동하는 부분, 예를 들면 노인교육/돌봄, 꽃꽂이/교회장식, 차량 봉사, 사회봉사 활동, 새신자 교육, 장애인 사역에서 높았고, 젊은 여성들이 담당하는 교회 청소에 대한 만족도는 낮았다. 이는 전통적 성 역할에 구애받지 않고 활동 만족도가 높은 영역에 여성 참여를 지원할 필요를 암시한다.

참여하고 싶은 새로운 분야에 대한 응답은 성가대, 성경공부, 유치/유년부 교사의 순으로 많았는데(합계 37.8%), 이 분야는 이미 참여하는 사람들의 만족도도 높았다. 그 외에 참여 희망이 높은 분야는 사회봉사 활동, 상담, 꽃꽂이/교회 장식, 장애인 사역, 차량 봉사였고, 참여의지가 낮은 분야는 식당 봉사, 교회 청소, 예배 인도와 기도, 교회 내외의 각종 회의, 지방/전국연합회 활동이었다.

성가대와 성경공부에 대한 젊은 여성들의 높은 선호도는 성별의 관계없이 찬양과 성경에 대한 종교적 요구를 성취할 수 있는 활동에 대한 관심을 반영한다. 이런 경향은 사회봉사 활동, 꽃꽂이/교회 장식, 장애인 사역, 차량 봉사에 대한 역할 만족도와 활동 기대가 높았던 것과 같은 맥락을 보인다. 여기에서 식당 봉사와 교회 청소에 대한 흥미가 적은 데 반해 꽃꽂이/교회 장식에 대한 관심이 많은 것은 젊은 여성들이 가사 중심의 일상적 활동보다 자기만의 개성 있는 표현능력으로 분위기를 만들고 인정받는 활동을 선호하는 것으로 사료된다. 예배와 교회 회의 및 연합회 활동의 참여에 젊은 여성들이 소극적인 요인은 교회 생활의 의미를 종교적 의무감보다 개인적 관심과 만족을 통해 추구하는 것과 관련이 있고, 이런 현상은 신세대일수록 강화되는 개인주의 성향 및 개인적 종교성과 무관하지 않을 것이다. 또 종교적 활동과 환경에서 나타나는 세대 간 차이와 갈등이 젊은 여성들의 관심과 참여를 감소시키는 요인으로 작용할 것이다.

2) 교회개혁의 요구

교회에 대한 젊은 여성들의 생각과 요구에 주목하는 일은 여성 개인을 돌보고 교회 참여를 모색하는 것뿐 아니라 교회 구성원의 소외나 배제를 극복한 소통구조로 교회를 개혁하는 데 중요하다. 여기서는 교회 의사결정 과정의 참여, 교회 재정의 운용과 요구, 교회 선택의 기준과 문제점을 중심으로 교회개혁을 위한 젊은 여성들의 요구를 살펴보기로 한다.

개인적 종교성이 강한 젊은 여성들은 교회 내 의사결정이 남성 주도적(43.1%), 목회자 중심적(41.2%), 장로 지배적(63.4%)으로 이루어지고 청년들의 의사가 제대로 반영되지 않는다(40.8%)고 평가하였다. 이는 교회 의사결정의 지배적 위계구조를 의미하고 교회민주화를 방해하는 요소로 평가된다. 여기에서 주목되는 것은 교회 의사결정 과정에서 청년들이 소외되고 남성주도적으로 진행된다는 비판의식이 가장 높은 응답자는 30대 여성들이라는 점이다. 교회 의사결정의 과정에서 경험하는 여성, 신도, 청년들의 소외 현상은 앞에서 언급한 교회 회의에 대한 여성들의 관심과 참여를 낮추는 한 요인이 되리라 사료된다.

젊은 여성들은 교회 재정의 운용에 대해 알고 있는 경우가 많지 않았으나(전제 응답자의 32.5%) 재정 운용에 대한 만족도는 높은 것(60.3%)으로 나타났다. 반면 소수의 응답자들(10.1%)은 재정의 민주적 결정과 재정 운용의 투명성이 부족(28.1%)하고 지출이 공평하지 못한 점(11.6%)에서 불만을 갖고 있다. 이러한 비판의식은 개신교 교회의 재정 불투명성에 대한 사회적 비판과 일치하는 것으로 교회 지출의 투명성을 위해 교인들의 책임 있는 윤리의식을 함양하는 일의 필요성을 제기한다. 젊은 여성들이 교회 재정에 대한 지식과 참여가 적음에도 불구하고 그 만족도가 높다고 응답한 것은 헌금에 대한 교인의 관행적 신뢰도를 반영하고 교회 재정을 담당하는 책임적 역할에서 여성이 배제되는 현실을 시사한다고 사료된다.

교회의 재정적 지원을 요구하는 분야로 교회학교 교육(29.7%), 사회참여와 약자돌봄(23.3%), 수유실/유아학교(11.1%)를 강조하고 그 외에도 국내선교(10.6%), 해외선교(9.2%), 여성성인교육(7.0%), 교회 건물 보수/건축(5.2%)을 생각한 점에서 젊은 여성들은 교회 헌금이 선교나 교회 건물보다 교회의 유아, 아동, 청소년 교육과 사회봉사에 보다 많이 사용되기를 바라고 있다. 세대별 특성을 살펴보면, 20대 여성들은 사회참여와 약자돌봄(19.1%)보다 교회학교 교육(32.1%)의 재정 지원을 강조했는데 이는 교회학교 교사로 활동하는 당사자들의 요구를 반영하고, 30대 여성들이 다른 연령대에 비하여 수유실/유아학교(18.2%)의 재정 지원을 더 요청하는 것도 그 연령대의 유아 양육자가 많은 상황을 시사한다. 이는 여성들이 당면한 삶의 과제와 필요를 기반으로 교회 재정에 대한 관심을 갖고 재정 지원의 변화를 요구하는 것으로 주목된다.

젊은 여성들이 교회를 선택하는 주요 기준은 설교 내용(28.0%), 성령충만한 교회 분위기(18.0%), 집과 교회의 거리(15.0%), 충실한 교회학교 교육(10.4%)의 순으로 높았고 그에 비하여 교회의 문화/복지 프로그램(9.6%)이나 성경공부(8.8%), 교회 평판(5.3%)이나 인맥(3.4%), 교인수(1.2%)의 고려는 교회 선택에 영향력이 적은 것으로 나타났다. 젊은 여성들이 교회 평판이나 교인수에 의지해서 교회를 선정하지 않는다는 결과는 다른 설문조사의 결과[13]와 크게 다르지 않으나 교회 선정에서 인맥의 영향이 크지 않다는 결과는 다른 조사 결과와 뚜렷한 차이를 보이는 점[14]에서 주목된다. 개교회주의가 강한 한국 현실에서 교회 인지도와 가까운 사람의 권유는 교회 선택과 이전의 주요 배경이 되는 경우가 많았다. 이런 흐름과는 다르게 교회 선정에서 자신에게 의미를 부여하는 설교와 영적 만족을 제공하는 교회 분위기, 집과 교회의 근접성을 중시한 결과는 젊은 여성들의 개인적 종교성과 실용적 성향을 반영한 것으로 사료된다. 교회를 떠나는 주요 원인이 종교적 갈등과 교회 생활의 문제보다 교인들의 갈등(32.2%), 개인적 상황 변화(24.8%), 목회자에 대한 실망(18.6%)이라는 점도 같은 맥락으로 파악된다.

교회에 출석하는 젊은 여성들이 교회활동의 참여가 적은 주요 원인은 연령별 공통으로 시간 부족과 직장이었다. 그 외의 원인으로 20대와 40대는 중복되고 구태의연한 교회행사를, 30대는 출산과 육아를 지적했다. 경제활동과 양육이라는 생활 과제를 제외한다면 '중복되고 구

---

13 한국교회 미래를 준비하는 모임/한국 갤럽의 2005년 조사(앞의 책)를 참조하라.
14 2005년의 조사 결과는 "가족이 다닌다"(17.9%), "아는 사람이 많다"(6.7%)는 응답이 상대적으로 많았다.

태의연'한 교회 모임은 젊은 여성들의 자발적 참여를 가로막는 요인이 된다. 사회 진출과 전자 매체로 변화하는 시대를 경험하는 여성들에게 시대에 부응하지 못하는 교회 상황은 활동 의욕과 참여 의지를 저하한다. 이에 대한 대안을 마련하는 것은 교회개혁의 한 과제가 될 것이다.

젊은 여성들이 생각하는 한국교회의 주요 문제점은 "세상 사람들과 다르지 않은 교인들의 삶"(19.3%), 교회/교단의 분열(17.1%), 기복 신앙(10.7%)이고, 그 외에도 목회자의 낮은 수준(8.4%), 목사직 세습(6.2%), 사회적 약자 돌봄의 부족(4.7%), 교회 재정의 불투명성(4.5%), 타종교에 대한 배타성(4.1%)이 지적되었다. 이는 교회의 구조적 문제나 선교 방식[15]보다 신앙과 삶이 분리되는 교회 공동체에 대해 더 비판적인 의식을 반영하고 목회자의 영향력보다 교인들의 신앙관을 중시하는 경향을 보인다. 젊은 여성들은 교인들의 이기적인 욕심과 물질주의적 삶, 교회/교단의 분열에서 종교적 의미와 가치를 발견하지 못하고 이런 문제를 극복하는 교회개혁을 촉구하고 있다고 사료된다.

2. 성평등 의식

개신교 양성평등 운동은 2000년대 교단별 양성평등위원회가 신설되고 양성평등 실태조사 보고서, 양성평등 정책문서, 교재의 출판을 통해 시작되었다.[16] 기존의 양성평등 실태조사는 젊은 세대의 성평등

---

15 2005년 조사에서 기독교인과 비기독교인이 공통으로 지적한 교회의 가장 큰 문제는 성장제일주의(양적 팽창주의)였다.

16 2006년 감리교 교육국에 양성평등위원회가 신설되고 한국기독교교회협의회의 여성위원회가 양성평등위원회로 개편되었다. 2007년 기장 총회에 양성평등위원회가 상임위원회로 설치되었다. 감리교 양성평등위원회는 『양성평등지수 통계자료집』(2006)을, NCCK 양성평등위원회는 교재 『양성평등, 이렇게 재미있고 유익하네요』(2007)와 「한

의식에 초점을 맞춘 것은 아니지만 2012년 한국교회여성연합회 실태조사의 결과와 비교하여 교회 여성 성평등 의식의 유사점과 차이점을 파악하는 데 유용하다. 성평등 의식을 파악하는 기준은 다양하지만 여기서는 실태조사의 내용에 나타난 성차별 감수성과 성평등의 과제를 중심으로 살펴볼 것이다.

1) 성차별 감수성

젊은 여성들은 여자의 침묵과 순종(76.8%), 장로 부부후보 가운데 남편의 우선적 선출(43.0%)을 거부하고, 가부장적 성서의 재해석을 요구(44.3%)하고, 동일 조건이라면 여성목사를 담임목사로 청빙한다(31.9%)는 견해를 가졌다. 여성이라서 장로로 피택되지 못한 현실(51.5%)을 비판하고 2015년 교단 여성총대에 대한 할당제 희망비율을 평균 35.18%로 제안하였다. 이런 응답의 결과를 종합해 보면 젊은 여성들의 성평등 의식은 평균 수준으로 볼 수 있다.

세대별 차이를 보면, 여성의 침묵과 순종에 대한 반대는 20대(86.7%)가 가장 많고 연령대가 높을수록 적었다(50대 이상 68.2%). 가부장적 성서는 재해석해야 한다는 주장은 50대(47.8%)가 가장 많고 20대(39.8%)가 가장 적었다. 부인보다 남편이 먼저 장로가 되는 것을 반대하는 응답은 20대(57.6%), 30대(46.4%), 40대(40.5%), 50대(35.1%) 순으로 나타났다. 여성목사의 담임목사 청빙건은 20대(41.0%)와 50대(26.9%) 사이에 큰 격차를 보였다. 장로 선출 과정에서 나타난 성차별에 대한 인식은 50대(65.0%), 40대(53.0%), 30대(47.9%), 20대(32.0%)

국교회 양성평등 정책문서』(2008)를, 한국교회여성연합회가『교회문화에 관한 교회여성 의식 실태조사』(2008)를, 기장 양성평등위원회는『한국기독교장로회 양성평등 실태조사 보고서』(2010)를 출판하였다.

순으로 높았다. 이와 같은 성평등 의식의 세대별 차이는 연령이 낮을수록 규범적이고 이념적인 평등의식이 강하고, 연령이 높을수록 현실 타협적이고 실제적인 평등의식을 갖는 경향과 관련이 있다고 사료된다. 성평등 의식에서 나타나는 세대차는 종종 사안에 따라 세대 갈등의 요인이 되기도 한다는 점에서 성차별 문제에 대한 세대 간 소통과 연대를 모색하는 일이 중요하다. 3년 후 현재보다 달라진 교단 총회의 여성총대 비율은 세대별 차이 없이 모두 30%[17]를 넘었다. 이러한 할당제의 제안은 2012년 교단총회의 여성총대 비율이 복음교회 15.7%, 성공회 15%, 기장 7.8%, 예장통합 0.9%, 감리교 4.96%에 불과한 현실을 감안한다면 매우 절실한 요구 사항이지만 그 실현 가능성에 대한 구체적인 준비도 필수적으로 요청된다.

젊은 여성들은 양성평등 수준의 비교에서 교회(10점 만점에 5.60점)가 사회(4.87점)보다 더 평등하다고 생각한다. 사회의 양성평등 수준은 연령대가 높을수록 긍정적으로 평가(20대 4.68점, 50대 5.07점)하고 교회의 양성평등 평가는 20대(6.06점)가 가장 높고 30대(5.48점)가 가장 낮았다. 종합하면 20대의 성차별 감수성은 사회보다 교회에서 더 관용적으로 나타났는데, 교회 의사결정 과정에서 청년 소외를 경험하는 20대가 교회의 양성평등 수준이 사회의 경우보다 높다고 평가한 근거가 무엇인지 분명하지 않다.[18] 이런 점에서 사회와 교회의 양성평

---

17 유엔 여성차별철폐협약은 여성의 실질적 참여를 보장하는 "결정적 다수"로 최소한 여성 참여율 30%를 권고한다. 이보다 적을 경우는 여성 참여가 실질적 효과보다 상징적 역할로 그치게 될 가능성이 있다고 본다.

18 교회 성평등에 대한 교단별 비교에서 보수교단이 진보교단보다 더 평등하다고 응답했던 한 조사 결과처럼 성평등 판단의 기준은 응답자마다 동일하지 않을 수가 있음을 고려할 필요가 있다. 김상임, "기독교인 성평등의식 실태조사 보고서,"『한국여성신학』(1999), 108-134를 참조하라.

등 비교의 기준에 대한 항목이 설문조사에서 생략된 것은 큰 아쉬움으로 남는다. 그에 반해 교회 의사결정 과정의 청년 소외를 가장 비판한 30대가 교회의 양성평등 수준에 대한 비판이 가장 높은 것은 평등의식의 일관성을 보여준다.

설문조사에도 표기되었듯이, 세계경제포럼은 경제활동 참여와 임금에 나타난 성비율과 정치인, 고위 공무원, 기업 임원 등의 성비율을 기준으로 양성권한지수를 작성하고 있다. 이와 관련된 한국 사회와 한국교회의 한 통계를 비교해 보면, 2008년 여성 참여율은 공무원의 45%, 전문/관리직의 20%, 검사의 14%에 해당하고, 국가고시의 여성 합격률은 외무고시 68%, 행정고시 48%, 사법고시 35%로 증가 추세를 보였다. 이와 비슷한 시기인 2006년 개신교 교단별 여성목사의 비율은 예장통합 5%, 기장 15%, 감리교 5%로 사회적 변화와 대조를 이루었다. 사회와 교회에서 각각 경험하는 성평등 감수성의 차이는 사회와 소통하는 교회생활을 영위하는 데 영향을 미친다는 점에서 중요하다고 본다.

2) 성평등의 과제

교회 내 성차별을 개선하는 과제에 대한 '개방형 응답'은 여성 리더 할당제(33.6%), 성역할 고정/여성 차별과 배제(25.3%), 의사결정 과정의 여성 참여 보장(14.2%), 성평등 봉사와 남성의 식당 봉사/전도 참여(9.3%), 양성평등 교육, 설교, 성경공부, 정책의 실시(9.3%) 순으로 나타났다. 젊은 여성들은 성평등의 과제로 의식화 교육이나 실천보다 제도 개선을 우선적으로 강조하였다. 그 가운데 남성도 식당 봉사와 전도에 참여시키는 '성평등 봉사'를 제안한 아이디어는 평등의 실현을 성별분리뿐 아니라 성별통합의 역동적 방식으로 이루고자 하는 참신성이 엿보인다.

교회 양성평등을 실현하는 과제에 대한 '선택형 응답'은 교육으로 평신도의 의식 개선(24.8%), 목회자의 의식 변화(20.5%), 교회 여성지도자(장로)의 선출 및 할당제 도입(16.7%), 교회 성차별 문화의 개선(14.4%)의 순으로 강조되고, 그에 비해 초교파적 연대활동이나 여성연합회의 활동을 성평등의 과제로 보는 응답은 저조하였다. 이 결과는 성평등의 과제로 의식화를 제도 개선보다 더 중요하게 여기면서 의식화의 주요 대상으로 목회자보다 신도를 더 많이 선정한 것은 성평등 실현에 대한 목회자의 의존도를 줄이고 교인의 주체성을 강조한 것으로 사료된다. 특히 20대(14.6%)는 50대(28.4%)에 비해 목회자의 의식 변화에 대한 기대가 가장 적었고, 30대는 다른 연령대에 비하여 교회 여성지도자의 선출과 여성연합회의 활동에 대한 응답이 가장 높았던 점이 주목된다. 이처럼 목회자보다 교인의 의식 변화를 우선적으로 중시하는 경향은 2010년 양성평등 실태조사 결과[19]와 일치하는 것으로 자기주도적 학습이 확산되는 사회 변화와 일치하는 현상으로 평가할 수 있다. 여기에서 중요한 것은 교인들의 성평등 의식화 교육을 누가 담당하고 어떤 방식으로 전개하는지에 대한 합의를 모색하는 일이다.

앞에서 언급한 대로 교회 성차별을 개선하고 성평등을 실현하기 위한 개방형 응답과 선택형 응답의 결과가 일치하지 않는다. 전자는 의식화보다 제도 개선을 강조하고 후자는 제도 개선보다 의식화와 교육을 우선적 과제로 여기는 양자 간 차이가 주목되지만, 교회 성평등의 실현을 위한 과제는 그 우선순위의 결정보다 사안이나 상황에 따라 의

---

19 임희숙, "교단 양성평등 의식과 정책 과제," 『한국기독교장로회 양성평등 실태조사 보고서』, 57.

식화와 제도 개선을 역동적으로 병행하는 방식이 바람직하다고 본다.

젊은 여성들이 긍정적으로 생각하는 교회 여성지도자의 자질은 섬세한 배려(20.2%), 포용력/유연성(20.0%), 성실성/헌신성(16.7%)의 순으로 높게 평가되었다. 반면 추진력/능률성(4.8%), 도덕성(4.7%), 민주적 의사결정(2.6%), 회의진행능력(2.4%), 카리스마/권위(1.4%)는 교회 여성지도자의 자질로 많이 고려되지 못했다. 배려하는 섬세함, 유연하게 포용하고 헌신하는 성실함은 전통적인 여성성과 관련된 품성이고, 추진력 있고 의사결정과 회의를 민주적으로 진행하는 능력과 권위는 지도자의 전문성과 능력을 의미한다. 현대 사회에서 호응받는 지도력은 배려하는 감성적 성품과 준비된 전문적 능력 모두를 요구한다. 젊은 여성들의 눈에 비치는 교회 여성지도자들은 전문성과 따뜻한 성품의 균형을 이룬 모습이 아니고 인간관계와 헌신적 태도가 두드러지는 편향성을 보인다. 이런 현상은 사회와 교회에서 선호하는 여성지도력에 차이가 있고 남성과 여성에게 요구하는 지도력을 다르게 인식하는 관행과 무관하지 않으리라고 사료되지만, 교회 여성지도자의 능력 부족은 성평등의 실현을 위해 극복해야 할 과제다. 교회 여성 지도력은 긍정적인 여성적 자질과 전문적 능력을 균형 있게 개발하는 것이 필요하다.

이런 점에서 교회(16.1%)나 교단(20.7%)이 제공하는 양성평등 교육과 설교가 매우 부족한 현실은 큰 문제로 보인다. 이에 대한 여성교인들의 생각이나 만족도를 묻는 설문 항목이 있었다면 그 응답 결과를 교회나 교단에 양성평등 교육과 설교를 요구하는 구체적 자료로 활용할 수 있었을 것이다.

3. 여성연대 의식

1) 교회 여성모임의 참여와 기대

교회 여성모임(여선교회/여신도회/여전도회/어머니회)에 대한 평균 참여율은 65.0%이고 연령대가 높을수록 참여율도 높은 경향(20대 8.4%, 30대 52.9%, 40대 77.2%, 50대 이상은 86.0%)으로 여성모임의 참여도는 세대 간 격차가 크게 나타났다. 특히 20대 참여가 저조한 현상은 교회의 특별한 관심과 대응을 필요로 한다.

젊은 여성들은 모임에 참여하는 주요 이유는 성도 간 교제(37.4%), 소속감(28.2%), 개인의 신앙성장(13.7%)이고 정책 변화(7.7%)나 지도력 개발(3.6%)에 대한 참여 동기는 낮은 편이다. 이 결과는 교회나 교단의 지도자들(특히 진보적인 교단의 경우)이 신앙발달에 도움을 주고 여성의식을 함양하고 지도력을 개발하는 데 여성모임이 중요하고 필요하다고 강조하는 것과 대조를 보인다. 지도자들이 제시하는 규범적인 참여 동기보다 젊은 여성들은 친교 목적이나 소속감에서 여성모임의 의미를 갖는다는 점이 주목된다. 세대별 차이를 보면, 친교 욕구는 30대와 40대, 활동 의미의 추구는 20대, 지도력 개발과 정책 변화에 대한 기대는 50대 이상이 가장 높았다. 이처럼 여성모임에 참여하는 동기와 목적이 연령에 따라 다른 현상은 교회 여성모임의 활성화를 위해 기본적으로 고려해야 할 요인이고 세대별 모임은 참여자들의 관심과 요구를 중시하면서 세분화해야 할 필요를 시사한다.

여성모임에 불참하는 주요 원인은 직장(23.4%), 의미 부족(17.7%), 봉사의 중복(15.2%), 어린 자녀(13.8%), 세대 간 소통의 어려움(10.9%)인데 이 가운데 세대 간 소통의 어려움은 20대와 30대를 중심으로 연령대가 낮을수록 실감하는 요인이다. 세대 간 소통의 문제는 디지털

환경에 적응하는 세대 간 격차와 사회적 관계 형성의 차이를 기반으로 생각할 수 있는 주제이지만, 교회모임의 참여 동기가 세대별로 다른 상황에서 젊은 세대의 관심과 요구를 표현하고 수용하는 분위기나 교회 구조가 부족한 현실을 반영하는 것으로 사료된다.

교회 여성모임의 주요 활동은 친교(22.9%)와 식당 봉사/청소(21.2%)로 나타나고 사회적 약자 돌봄(6.5%)과 회원 교육(1.5%)은 매우 적게 이루어졌다. 다른 연령대에 비하여 20대는 여성모임을 식당 봉사나 청소로 아는 경우가 많았는데, 이처럼 제한된 인식은 20대가 교회 여성모임에 참여한 경험이 적고 여성모임에 대한 적절한 안내나 홍보를 제공받지 못한 상황에서 비롯되었다고 사료된다.

교회 여성모임에 대한 희망사항은 기도(25.9%)와 신앙교육(20.4%)이 많았는데 특히 20대는 교회 의사결정 과정의 참여, 여성지도자 선출, 교단 양성평등 정책 활동을 기대하고 30대와 40대는 사회적 약자의 돌봄에 관심을 나타냈다. 여성모임이 신앙생활에 도움을 제공하는 것 외에도 교회 민주화와 성평등을 위한 활동, 사회봉사의 기회를 마련하는 일은 미래 여성지도력을 키운다는 점에서 고려되어야 할 것이다.

2) 교단 및 초교파 연합활동의 참여와 기대

젊은 여성들이 교단 여성연합회에 참여(최근 3년 이내)하는 비율(38.5%)은 교회 여성모임 참여율(65.0%)보다 훨씬 적었고 주로 50대 이상(69.3%)의 여성들이 연합회 활동을 담당하고 있다. 연합회에 참여하는 20대는 2.4%에 불과해서 연합활동의 세대 간 구성 불균형이 심하게 나타났다.

교단 여성연합회의 주요 활동으로 사회적 돌봄과 사회선교(24.0%), 교회여성교육(23.3%), 초교파 연대사업(20.0%)을 생각하는데 20대가

사회적 돌봄과 사회선교를 강조하는 데 비해 30대는 교회 여성교육이
나 초교파 연대사업에도 관심을 갖고 있다.

젊은 여성들은 교단 여성연합회의 활동에 대해 긍정적인 평가(34.8%)
보다 중도적 입장(46.1%)을 보이고 있다. 교단 여성연합회에 참여할
의향에 대해 긍정적인 응답(30.1%)과 부정적인 응답(30.1%)이 동일하
고 유보적인 응답(39.7%)이 가장 많았다. 초교파적 여성운동의 참여
의향도 유보하는 입장(42.4%)이 가장 많고 부정적 응답(30.7%)이 긍
정적 응답(26.9%)보다 많았다. 종합적으로 보면 젊은 여성들은 교회
모임에 비하여 교단과 초교파적 활동에 대한 관심과 참여가 적었다.
특히 초교파적 여성운동에 대한 참여 동기가 낮은 배경은 한국 개신교
의 개교회주의, 교권주의, 가부장제 관행이 미치는 영향과 초교파적
여성활동에 대한 교회의 홍보 부족, 교인들의 인식 부족과 관련이 있
다고 사료된다. 이와 관련하여 주목되는 것은 교단 여성연합회와 초교
파적 여성운동의 참여 의향이 가장 낮은 연령층이 40대로 나타난 것
이다. 40대 여성들은 앞에서 언급한 대로 친교 지향의 참여 동기를 갖
고 교회모임에 적극적으로 참여하는 세대(77.2%)라는 점을 고려한다
면 교단 여성연합회와 초교파적 여성운동에도 참여할 잠재력이 있는
집단으로 사료된다. 연합활동의 주관 기관들은 40대를 포함하여 참여
를 유보하고 있는 다수 여성을 위한 대안을 모색하고 연합활동에 참여
할 의사가 없는 여성들에 대한 관심 있는 대책도 필요할 것이다.

한국교회 여성연합회에 대한 젊은 여성들의 인지도는 성매매 추방
과 성문화 운동/교육(38.7%), 일본군 위안부 문제(37.8%), 세계기도
일 예배(34.8%)의 순으로 나타났다. 반면 한국인 원폭피해자 지원활
동과 교단 양성평등 정책에 대한 인지도는 낮았는데 연령별 비교에서
20대가 가장 낮았다. 젊은 여성들을 위한 원폭 관련 역사 교육과 양성

평등 정책에 대한 홍보 활동이 시급하다고 사료된다. 한국교회여성연합회의 회원 연령대가 높은 편을 감안한다면 다음 세대 지도력 양성과 세대 간 균형을 배려하는 정책 마련도 병행되어야 할 것이다.

III. 젊은 교회여성들을 위한 교회의 과제 찾기

실태조사에서 나타난 젊은 세대 여성교인들의 교회 인식, 성평등 의식, 여성 연대의식을 분석한 결과는 젊은 여성을 위한 교회의 과제를 모색하는 데 시사점을 제공한다. 여기서는 실태조사 분석 결과에 대한 성찰을 기반으로 교회에 요청되는 과제를 간략하게 제안함으로써 교회여성들이 교회 공동체의 선교적 사명과 책임을 감당하는 데 도움이 되기를 기대한다.

1. 교회 개혁에 참여하는 여성 역할을 지원하는 활동

여성들은 교회에서 담당하는 전통적 성역할에 만족하지 못하고 성역할의 구애를 받지 않는 다양한 활동에 참여하기를 원하고 있다. 특히 젊은 여성들은 부엌과 청소에서 벗어나 성가대와 성경공부 같은 종교적 활동을 포함해서 사회봉사, 교회장식, 장애인 사역, 차량봉사까지 자신에게 의미와 만족감을 주는 역할을 기대한다. 이와 관련해서 교회는 관행화된 성 역할 고정관념을 벗어나 여성의 창의적 역할에 개방적인 분위기를 조성하고 새로운 실천을 시도해야 할 것이다.

젊은 여성교인들이 감소하는 상황에서 그들의 교회인식을 제대로 이해하는 것은 중요하다. 여성들은 교회 의사결정 과정에서 남성, 목회자, 장로의 영향력이 지배적이고 여성, 신도, 청년의 의사가 제대로 반영되지 못하고 소외되는 점에 비판적이다. 사회에서 정치민주화를 학습하고 경험하는 여성들은 교회민주화에 대한 열정을 갖고 여성과 청년이 의사결정 과정에 적극적으로 참여할 수 있는 제도가 마련되기를 희망한다. 교단별로 여성과 청년의 할당제를 주장하고 실현하는 것이 한 방법이다.

교회 재정의 민주적 결정과 재정 운용의 투명성에 대한 교회여성들의 비판은 아직 적극적으로 제기되지 않았지만 교회 재정의 운용에 대한 의식과 요구는 분명하다. 교회 내적으로는 다른 분야에 비해 소홀하게 여겨지는 교회학교와 유아학교의 교육에 더 많은 예산을 요구하고, 교회 외적으로는 선교비보다 사회적 약자에 대한 지원의 필요성을 강조했다. 교회는 이와 같은 여성들의 요구를 반영하는 성 인지적 예산 제도를 도입하고 투명한 재정 운용을 위한 교육과 제도를 모색해야할 것이다.

실태조사에서 나타난 교회 출석과 교회 이탈의 원인은 젊은 여성들의 개인적 종교성을 반영한다. 젊은 세대는 신앙생활에서 교회 인지도나 인맥에 의존하기보다 개인의 주체적 입장을 견지하는 경향을 보인다. 설교자의 유명세보다 설교 내용을 중시하고 교리 논쟁보다 체험적 교회환경을 선호하며, 교회의 근접성을 진지하게 고려하는 점이 기성세대와 다르다. 이와 같은 개인적, 실용적 종교 성향은 교인들의 갈등문제나 개인적 상황 변화를 이유로 교회를 떠나는 모습에서도 잘 드러난다. 또한 한국교회의 구조나 제도의 문제보다 교인의 생활과 내면의 문제에 더 비판적인 성향도 개인적 종교성의 맥락에서 이해할 수 있을 것이다.

교회는 자신의 필요와 요구를 중요하게 여기는 젊은 여성들에게 더 이상 반복되는 진부한 (교회)모임을 강제하기가 어렵다. 갈수록 경제 활동과 사회 진출이 증가하고 양육 부담이 가중되는 여성의 현실은 이제 여성만의 문제가 아니다. 이에 대응하여 사회 변화와 국가 정책이 이루어지는 시점에서 교회도 당면한 여성 문제를 직시하고 그 실천적 대안을 준비해야 한다. 나아가 교회 여성들이 개인적 종교성에 국한되지 않고 교회 개혁과 연대 활동에 책임감을 갖고 자발적으로 참여할 수 있도록 통합적 성인교육과 다양한 프로그램을 개발하는 것이 요구된다.

2. 성평등 의식화와 제도 개선을 마련하는 활동

젊은 여성들의 성평등 의식은 기성세대에 비하여 크게 높은 수준은 아니었고 사안에 따라 성평등 의식이 일치하지 않았다. 예를 들면 20대는 여성의 침묵과 순종을 강하게 거부했으나 성평등적 성서 해석의 필요성에는 관심이 적었다. 또한 장로 피택에서 남편보다 부인의 우선권을 인정하고 여성목사의 담임목사직을 지지하지만 장로 선출 과정에서 작용하는 성차별에 대한 감수성은 부족했다. 이는 연령이 낮을수록 규범적이고 이념적 수준의 평등의식이 강하고 현실 경험이 적은 것과 관련이 있다고 사료된다. 이런 점에서 교회 성평등 교육은 필수적이고 그 내용은 성평등의 실현을 위한 제도 개선과 의식화를 모두 포함해야 한다.

교회 성평등 교육은 교회와 사회의 성차별 현실을 비판하고 이론과 실천을 연계하는 다양한 방법을 활용하고 학습의 즐거움과 유익함을 제공하는 것이 바람직하다. 교회나 교단의 성평등 교육과 설교가 매우 부족하기 때문에 기독교 성평등 교육은 교회별 성평등 교육의 경험을 공유하고 교단별 성평등 교육의 데이터베이스를 구축·활용할 수 있는 시스템을 마련하는 것으로 시작할 수 있다.

교회에서 성평등 의식화와 제도 개선을 위한 활동은 여성만 참여하는 것이 아니라 남성도 참여해야 생산적인 결실과 상호만족을 얻을 수 있다. 예를 들자면, 기장 양성평등위원회는 위원 15명 가운데 7명이 남성인데 성별 상호이해와 협업으로 2010년 교단 여성총대의 할당제를 성사시키고 그 결과로 2.2%에 불과했던 종전의 여성 총대비율을 2011년에 7.7%, 2012년에 7.8%로 증가시켰다. 성평등의 실현은 실태조사에서 제안된 '성평등 봉사'처럼 때로는 성별분리로, 때로는 성별통합의 역동적 방식으로 이루어지는 것이 바람직하다. 이와 관련된 다양한 콘텐츠 개발과 경험의 축적이 요구된다.

3. 여성연대의 활성화를 위한 정책과 실천을 모색하는 활동

예배와 교회 안팎의 각종 회의, 교단과 초교파적 연합회 활동에 젊은 여성들의 관심과 참여가 적은 것은 여성연대의 활성화를 위한 걸림돌이다. 젊은 세대의 개인적 종교성을 공동체적 영성으로 확장시키는 일은 중요하지만 먼저 그들의 요구에 귀 기울이고 대응하는 것이 필요하다. 젊은 여성들은 교회의 위계구조와 일방적 전달방식, 당위성과 규범에 구속받기보다 교제, 소속감, 소통의 욕구를 만족시키는 방법으로 연대의식을 함양할 수 있을 것이다.

그런 의미에서 교단과 초교파적 연합회 활동이 명망가/지도자를 중심으로 중앙기관이 지교회에 전달하는 행사 수준을 넘어서 다양한 매체 활용으로 쌍방향 소통의 구조를 형성하고 개인의 삶과 관련된 생활 주제 및 참여하는 문화활동을 개발하는 정책이 바람직하다고 사료된다. 또한 세대 간 차이를 인정하는 세분화된 모임을 활성화하고 사안에 따라 소모임이 연대하는 역동적 시스템이 필요하다. 실태조사의 결과에서 나타난 대로 30대 여성들은 다른 연령대에 비하여 교회 비판의식이 강하고 사회의식과 연대활동에 대한 참여의지가 많은 집단으로 주목된다.[20] 교회는 이들의 잠재력을 개발하고 연대활동의 동기를 부여하는 정책과 실천을 제공해야 할 것이다. 반면 40대 여성들은 교회 외부의 연합회 활동을 거부하는 경향이 많다는 점에서 그 원인을 분석하고 대안을 모색하는 일이 중요하다.

끝으로 교회여성들의 연대모임을 활성화하는 데 가장 기본적인 것이 개교회와 교단과 초교파 단체 사이에 상호이해와 상호만족을 공유하는 소통구조의 형성이 아닐까 생각한다. 이에 대한 교회여성들의 지혜와 창의적 연대방식이 요구된다.

---

20 '리모델링 세대'로 불리는 30대는 가장 진보적인 세대라는 여론조사(한겨레신문과 한국사회여론연구소가 2012년 9월 8일 실시) 결과도 있다. 이들은 1997년 외환위기 이후 경제적 양극화를 체감하고 자신들이 20대에 경험했던 문화적 방식으로 새로운 정치 참여를 시도하는 특성을 보인다고 한다. 김종배, 『30대 정치학』(서울: 반비, 2012)을 참조하라.

기독교가 성인들의 성 인식과
태도에 끼친 영향에 대한 연구[*]

I. 들어가는 말

성은 개인의 정체성을 형성하는 주요 요인이고 평생 동안 개인의
정신적, 신체적, 심리적, 영적, 사회적 생활에 영향을 끼친다. 또한 성
은 한 사회나 국가에서 특정한 문화를 형성하는 요인으로 사회 통합과
해체를 촉진하는 기능을 갖는다. 이런 점에서 성교육에 대한 연구는
학문적 탐구일 뿐만 아니라 개인의 행복과 사회의 안정에 이바지하는
활동이라고 볼 수 있다. 개인의 성 가치관이 혼돈에 빠지고 성문제와
성폭력이 증가하는 상황일수록 이러한 연구가 요청된다.

기독교교육은 현대인이 성 가치관을 정립하고 바람직한 성 태도와
행동을 배우는 데 도움이 되는 이론적 지식과 실천적 경험을 제공할

* 이 논문은 2011년도 정부(교육부)의 재원으로 한국연구재단의 지원을 받아 연구되었음
(NRF-2011-35C-A00321).

수 있음에도 불구하고 이 분야에 대한 학문적 성과는 빈약하다. 기독교 성교육과 관련된 선행연구는 유아기를 다룬 박신경의 논문[1]을 제외하고는 대부분 아동과 청소년을 중심으로 이루어졌다. 이 연구들은 학습자(유아, 아동, 청소년)의 발달 과정에서 성교육의 필요성을 설명하고, 성에 대한 성서적 지식을 정리하여 기독교 성교육의 의미과 과제를 포괄적으로 제시하고 있다. 성인을 대상으로 한 연구는 기독교 성인교육에서 성교육의 필요성과 의미를 부분적으로 다룬 임희숙의 논문[2]과 성교육에 대한 기독교적 관점을 다룬 정정숙의 논문[3]이 있다. 이 연구들은 주로 문헌분석을 중심으로 이루어졌으며, 오늘 한국교회에서 필요한 기독교 성교육이 성으로 맺어진 사람들 사이의 소통과 평등과 책임을 함양하도록 기여해야 한다고 제안한다는 점에서 규범적 접근이라는 공통점을 띠고 있다. 그러나 이러한 규범적 접근은 성적 존재로서의 인간이 갖고 있는 욕구와 그 사회문화적 맥락에 대한 충분한 실증적인 분석에 근거하지 못하여 규범적이고 원론적인 성교육과 성적 인간의 현실이 서로 괴리되는 한계를 보이기도 한다. 이러한 한계를 극복하기 위해서는 기독교 성 담론이 교인들에게 어떤 영향을 주는가를 실증적으로 분석하고 성찰할 필요가 있다. 이러한 실증적 연구는 기독교 성교육을 구체화하는 데에도 도움이 될 것이다.

역사적으로 성 개념은 생물학적 성별을 의미하는 섹스, 사회문화적으로 구성된 성을 뜻하는 젠더, 그리고 성적 욕망·성 정체성·성적 지위·성 문화 등이 포함되는 섹슈얼리티로 발전하였다. 기독교 성교육이 생물학적 지식을 전달하는 수준을 넘어 성 가치관을 정립하고 바

---

1 박신경, "유아기를 위한 기독교적 성교육," 「신학과 목회」 32(2010).
2 임희숙, "성인들을 위한 교회교육의 전망과 과제," 「신학사상」 113(2001/여름).
3 정정숙, "성교육에 대한 기독교적 조명," 「신학지남」 185(1979).

람직한 성 문화를 형성하는 종교사회화의 과제를 지향한다면 섹슈얼리티 개념을 중심으로 성 담론을 전개하는 것이 적합할 것이다.

성교육은 생애주기에 따르는 평생교육이다. 성 정체성을 형성하는 시기가 아동기와 청소년기에 국한되지 않음에도 불구하고 성교육의 학습자를 아동과 청소년으로 보는 경우가 지배적이다. 이는 아동과 청소년을 상대로 한 성교육이 이들의 성적 자율성을 인정하기보다는 이들을 성 문제의 주범이나 희생자로 여기는 통념과 관련이 있다. 그러나 성교육은 성인들에게도 필요하다.[4] 성인들은 아동과 청소년보다 상대적으로 성 경험의 기회가 많고 성과 관련하여 더 많은 책임과 과제를 감당하기 때문이다. 하지만 성인들을 위한 성교육[5]은 그 필요성만 강조될 뿐 체계적으로 준비되고 있지 않다.

기독교 성인 성교육은 윤리와 도덕적 차원에서 성 행위에 대한 원론적 규범을 강조하는 한계를 넘어서서 성과 관련된 개인과 사회의 요구와 그 사회문화적 맥락이 반영된 학습 내용을 필요로 한다. 이러한 학습 내용을 마련하기 위해서는 성인들의 성적 요구와 그 사회문화적 맥락에 대한 실증연구가 우선적으로 이루어져야 한다. 이러한 실증연구에 적합한 방법은 심층면접이다. 왜냐하면 성은 개인의 사적 영역으로 보호되어야 하고 교인들의 성 가치관은 종교적 성 담론의 영향을 수용하거나 반발하면서 개성적으로 형성되기 때문이다.

심층면접의 참여자를 선정하는 기준은 다양하지만 성별과 세대별 차이에 주목하는 것은 의미가 있다. 남성과 여성은 성 정체성을 구성

---

4 성인 학습자에 대한 이론적 설명으로는 김현숙, 『탈인습성과 기독교교육』(서울: 대한기독교서회, 2004), 136-142를 참조하라.

5 이 문제를 다룬 번역 도서로는 하퍼 Dick, 황미선 역, 『성인을 위한 성교육』(서울: 은혜출판사, 1993)이 있다.

하는 가장 기본적인 요소이고 성별은 성 의식과 성 태도의 차이를 형성하는 주요 변인이라는 연구 결과들이 많기 때문이다.6 이는 역사적으로 가부장제 사회에서 남성과 여성의 성 경험이 다르게 형성되고 성이 성차별과 성별 권력 관계를 형성하는 한 요인으로 작용하는 문화와 관련이 있을 것이다.7

성 의식과 성 태도의 형성에 영향을 끼치는 성별 요인은 전통적 성 의식이 개방적으로 변화하는 시대적 추세에 따라 동성 간에도 세대별 차이를 나타낸다. 성 의식과 성 태도에 대한 세대별 차이는 성교육의 생애주기별 과제를 시사하고 성을 둘러싼 세대 간 갈등과 단절을 극복하는 대안의 필요성을 제기한다.

성은 개인의 주관적 의미체계이면서 성을 공유하는 당사자들 사이의 관계 맺기로 구성된다. 성의 관계 맺기가 제대로 이루어지면 당사자들은 특별한 친밀감과 상호 신뢰, 보살핌과 배려, 상호의존, 개방적 의사소통, 정서적 지지, 자존감의 고양을 경험하게 된다. 이와 같은 성 경험에 대한 개인적 반응이 성별과 세대별에 따라 공통점과 차이를 갖는다는 것을 염두에 둔다면 성교육을 위한 연구는 성 인지적 관점과 담론 분석의 관점에서 이루어져야 할 것이다.

본 연구는 이상과 같은 문제의식과 필요성에 따라 한국 기독교 성인들의 성 의식과 태도의 형성에 끼친 기독교의 영향을 성 인지적 관점과 담론 분석의 관점에서 분석함으로써 기독교 성인 성교육을 정립하는 데 필요한 지식 기반을 제공하고자 한다. 이를 위해 먼저 교회에

---

6 조영미, "한국 페미니즘 성연구의 현황과 전망," 한국성폭력상담소 엮음,『섹슈얼리티 강의』(서울: 동녘, 2006)를 참고하라.

7 장미경,『페미니즘의 이론과 정치』(서울: 문화과학사, 1999); Tazaki 히데아키, 이은미·이주희·김필식 역,『GENDER SEXUALITY』(서울: 한국문화사, 2006)를 참조하라.

서 지배적인 기독교 성 담론의 특징을 살펴보고, 그 다음에 성인들의 성 의식과 태도에 미치는 기독교 성 담론의 영향을 분석하고, 마지막으로 기독교 성인 성교육을 위한 과제들을 제시하고자 한다.

II. 기독교 성 담론의 특징

기본적으로 기독교 성 담론은 교리를 중심으로 신학화되고 교회의 사회화 과정을 통해 전달된다. 기독교의 이원론적 전통은 육체와 성에 대한 부정적이고 금욕적인 가치관을 중시하였기에 자유로운 성 담론은 기독교 역사에서 오랫동안 억압되어 왔다. 여성신학은 이러한 기독교의 전통적인 성 담론을 넘어서고자 하는 관점을 제공한다.[8]

1. 몸에 대한 인식

몸에 대한 기독교의 전통적 사상은 영육이원론에 뿌리를 두고 있다. 이에 따르면, 육체는 정신과 대립하는 영역으로 영원하지 못하고 제한적이고 시간의 흐름에 따라 낡고 부패한다는 것이다. '영혼을 가두는 감옥'으로 규정된 육체는 정신의 고양과 신앙의 정진에 걸림돌이 되기에 정신의 지배를 받아야 한다. 육체에 내포된 생리적 욕구와 감

---

8 손승희, 『여성신학의 이해』(서울: 한국신학연구소, 1989); 한국여성신학회 엮음, 『성과 여성신학』(서울: 대한기독교서회, 2001); *Horizons in Feminist Theology: Identity, Tradition, and Norms*, eds. by Rebecca S. Chopp and Sheila G. Davaney (Minneapolis: Fortress Press, 1997); Regina A. Coll, *Christianity and Feminism in Conversation* (Connecticut: Twenty-Third Publications, 1998)을 참조하라.

각과 성은 변덕스럽고 유혹에 약하기에 이성의 통제를 받고 순수한 영혼을 위해 억압되어야 한다. 이러한 금욕주의 전통은 초기 기독교에 영향을 주고 교회 제도를 통해 공고화되었으며, 교인들의 삶에 내면화되었다.

영육이원론은 가부장제 사회에서 남녀이원론과 결합하고 여성의 몸과 감수성을 비하하고 여성과 여성의 성을 혐오하게 만들었다. 월경과 출산을 하는 여성의 몸은 불결하고 성적 유혹으로 죄를 불러들이는 악의 수단으로 여겨졌고, 이러한 몸을 지닌 여성은 구원받기에 적합하지 않은 존재로 간주되었다. 육체 비하와 여성 혐오의 기독교 전통은 가부장적 교회 제도를 통해 전수됨으로써 여성들에게 자기 존재에 대한 열등감과 수치심을 심화하고, 성 차별을 정당화하고, 남성과 여성 사이의 소외와 단절을 일상화하는 근거가 되었다.

여성신학은, 이와 같은 기독교의 전통적 몸 인식을 비판하기 위하여, 인류를 구원하려고 이 땅에 온 그리스도가 육체를 입고 남성의 몸으로 왔다고 보는 성육신 신학을 재해석하였다. 그리스도의 몸은 구체적인 삶의 형상으로서 욕구와 감각과 감성과 성을 배제하지 않고 고통과 기쁨과 슬픔과 사랑을 표현한다는 것이다. 그리스도는 구원이 영육의 통전으로 이루어짐을 몸으로 보여줌으로써 영육의 분리와 육에 대한 영의 지배를 당연시하는 구원관을 무너뜨렸다. 하나님이 육신이 되었음을 고백하는 성육신 신학에서 몸은 감옥이 아니라 성육된 영이다. 이처럼 몸(Leib)은 생명의 유기체로서 특정 부분을 분리하여 소유하거나 지배할 수 있는 육체(Körper)가 아니다.9

그리스도가 남성의 몸을 취한 것도 새로운 관점에서 새롭게 성찰되

---

9 내가 몸을 소유한 게 아니라 내 몸이 곧 나라는 존재론적 의미를 가리킨다.

었다. 그리스도의 몸은 기존의 남성(성)을 대표하지 않고, 예전과는 전혀 다른 새로운 남성(성)됨의 가능성을 보여주는 상징적 의미를 갖는다.[10] 몸으로 나타난 그리스도의 말, 감성, 생각, 행동은 가부장제 사회에서 특권화된 남자들의 그것과 다른 모습이다. 남성 위주 문화와 성차별적 관행에서 벗어난 새로워진 모습이다. 그리스도의 몸은 가부장제와 상관없는 남성에 대한 구체적인 증거이다. 이러한 그리스도의 몸이 곧 교회다(고전 12:12). 그리스도의 몸이 상호의존적 유기체로서 특정한 성의 속박을 넘어서듯이 교회는 낡은 것을 벗어던지는 새로운 공동체이다. 이런 의미에서 예수 그리스도의 몸은 가부장적 남성이 상실한 인간성을 회복하는 구원이 일어나는 자리다.[11]

2. 성에 대한 인식

초기 기독교에 큰 영향을 미쳤던 그리스·로마 시대의 철학은 거룩함과 세속을 분리하고 경건함을 위해 세속적인 성을 억압하는 금욕을 강조했다. 육체는 악하고, 성은 '견디고 참아야' 하는 것이다. 따라서 구원은, 성교를 포기하고 순결하게 영성을 추구하여 성적 욕망을 초월하는 데서 성립한다. 이처럼 육체를 혐오하고 성교를 더럽게 여겼기에 동정을 유지하는 것이 순교에 상당하는 가치 있는 일이요 가장 경건하게 사는 모습이라고 생각되었다. 동정을 지키는 수도승은 타락한 몸이

---

10 강남순, 『현대 여성신학』(서울: 대한기독교서회, 1997), 117-120.

11 그리스도의 남성성은 사제직이 남자에게만 허용되는 근거로 이용되고, 월경하는 여성은 불결한 몸을 지녔기에 사제가 될 수 없다는 주장이 일부 교회의 전통이 되었다. Rita Nakasima Brock, *Journeys by Heart: A Christology of Erotic Power* (New York: Crossroad, 1988)를 참조하라.

주는 쾌락보다 금욕의 고통을 견디는 숭고함의 상징이 되었다. 그리하여 어떠한 자극이나 유혹도 느끼지 않는 몸이 이상적인 몸으로 여겨지고, 감각과 감정을 초월한 무감의 상태(*apatheia*)가 권장되었다.

기독교의 전통적인 성 인식도 성을 부정하고 금욕을 강조하는 점에서 금욕주의 철학사상과 다르지 않았다. 기독교는 성이 지닌 생명력과 쾌락의 기쁨을 분리하고 성적 쾌락을 영혼을 위협하는 악으로 억압하였다.[12] 교부 어거스틴은 음욕을 품으면 성적 죄를 범하는 것(마 5:28)이라는 말씀에 근거하여 성적 욕망을 순결한 마음을 오염시키는 불의 지옥으로까지 표현할 정도였다. 이는 성적 쾌락을 알게 되면 그것의 지배로부터 벗어나기가 그만큼 어렵다는 두려움을 시사한다.[13]

그러나 기독교가 4세기 엘비라 회의에서 성을 불경한 것으로 규정하고 성교를 죄악시했음에도 불구하고, 강요된 금욕의 결과는 간통과 불륜의 증가로 나타났다. 중세에는 특히 성직자들이 금욕을 파기하는 부작용을 은폐하고 기강을 확립하려는 의도에서 교회가 강령을 작성하여 성의 통제를 가시화하기도 했다.[14] 그 과정에서 기독교는 번식과 공동체의 유지를 위해 혐오스러운 성을 출산의 수단으로만 인정하고 일체의 성적 쾌락과 성적 동반자들 사이의 관계성을 거부하였다. 교부 아퀴나스는 남색이나 자위행위를 간음, 강간, 근친상간보다 더 사악하고 가증스런 성 범죄로 규정하였는데, 그 이유는 남색이나 자위행위가 임신을 불가능하게 하는 행위로 자연법칙을 위반한다는 것이었다.

이처럼 성을 천하고 추한 것으로 정형화한 기독교의 성 인식은 성서의 창조 원리를 부정하고 영육 합일을 기반으로 한 히브리 문화와

---

12 초대 교부들은 성교를 악마의 발명품으로 지칭하면서 죄악시하였다.

13 윤가현, 『성문화와 심리』(서울: 학지사, 2001)를 참고하라.

14 윌리암 핍스, 신은희 역, 『예수의 섹슈얼리티』(서울: 이룸, 2006), 324.

대립하는 양상을 보인다. 히브리 문화는 성을 우상화하지도 않았고 악마화하지도 않았다. 영혼과 육체를 분리 · 대립시키지 않고 육체를 통해 영성을 풍요롭게 하는 것을 지향했다. 이런 점에서 기독교의 육체혐오적 금욕주의는 성서적 근거에서 비롯되었다기보다 3, 4세기의 시대상황과 주변 종교(마니교와 불교)의 영향이 반영된 것으로 평가된다.[15]

성적 에너지는 생산과 관계를 형성하는 창조적 측면과 파멸과 죽음으로 유도하는 파괴적 측면을 갖는다. 사람은 이 양면성 사이의 긴장과 균형을 통해 생존 의지와 활력을 얻는다. 성적 쾌락은 종종 이성을 상실하고 도덕성을 포기할 정도로 강력하기에 절제와 적당한 통제가 필요하지만 지나친 금욕주의는 쾌락과 연관된 일체의 욕구, 감각, 정서까지 거부하고 생동감과 활기마저 고갈시킨다. 성의 부정적인 특성에만 집착한 결과 기독교는 성을 쾌락에 한정시키고 성적 쾌락이 사랑과 영성으로 확장되는 가능성을 배제하게 되었다. 기독교가 지속적으로 성을 통제하는 것은 단지 종교윤리적 목적만 아니라 기독교 체제의 유지를 위한 수단이라는 비판도 제기되고 있다.[16]

여성신학자 류터는 기독교의 성에 대하여 다음과 같이 집약적으로 표현하였다.

---

15 "기독교는 예수와 함께 '흐르는 강'과 같다. 히브리 풍토에서 시작된 '생수'의 근원은 남녀의 관계를 축복하며 시작한다. 그러나 기독교의 강줄기가 이방 문화를 지나면서 다른 요소들과 혼합되어 흐르게 된다. 그리스 철학의 물줄기는 이성적인 조직신학을 강조하며 성적인 세계를 축소해버린다. 기독교는 로마의 물줄기를 거치면서 베스타 처녀 여신을 숭배했던 종파들과 독신의 삶을 살았던 주피터 사제를 추앙한다. 기독교의 강은 이집트의 나일 강 문화를 거치면서 금식과 성적 금기를 해온 사막의 은둔자에게도 흐른다. 갠지스 강의 인도 문화를 거치면서 기독교는 성적 에너지의 승화를 흡수한다. 이렇듯 교회 전통의 강줄기는 다른 여러 문화의 강줄기를 거치면서 본래의 물줄기와 다른 강물이 되었다." 윌리암 핍스, 앞의 책, 316-317.

16 대럴 레이, 김승옥 역, 『침대 위의 신』(서울: 어마마마, 2012)을 참조하라.

예수의 삶은 특별한 성 양식을 보여주지 않는다. (…) 기독교인을 위
한 정해진 성생활은 없고 다양한 성적 표현을 갖고 있다. (…) 무엇보
다도 복음서는 성의 세계에 매몰되지 않는다. 인간의 성은 어둠의 죄
악도 아니고 완성의 길도 아니다.[17]

3. 성 관계의 방식

영육이원론은 남성적인 것에 신적 특징을, 여성적인 것에 세속적
특징을 부여하는 방식으로 남녀이원론을 옹호하고, 성차별의 근거를
제공한다. 기독교 전통은 여성이 성적 유혹자란 이미지를 기반으로 여
성에게 더 엄격한 성 규범을 적용하고 유혹하는 몸과 성을 지닌 여성
을 도덕적 신뢰가 부족하다는 이유로 교회 지도자직에서 배제하였다.

또한 가부장제 사회에서 보편화된 성에 대한 이중윤리는 남성에게
성적 쾌락을 추구할 수 있는 자유와 특권을 허용하고 남성의 비윤리적
인 성 문제도 남성다움이란 명목으로 관대하게 처리하는 경향이 있다.
반면 여성에게는 순결의 의무를 강요하거나 여성의 성적 문란을 엄격
한 성도덕으로 통제하고 있다. 이는 남성이 여성을 성적 대상화하고
여성은 남성에 대한 성적 신뢰를 상실하는 원인을 제공한다.

왜곡된 성 관계는 성적 욕구, 감각, 정서를 포함한 자기 성 정체성을
부인하는 요인이 되고 친밀한 관계를 형성하는 능력도 상실하게 만든
다. 사랑과 욕망을 분리하고 육체적 사랑과 정서적·영적 사랑을 분리
하는 방식은 사랑의 포괄적 실체를 보지 못함으로써 성적 감수성을 빈

---

17 Rosemary Ruether, "The Sexuality of Jesus," *Christianity and Crisis* 38 (29 May
1978), 135.

약하게 만들고 인간의 가치를 떨어뜨린다. 또한 남성들의 특권을 유지하는 데 악용되기도 한다. 여성과 여성의 성을 폄하하고 차별하는 의식은 성을 통제하는 관계 방식을 형성하는데 이는 상호의존과 상호만족을 위한 성을 파괴함으로써 성 관계로 맺어진 두 사람이 저마다 소외를 경험하고 고통 받게 한다.

성서에서 가장 오래된 결혼찬미가(창 2:23-24)에 나오는 히브리어 낱말 '야다'는 성교와 사랑의 인지능력이라는 두 가지 뜻을 갖고 있다. 성적 욕구는 인지적인 특성을 지녔기에 성적 호기심은 지적 호기심을 유발한다. 성은 나를 알고 상대방을 알고 사회와 세상을 인식하는 한 방법이다. 하지만 추상적인 성은 사랑과 인식을 분리시킨다. 인식은 소유, 지배, 억압의 특성이 아니고 의사소통의 수단이다. 성 동반자가 사랑을 창조하는 데 상호이해가 필수적이다.

성차별은 다른 성들 사이의 정서와 행동의 교류를 편협하게 만들고 다른 사람과 연합하려는 인간적 욕구를 억압한다. 양성을 이분법적 구도로 분리하고 지배하는 방식은 사람을 객체화하고 사람의 고유한 존엄성을 유린하며, 각 사람이 지닌 하나님의 형상을 함부로 대하는 것과 다르지 않다.[18]

---

18 Rebecca S. Chopp, *Saving Work: Feminist Practices of Theological Education* (Kentucky: Westminster John Knox Press, 1995)을 참조하라.

III. 한국 기독교인의 성 의식과 태도에 대한
　　성별, 세대별 분석

이제까지 기독교의 전통적인 성 담론의 문제와 이를 극복하는 새로운 성 담론의 윤곽을 살펴보았는데, 그렇다면 이와 같은 기독교 성 담론이 한국 기독교인의 성 의식과 태도에 어떻게 반영되고 있을까? 여기서는 심층면접을 통해 이를 분석하고자 한다.

심층면접에서는 먼저 출산과 쾌락, 성과 영성, 금욕과 향락을 중심으로 교인들의 성 의식을 살펴보고, 그 다음에 순결, 낙태, 성폭력, 성매매에 대한 교인들의 성 태도를 기반으로 기독교 성 담론이 성 의식과 성 태도에 끼친 영향을 규명한다. 면접 결과에 대한 해석에서는 성인지적 방법을 활용하여 성 의식과 태도에서 나타나는 성차와 가부장적 이중 성윤리에 주목하고, 담론 분석 방법을 사용하여 상징을 통한차이의 생성 과정을 이해하고 특정 담론이 의미를 형성하고 전달하는 맥락을 드러내는 데 초점을 맞추었다.[19] 피면접자들의 성 담론은 금욕주의, 근본주의, 여성주의 등 지향하는 신앙 유형에 따라 다르게 구성되리라고 추정하지만, 본 연구는 근본주의 신앙 유형의 기독교인들만을 면접 대상으로 선정하였다. 이는 근본주의가 한국교회의 지배적인신앙 유형 가운데 하나고 특정한 성 담론에 대한 확고한 입장을 제시하기 때문이다.[20]

---

19 이는 심층면접에서 나타난 성 담론이 그 의미를 명백하게 표현하기도 하고 모호하게 암시만 보이는 경우도 있음을 고려한 것이다.

20 기독교 근본주의의 가족신학과 성 담론에 대해서는 임희숙, 『기독교 근본주의와 교육』(서울: 동연, 2010), 1부를 참조하라. 또한 기독교 근본주의와 성 혁명의 관계에 대해서는 조은·조주현·김은실, 『성해방과 성정치』(서울: 서울대학교출판부, 2002), 70-76을 참조하라.

본 연구자는 20대 남녀 2명과 40대 남녀 2명 등 모두 4명을 상대로 해서 동일한 주제를 놓고 개별적 심층면접을 하였으며, 면접의 시간과 장소는 개인별 사정에 따라 지정하였다.[21] 20대 남녀 피면접자들은 미혼 직장인들이고 40대 남녀 피면접자들은 직장을 가진 기혼자들이다. 이들은 현재 서울에 거주하고 기독교 가정에서 성장하였으며 15년 이상 근본주의적 성향의 교회에서 신앙생활을 하고 있다. 면접은 주제에 대한 간단한 질문으로 시작해서 심층 대화로 진행되었는데 신학적 논의보다 신앙생활의 경험을 중심으로 피면접자들의 생각과 판단을 파악하도록 기획하였다. 면접 일정은 1회당 2시간을 기본으로 하되 면접의 필요성에 따라 개인별로 조정하였음을 밝힌다.

1. 성 의식

1) 출산과 쾌락

기독교는 "생육하고 번성하여 땅에 충만하여라"(창 1:28)는 창조 원리에 근거하여 출산을 성의 주요 목적으로 강조한다. 성은 "둘이 하나"(창 2:24)되는 즐거움과 쾌락을 부여하고 성적 만남으로 생명이 탄생한다.

생명 에너지인 성은 종족 번식을 가능하게 하고 성 관계의 쾌락도 제공한다. 번식과 쾌락이라는 성의 두 특성을 따로 분리하기는 쉽지 않으며, 성적 쾌락이 초래하는 원치 않는 임신은 개인적, 사회적 성문제를 초래한다. 20세기에 들어와서 피임을 위한 의학적 발달은 성의

---

21 질적 연구의 특성상 제한된 인원을 대상으로 한 결과는 그 한계가 있다. 같은 주제로 양적 연구를 병행하는 것이 바람직하고 이는 추후 과제가 될 것이다.

번식과 쾌락의 영역을 분리시키고 임신의 두려움을 벗어난 성교를 가능하게 했다. 이는 성적 억압이나 강제를 벗어나 성을 향유할 수 있는 여건을 제공하고 여성에게도 성적 자유를 부여하는 계기가 되었다. 또한 사회경제적 필요에 따라 출산을 조절하는 인구정책의 도입이 가능해지고 성적 쾌락을 상품화하는 성 산업의 확대를 촉진하였다.[22]

이와 같은 사회문화적 맥락에서 출산과 쾌락의 분리를 놓고 심층면접을 진행한 결과, 피면접자들은 쾌락보다 출산이 더 의미가 있다고 보고 이 둘을 분리하여 쾌락만 추구하는 데 대해 매우 부정적인 견해를 보였다. 그들은 창조주가 인간에게 성을 부여한 목적이 "생육하고 번성하라"는 말씀대로 출산에 있다는 확고한 생각을 갖고 있었다. 의도적으로 출산을 회피하고 쾌락을 추구하는 것은 인간의 성 충동과 이기심을 만족시키는 행동으로 죄를 범하는 동기가 된다고 믿는다. 혼전 성교와 외도, 저출산 현상을 그 사례로 들었다. 결혼관계를 벗어난 성관계를 부정하고 죄악시하는 성 의식에서는 피면접자들의 성별과 세대별 차이가 나타나지 않았다. 이는 기독교 성 담론을 그대로 수용하여 내면화한 결과로 평가된다.

"하나님이 남자와 여자를 창조하신 뒤 '생육하고 번성하라'고 축복하신 것은 우리들에게 위임하신 명령입니다. 과거에 비해 출산율이 높진 않지만 여러 가지 이유로 출산을 기피하는 행위는 하나님의 명령을 거부하는 죄가 아니겠어요."(40대 남성)

"자식 양육이 부담이 되는 세상이지만, 그래도 자식 없는 남녀 성 관계

---

22 도널드 시먼스, 김성한 역, 『섹슈얼리티의 진화』(서울: 한길사, 2007)를 참조하라.

란 무슨 의미가 있을까요. 성적 쾌락이란 일시적이고 이기적인 거라 수치심을 갖게 하지요. 쾌락이란 유혹에 마음이 흔들리게 되면 결국 죄를 짓는 거 아닌가요."(20대 여성)

성과 번식의 결합을 정상적이고 자연적인 것으로 확신하는 근본주의 기독교인들은 출산이 가능한 이성애만 인정한다.[23] 생육하고 번성하라는 성서 말씀을 문자적으로 수용하는 기독교인들은 피임이나 콘돔 사용까지도 죄로 여기는 경향을 보인다. 이로 인한 인구 과잉과 에이즈 확산 등의 사회적 문제에 대해서는 거의 관심이 없다.

2) 금욕과 향락

금욕은 성적 욕망을 두려워하고 죄악시하는 의식을 기반으로 성을 통제하는 오랜 종교적 전통이다. 금욕적 전통은 성의 해방을 대중화하는 시대적 풍조와 성 상품화를 확산시키는 소비자본주의의 도전을 받고 있으며, 금욕적인 성 의식도 변화하고 있다. 전통적인 성 가치관과 성 규범의 구속력은 점차 약화되고 전통적 성 질서도 해체되는 사회변동은 가속화하는 추세를 보인다.

이와 같은 상황에서 피면접자들은 기본적으로 금욕의 필요성을 지지하면서 그 실천 여부에 대해서는 유보적인 모습을 보였다. 일반적으

---

[23] 그러나 성서는 창조된 남자와 여자에게 번식의 명령을 전달하기에 앞서서 그들이 하나님의 형상임을 이야기한다. 사람이 하나님의 형상으로 창조된 것은 사랑이신 하나님을 따라 우리도 사랑하는 사람이 되어야 한다는 의미이다. 출산에만 집착하는 성 의식은 성의 자기초월적 능력을 무시하게 된다. 출산은 자기초월적 사랑의 한 표현이지, 그것의 유일한 목적이 아니다. 자기를 초월하는 사랑은 출산과 양육으로도 가능하지만 다양한 다른 방식도 있기 때문이다. 아가서는 "아무도 못 끄는 불길"(아 8:6-7)인 성으로 두 사람이 한 몸을 이루는 것은 출산을 위한 것이 아니라 사랑하기 위한 것이라고 노래한다.

로 기독교인들은 금욕이 더 경건한 삶이라고 생각하고, 결혼을 하지 않고 독신으로 사는 것이 더 금욕적이라고 여기는 경향이 있다. 피면 접자들도 이와 동일한 생각을 갖고 있으며, 성적 소비 욕망을 자극하는 대중매체와 성적 정보가 범람하는 인터넷 환경을 금욕의 장애물로 강조하였다. 성별로 보면 남성들은 성적 금기에서 일탈한 자신의 경험을 은폐하고, 여성들은 자신의 성적 욕구에 두려움을 갖고 남성들의 향락문화를 경계하는 불편함을 시사하였다. 세대별로는 20대가 40대보다 향락문화와 성적 방종을 불경하다고 여기고 그와 관련한 죄의식에 민감한 반응을 보였다. 40대는 부부의 성 생활이 습관화되면서 성적 쾌락의 기쁨을 망각하거나 둔감해진 경향을 소극적 금욕 형태라고 여기고 있었다. 20대 피면접자가 표현한 금욕은 다음과 같다.

"현대판 소돔과 고모라처럼 성 문란이 넘치는 죄 많은 세상에서 우리는 단단히 무장해야 합니다. 특히 요상한 여자들 앞에서는 눈과 귀를 가리고 영적으로 싸워야 해요. 조금만 방심하면 죄를 짓고 경건한 신앙심을 잃어버리게 되니까요."(20대 남성)

인용문에서 드러난 근본주의 기독교인의 성 의식은 성적 쾌락에 대한 죄의식이 강하고, 성을 향유하는 행위와 경건함을 분리하고, 금욕적 규범에서 일탈하는 것에 대한 불안을 드러내고 있다. 이런 경향은 기독교 금욕주의가 여성들의 외모를 단속하는 데서도 나타난다. 몸의 노출을 강조하는 옷, 화려한 장신구, 요란한 화장은 성적 유혹과 타락을 암시한다고 여겨진다. 여성의 몸이 표현하는 목소리, 몸짓, 분위기, 시선 등에 대한 엄격한 통제도 같은 맥락에서 이해할 수도 있다.[24]

이렇듯 금욕의 의무가 여성에게 집중되는 것은 가부장제의 이중 성

윤리에서 영향을 받은 것으로 볼 수 있다. 여성의 금욕을 당연하게 여기면서도 남성의 향락에 관용적인 태도를 보이는 것은 성적 파트너의 상호신뢰를 파괴하고 성에 대한 종교적 위선을 조장하는 한 요인이 될 수 있다.[25]

3) 성과 영성

영육이원론에서 세속과 거룩함의 상징으로 분리되었던 성과 영성의 관계는 사랑 안에서 역동적으로 통합될 수 있다. 구약과 신약에서 영은 숨(호흡)을 의미하고 이 숨은 몸 안에서 성적 삶을 살아가도록 돕는다. 영육의 통합은 몸의 성스러움을 인정하고(고전 6:19), 이 성스러움은 하나님의 뜻에 따라 사랑을 구현하는 일과 무관하지 않다. 몸의 욕구, 생각, 감정, 행동으로 사랑을 실현하는 것이기에 성적 금욕으로 영적 순결을 지킨다는 것은 모순이다. 영성이 삼라만상의 존재방식을 설명하는 것이라면 성은 여성과 남성이 세상을 어떻게 경험하고, 타자와 어떻게 연결되어 있는가에 따라 결정되는 개념이다. 이런 점에서 영성과 성은 서로 분리될 수 없는 상호관련성을 갖는다.

그럼에도 근본주의 기독교인들이 성과 영성의 상관성을 이해하는

---

24 *Fundamentalism and Gender*, ed. by J. S. Hawley (New York & Oxford: Oxford University Press, 1994), 35.

25 여기서 한 가지 짚고 넘어가야 할 것이 있다. 기독교 근본주의는 성적 쾌락을 부정하면서 성적 파트너의 신뢰관계만을 강조하는데, 성적 파트너 사이의 신뢰는 각자 자신의 성을 수용하고 긍정해야 비로소 형성될 수 있다는 것이다. 신뢰가 있어야 성적 표현에 두려움이 사라지고 성적 존재로 느끼는 기쁨을 받아들이게 된다. 성을 부정하게 여기면 쾌락을 느끼기 어렵고 신뢰도 형성하지 못한다. 신뢰가 있을 때 성적 동반자들은 자기 소망과 걱정을 표현하고 일방적 희생을 거부하고 상호 책임도 나눌 수 있다. 이럴 때야만 어느 한 사람도 두려움이나 굴욕감이 없이, 지배당하거나 악용당하지 않는 성적 사랑이 가능하다.

것은 결코 쉽지가 않다. 성적 욕망은 순결함을 더럽히고 욕망에 따른 일시적인 쾌감과 만족으로 사랑을 배반하고 신앙을 위협한다는 믿음에 따라 성속의 분리가 확고하기 때문이다. 성적 유혹에 약하고 금욕을 위반하는 죄를 범하는 사람의 성을 초월적인 하나님의 사랑과 연결하는 것은 불경스러운 위험한 발상으로 여긴다. 이와 같은 성과 영성의 철저한 분리는 그만큼 성에 대한 부정적 인식이 강하고 성을 통제의 대상으로만 간주하는 의식을 반영한다고 볼 수 있다. 이런 성 의식은 교회 성 담론의 영향보다 가정에서 더 많은 영향을 받고 형성된다는 것이 면접 과정에서 파악되었다.[26] 이 점에서는 성별, 세대별로 유의미한 차이가 나타나지 않았다.

"육체는 낡고 부패해도 영혼은 새로워지듯이 성적 욕망의 죄는 영성으로 지워야 해요. 영성이 높아질수록 성욕도 줄어들고 경건해진다고 어릴 때 들었던 말이 늘 기억에서 떠나지 않아요. 우리 부모님은 성 문제가 가장 큰 죄라고 매우 금욕적으로 사셨는데 나도 그렇게 살려고 애를 쓰고 있지요."(40대 여성)

인용문에서 주목되는 것은 성과 영성에 대한 개념이다. 여기서 성은 본능적 욕구에 따라 죄를 짓게 만드는 쾌락이나 행위로 암시되고, 영성은 욕망과 세속적 문제와 분리된 초월적이고 추상화된 종교성을 암시한다. 이런 인식에서는 성과 영성은 적대적 관계이고, 성적인 죄는 영성의 힘으로 구원받아야 하는 것으로 여겨진다. 이는 거룩하신

---

26 성속의 분리를 기반으로 한 성 의식의 형성에 가정이 끼친 영향이 지대하다는 점은 성 평등 의식이나 성 역할의 형성에 가정과 부모의 양육방식이 주요 요인이라는 연구 결과와 같은 맥락에서 주목된다.

하나님과 죄 많은 사람들의 관계에도 동일하게 적용되며, 창조주와 피조물의 전적인 분리를 강조하는 데로 나아간다.[27]

2. 성 태도

태도는 경험을 통해 조직된다. 태도는 "태도 대상과 상황에 대한 개인의 반응에 직접적 혹은 역동적으로 영향을 미치는 정신적 및 신경적 준비상태를 의미하는 개념"[28]이다. 태도는 행동 이전의 상태로서 행동의도를 파악하고 특정 행동에 대한 예언을 가능하게 만든다. 그렇다면, 교인들의 성 태도는 앞에서 살펴본 성 의식과 어떤 상관관계를 갖는 것일까? 이를 드러내기 위해 순결, 낙태, 성폭력, 성매매라는 주제에 초점을 맞추어 심층면접을 진행하였는데, 그 내용을 분석하면 다음과 같다.

1) 순결

일반적으로 순결은 성 경험이 없는 상태를 의미하는데, 성적 욕구

---

27 이러한 전통적인 견해를 비판하면서 여성신학은 창조주와 피조물의 전통적인 분리와 창조주에 대한 피조물의 일방적인 의존 관계를 상호 역동적인 관계로 재해석하였다. 사람과 피조물의 관계에 대해서도 둘의 차이보다는 둘이 공동 운명체임을 강조함으로써 양자의 분리와 일방적인 지배관계를 극복하고자 하였다. 하나님의 사랑은 피조물 가운데서 상호성과 관계능력으로 계시되었기 때문이다. *Women's Spirituality: Resources for Christian Development*, ed. by Joan Wolsky. Conn (New York: Paulist Press, 1986); *Weaving the Vision: New Patterns in Feminist Spirituality*, ed. by Judith Plaskow and Carol P. Christ (New York: Harper Collins Publisher, 1989); Rosemary Ruether, *Gaia and God: An Ecofeminist Theology of Earth Healing* (San Francisco: Harper Collins Publishers, 1992); 데이빗 그리핀, 강성도 역, 『포스트모던 하나님 포스트모던 기독교』(서울: 한국기독교연구소, 2002), 124-154.

28 한덕웅 외, 『사회심리학』(서울: 학지사, 2005), 78.

를 불결하게 여기는 기독교 성 담론에서 순결은 성적 욕망이 없다는 뜻도 포함한다. 동정녀 마리아는 성교의 경험이 없을 뿐만 아니라 성욕조차 없었다는 생각이 이를 보여준다.

가부장제 전통은 여성의 성을 통제하는 수단으로 순결 이데올로기를 만들어내고, 그것에 부응하는 성 규범을 제도화하고 순결의 상실에 대한 사회적 처벌을 마련하였다. 여성의 순결에 대한 전통적 의식과 사회문화적 관행은 시대변화와 함께 약화되어 왔으며, 우리 시대에는 보다 인간적이고 민주화된 성 윤리의 필요성이 대두되고 있다. 하지만 이에 대한 저항도 만만치 않은데 그 하나가 기독교 근본주의의 대응이다. 기독교 근본주의는 성의 개방화와 성적 문란, 특히 여성의 성적 타락을 세상과 교회의 질서를 위협하는 주요 원인으로 규정하고 (여성의) '순결의 회복'과 가부장제 성 도덕의 재건을 선교의 기치로 내세운다. 이는 '순결 이데올로기'가 성차별을 유지하는 통제 전략의 의미를 지니고 있음을 보여준다.

이와 관련하여 피면접자들은 (여성의) 순결을 통한 도덕성의 회복에 적극 동조하는 태도를 보였다. 피임약이나 피임도구의 사용으로 무분별한 성행위가 만연하고 비윤리적인 향락문화가 확산되는 것은 여성들이 순결의 도덕적 가치를 상실하고 수치심을 잃은 데서 비롯된 현상이라고 확신하였다. 남성보다 여성에게 순결과 성 도덕을 요구한 점은 피면접자들의 성별과 세대별로 차이가 없었으나 순결을 지키는 방법에는 세대차가 나타났다. 20대는 순결을 지키기 위해서는 순결에 대한 설교보다 피임 지식이 더 필요하다고 본 데 반해서 40대는 종교적 규범보다 상황 윤리를 더 선호하였다.

"요즈음은 순결을 가볍게 여기는 여자들이 많다. 몸을 함부로 굴리면

결국 손해 보는 건 아직도 여자들인데. 어느 남자가 성 경험 많은 여자를 자기 아내로 맞이하겠는가. 결혼을 앞두고 여자들이 과거에 대해 쉬쉬하고 성을 모르는 것처럼 내숭을 떠는 걸 보면 안다. 세상이 변해도 여자의 가치는 순결함에 있다는 것을."(40대 남성과 여성)

인용문이 시사하듯이, 오늘날에도 순결의 상실로 고통당하고 억압당하는 여성들이 적지 않다. 이와 같은 현실의 배경을 이루는 것은 성을 성교로 제한하고 성적 감각, 환상, 친밀한 관계, 사랑을 무의미하게 만드는 편협한 의식과 관행이다. 감정과 정신이 결핍된 성에는 쾌락의 소비만 남는다. 이는 성적 존재의 인격을 부정하고 성적 욕구가 지닌 잠재력과 가능성을 포기하게 만든다. 따라서 무슨 목적으로 누구를 위해서 여성의 순결이 요구되는지를 묻고 성찰하는 것이 중요하다.

현재진행중인 순결에 대한 의식 변화는 양가적 의미를 갖는다. 여성에게 강요되었던 순결 강박이 약화되어 성 관계의 민주화를 이루어가는 추세가 한편으로 나타나지만, 또 다른 한편에서는 가부장제의 흔적이 여전히 사라지지 않은 채 순결이 변형된 방식으로 성차별을 유지하고 성 관계의 불신을 조장하는 데 사용되고 있다.

2) 낙태

낙태 문제를 놓고서는 태아의 생명권을 수호한다는 견해와 임산부의 성적 결정권을 옹호한다는 견해가 서로 대립하고 갈등을 불러일으키고 있다. 기독교 근본주의는 여성의 몸에 대한 자율권을 반대하고, 낙태를 "생육하고 번성하라"(창 1:28)는 말씀에 대한 불순종으로 죄악시한다. 또한 생명이 "하나님의 주권의 문제"라는 논거를 내세워 낙태의 윤리적 문제를 제기한다.29

그런데 심층면접의 결과, 근본주의적 기독교인은 교리적인 면에서는 낙태를 반대하지만 실천적인 면에서는 현실적인 선택을 중시하는 이중적인 모습을 보였다. 성별로 보면 남성보다 여성이 낙태에 대한 상황윤리적 접근에 더 적극적으로 호응하였고, 세대별로는 20대가 40대보다 낙태를 현실적으로 선택할 수 있다고 생각하는 경향을 보였다. 이는 여성과 젊은 세대가 낙태 반대의 당위성보다 낙태의 필요성을 인정하고 출산 후 양육의 부담감에 대해 남성과 기성세대보다 더 민감하게 반응하는 것으로 해석된다.

"미혼모가 사람대접을 못 받고, 태어난 아이도 키울 형편이 안 되는데, 어떻게 출산을 할 수 있나요. 이 나이에 내가 하고 싶은 것도 많고 해야 할 일도 많잖아요. 아기도 소중하지만 나도 제대로 살 권리가 있지 않나요. 다만 살인은 죄가 된다는 성서 말씀이 마음에 걸리고 죄책감을 느껴요. 낙태를 한다면 교회를 떠나야겠지요."(20대 여성)

"낙태를 한 여자는 왠지 만나고 싶지 않습니다. 그 여자는 낙태를 할 만큼 해서는 안 되는 성 관계를 했다는 거죠. 그리고 생명을 죽인 거라 그 죄도 무섭고요."(20대 남성)

인용문에서 주목되는 것은 성서의 문자주의가 낙태에 대한 태도에 끼치는 영향이다. 이는 여성의 성을 통제하는 종교적 방식 가운데 하나로 당사자에게 낙태에 대한 죄의식과 불안을 심어주는 잠재적 효과를 갖는다. 문자주의를 넘어서서 경전의 가르침을 배우는 것이 필요한

---

29 한춘기, "성경과 낙태," 『신학지남』 61(1994년 봄호), 224.

이유다.

낙태로 인한 성적 피해자의 대부분은 여성이다. 낙태한 여성이 당하는 고통의 근원은 낙태가 여성의 몸에서 이루어진다는 현실과 원치 않은 임신은 '몸 간수'를 하지 못한 여성의 탓이라는 관행, 자기 몸에 의존하는 생명을 버린 이기적인 모성이라는 사회적 낙인과 연결되어 있다.

성차별적 성 문화에서 여성들은 낙태에 대한 두려움으로 성에 대한 부정적 인식을 강화하고 낙태로 인한 죄책감으로 낙태문제를 사회구조적으로 해결하려는 노력을 쉽게 포기하고 자학이나 망각으로 고립되는 경우가 많다.

3) 성폭력

가부장제 사회에서 성폭력은 다른 범죄보다 가해자와 피해자가 성별로 더 극명하게 나뉜다. 피해자가 다수인 여성들이 성폭력 후 대응하는 방식은 주로 침묵, 은폐, 회피, 왜곡, 자해 등인데, 이것은 자아존중감의 약화나 상실을 반영하는 전형적인 모습이다. 자아존중감은 자아개념과 연관된 개인의 가치와 능력에 대한 자기 평가를 의미하는데, 성폭력 피해자는 가해자보다 더 많이 죄책감과 불안을 경험하면서 자기를 비하하는 성향이 강하다. 성 인지적 관점에서 볼 때, 이런 현상의 이면에서 작용하는 사회문화적 맥락을 성찰하는 것이 중요하다. 무엇보다도 먼저 지적할 것은 성폭력이 불의한 범죄라는 사회적 인식이 부족하다는 점이다. 폭력은 결코 사랑의 행위가 될 수 없고, 상호성을 깨드린 일방적 성 관계는 정의를 파괴한 죄라는 인식이 사회적 공감을 얻어야 한다. 그 다음, 성폭력의 원인 제공자가 여성이라는 통념이 갖고 있는 문제가 지적되어야 한다. 이와 같은 통념 때문에 성폭력 피해의 책임이 여성에게 있다는 생각이 나타나는 것이다. 이러한 편향적 인식은 여성이 성적 유혹자라는 남성 위주의 관점을 반영한 것인데, 여성이 이를 내면화하면 자신의 성을 남성의 관점에서 통제하는 결과가 빚어진다. 마지막으로 지적할 것은 생리적인 본능이 이성의 지배를 쉽게 벗어날 수 있다는 것을 빌미로 내세우면서 남성의 폭력이 충동에 의한 실수인 양 그 의미를 축소시키는 뿌리 깊은 관행이다. 이러한 관행 때문에 폭력 피해자의 고통이 경시되고 성폭력의 예방과 사후처리에 대한 사회적 노력이 소홀해진다.

성폭력에 대한 피면접자들의 태도는 앞에서 언급한 성차별적 관행과 크게 다르지 않은데 특히 주목되는 것은 교회에서 성폭력을 어떻게 해결하여야 할 것인가에 대한 견해이다. 피면접자들은 대체로 교회의 유익과 덕을 위해 성폭력의 문제를 은혜롭게 처리해야 한다고 생각하는데, 이것은 성폭력에 대해 가해자가 책임을 질 것을 요구하기보다는 피해자의 용서와 사랑을 강요하는 것을 의미한다. 성별로 보면 성폭력에 대한 두려움과 분노는 남성보다 여성에게 더 많이 나타나고 세대별로는 40대보다 20대가 성폭력의 공론화에 미온적 태도를 나타냈다. 다음의 인용문은 성폭력에 대한 기독교인들의 태도를 압축적으로 보여주는데 여기서 성에 대한 협소한 의식과 성폭력의 사회문화적 맥락에 대한 이해의 결여가 나타난다.

"솔직이 성폭력이 무엇인지 잘 모르겠어요. 대중매체에 보도되는 성폭력은 너무 극단적인 내용이라 두려움만 갖게 하고 내 일이 아니라 다행이란 생각이 들어요. 가능한 한 그와 관련된 이야기는 듣지 않고 보지 않으려고 합니다. 자기만 조심하면 성폭력은 피할 수 있는 거 아닌가요. 교회에서 성폭력에 대한 이야기는 듣기가 민망하고 너무 세

속적인 내용이라 은혜롭지가 않아요."(20대 여성)

"성폭력이 많다 보니 여성들이 너무 민감하게 반응하는 경우가 많습니다. 의도하지 않은 상황에서 남자니까 성폭력의 가해자로 여겨지는 게 기분 나쁘고 나 스스로도 그렇게 오해받을까 봐 행동이 위축되기도 합니다. 은연중에 불신만 쌓이는 것 같아요."(20대 남성)

"살인적인 업적 경쟁에 시달리면서 가족들 먹여 살리려는 남자들의 고생과 희생을 아내나 자식들은 얼마나 알고 있을까요. 밖에서 당한 모욕과 수고에 아랑곳하지 않는 아내나 자식들을 보면 때때로 억울하고 화가 납니다. 안에서 마음 붙이기 어렵고 밖에서 시달리다 보면 간혹 성 문제(성폭력 포함)도 생겨나게 마련이지요. 이를 지혜롭게 처리하는 게 현모양처고 가족의 사랑이 아니겠어요."(40대 남성)

"성폭력을 당했다고 여기저기 알리고 피해를 보상받으려는 여자들의 행동은 파렴치하다고 느껴집니다. 특히 교회 안의 성문제를 사회에 폭로하고 떠들면서 그게 의로운 행동이라고 생각하는 건 이해할 수가 없어요. 둘 다 잘못이 있으니 당사자들이 알아서 조용하게 해결하고 교회를 위해 은혜롭게 처리해야 합니다."(40대 여성)

4) 성매매

자본주의에서 관계는 상품이 된다. 상품화된 성 관계에서 성 욕구를 지닌 한 인격은 특정한 성적 매력과 치장으로 포장된 상품으로 대치된다. 이렇게 교환가치로 성을 인식하게 되면 성에 관련된 욕구, 감각, 정서는 왜곡된다.

성을 사고파는 행위에 대한 피면접자들의 태도는 양면적 성향을 보였고 성매매 개선을 위한 사회적 참여에는 반대 입장을 나타냈다. 성매매의 역사가 길고 성서에도 등장하는 주제라는 점에서 피면접자들은 성매매를 주제로 이야기를 나누는 데 대한 거부감이 적었다. 그들은 대체로 성매매의 행위를 더럽고 추한 일로 죄악시하지만 성매매가 인간 사회에서 사라지기 힘든 필요악이라고 여겼다. 성별로는 남성보다 여성이 성매매를 단죄하는 경향이 강했고, 세대별로는 40대보다 20대가 성매매에 대한 실용적 태도를 갖고 있었다.

"성매매는 더러운 행위입니다. 예수님이 창녀들과 함께 하신 것은 그들을 가엾게 여기셔서이지 그들의 죄를 용서하신 것은 아니잖아요. 나는 자신의 몸과 성을 파는 여자들이 같은 교회의 교인이라면 예수님처럼 같이 어울리기보다 회피할 겁니다. 돈이 필요하면 다른 일을 찾아야 하는데…."(40대 여성)

"성매매는 성폭력이나 성추행보다 합리적인 성 관계가 아닐까요. 처벌 위주의 성매매특별법은 실효성이 적으리라 봅니다. 하지만 나는 기독교인으로서 성매매에 관련된 사회운동에 반대합니다. 기본적으로 성은 개인의 사생활인데 법이나 교회에서 다루어야 하는 문제는 아니니까요."(20대 남성)

"성매매 여성종사자들은 피해자라는 생각보다 죄인이라는 느낌이 들어요. 몸이 더럽혀지는데 마음과 영혼이 순결할 수 없잖아요. 그들은 무엇보다 자신의 죄를 회개하고 다른 사람도 죄를 범하게 하지 말아야 합니다."(20대 여성)

인용문에서 나타나듯이, 근본주의 기독교인들에게 성매매는 회개
가 필요한 죄로 인식되고 있다. 주목되는 것은 회개 대상이 성매매 여
성 종사자로 한정된다는 점이다. 그것은 성매매를 둘러싼 다양한 이해
관계와 사회문화적 맥락에는 관심이 없다는 뜻이다. 또한 성매매의 필
요성을 성폭력 예방으로 정당화하는 (남성) 성 구매자의 태도는 성매
매와 관련된 국가정책이나 사회적 의제의 필요성을 반대하는 견해와
대조를 이룬다. 이처럼 근본주의 기독교인들에게서 관찰되는 성 태도
는 전통적 성 역할과 성차별을 정당화하고 성을 죄악시하는 기독교 성
담론의 영향을 반영하는 것이지만, 실제로 성 구매자의 문제를 외면하
고 성매매 종사자들을 단죄하는 태도는 성서의 가르침을 벗어나는 것
으로 볼 수 있다. 이러한 태도에서는 성매매의 사회구조적 의미와 그
에 대한 책임을 공유하려는 기독교 영성이 함양되지 않을 것이다.

IV. 나가는 말: 기독교 성인 성교육의 과제

본 연구는 기독교인의 성 의식과 성 태도에 관하여 심층면접을 실
시하고 그 면접의 내용을 성 인지적 관점과 담론분석의 관점에서 분석
하는 데 초점을 맞추었는데, 그것은 기독교 성교육의 모델을 모색하는
데 실질적인 정보와 도움을 제공하기 위한 것이었다. 또한 면접 대상
을 성별과 세대별 기준에 따라 선별한 것은 기독교 성교육의 전문성과
세분화를 지향하려는 의도에서 비롯된 것이다.

심층면접의 내용을 분석한 결과, 기독교의 성 담론은 교인들의 성
의식을 형성하는 데 많은 영향을 주고 있으나 성 태도의 형성에 미치
는 영향은 적은 것으로 나타났다. 이는 의식과 행동 사이의 불일치를

반영하는 것으로 해석되며, 전통적 교리를 중심으로 전개되는 기독교 성교육이 시대 변화와 성에 대한 성별, 세대별 인식의 차이를 고려하지 않고 있음을 시사한다. 이런 점들을 고려하면서, 아래서는 기독교 성교육의 과제를 몇 가지 제안하고자 한다.

1. 생활세계와 연계된 소통과 성찰의 교육

성 정체성은 특정 사회가 성별에 부여하는 가치와 기대를 개인이 내면화하고 이를 자신과 동일시하는 것을 의미한다. 개인은 다양한 삶의 경험으로 자신의 정체성을 자율적으로 재구성하고 변화시킬 수 있다.[30] 성은 자아 정체성의 주요 요소일 뿐만 아니라 의사소통의 표현이기에 관계 안에서 배움이 가능하고, 상호 배움을 통하여 성 정체성이 변화한다. 성교육의 상호 배움 방식은 다양하지만 성별, 세대별 차이를 넘어 소통하는 것도 의미가 있다. 성별 관점의 성교육은 남녀의 소통과 평등과 상호책임을 강조하는 성 인식을 정립하고 성 갈등을 해결하는 대안을 모색하는 데 도움을 줄 수 있을 것이다. 세대별 관점의 성교육은 성교육의 연령별 세분화와 전문화를 촉진하여 성교육의 효과를 증진하고 공동체의 평생교육을 위한 한 영역으로 자리매김할 수 있을 것이다. 이런 의미에서 기독교 성인 성교육은 성인 초기, 중기, 말기의 생애주기별 맞춤형 교육으로 특성화되는 것이 바람직하다. 이는 고령화 시대의 성별 갈등과 세대 간 성문제를 해소하고 사회적 통합을 이루는 데 기여하는 한 대안이 될 수 있기 때문이다.

---

30 이에 대해서 앤소니 기든스, 권기돈 역, 『현대성과 자아정체성』(서울: 새물결, 1997); 앤소니 기든스, 배은경·황정미 역, 『현대사회의 성·사랑·에로티시즘』(서울: 새물결, 1996)을 참조하라.

기독교 성교육은 성을 주제로 한 교육과정, 프로그램, 교재 등으로 의도적 학습이 이루어지기도 하지만 설교, 성서 공부, 선교 활동, 소모임, 대화 등을 통해 간헐적으로 비의도적 학습이 진행되기도 한다. 성을 주제로 한 토론이나 공개적 대화가 교인들에게 익숙하지 않고 성생활을 진솔하게 다루기에는 세속적인 문제라는 인식이 강한 상황을 고려한다면, 성교육은 다양한 생활 학습으로 전개되는 것이 바람직할 것이다.[31]

소통을 기반으로 한 생활밀착형 성교육에서 필수적인 것은 자율성이다. 이 자율성은 종종 개인의 성적 편견이나 고정관념으로부터 자유롭지 않다. 개인의 내면 형성에 비가시적 힘으로 작용하는 사회문화적 영향을 염두에 두어야 하는 이유이다. 특히 가정과 대중매체와 종교의 역할이 성 의식과 성 태도를 결정하는 데 중요하다는 점에서 기독교 성교육은 가정과 대중매체와 교회에서 통용되는 성 담론에 대한 비판적 성찰 능력의 함양에 관심을 두어야 한다. 당연하게 여겨 온 성 의식이나 성 태도가 어떤 사회적 맥락에서 형성되고 내면화되었는가를 탐색하고 성 정체성 형성 과정에 본인이 능동적으로 개입하도록 성교육이 도움을 주어야 할 것이다. 이러한 성교육의 학습자들은 가정과 대중매체와 종교의 영향을 수동적으로 수용하지 않고 성찰과 소통을 통하여 성의 새로운 의미를 재구성할 수 있을 것이다.

2. 성적 영성을 회복하는 교육

성은 신체 접촉과 성기 활동을 넘어서는 영적인 힘을 제공한다. 이

---

31 John P. Miller, *The Holistic Curriculum* (Toronto: OISE Press, 1996), 124.

영성은 서로 사랑하기 위해 상호관계를 맺는 힘이다. 성적 영성은 관심, 이해, 감수성, 온유함, 연민, 포용력, 관용성, 유대감으로 다른 사람을 위한 마음과 감성을 열어준다. 이를 통해 사랑하는 사람들은 자신이 다른 사람들과 피조물에 통전적으로 관련되어 있음을 깨닫는다.

성과 영성의 관계에 주목한 여성신학자 죌레는 성을 성례전적인 것으로 해석하였다. 죌레에 따르면, 성은 '육체 안에서의 은혜의 표징'이다. 성례전에서 말씀과 물질(그리스도의 몸)이 결합되듯이 성은 말씀과 사랑이 육체 안에서 결합하고 하나님의 은혜가 담긴 신체적 상징이라는 점에서 성례전적 특성을 갖는다는 것이다.[32] 하나님의 내재성을 느끼는 성례전적 감각이 없으면 영적 감수성도 얻기 어렵다. 상대방을 단순한 욕망의 대상으로 만들고 성 관계를 교환과 소비의 관례로 대치하는 것은 그 소외감과 공허감으로 사랑의 성례전적 성격을 상실하게 한다.

영육이원론적이고 금욕적인 기독교 전통은 사랑의 다양한 표현들을 통전적으로 이해하지 않고 사랑의 능력을 축소시킨다. 성적 욕망이 자신을 알고 하나님을 인식하는 하나의 길이라는 의미를 거부한다. 성은 우리 사이에 하나님이 현존하신다는 것의 표징이기 때문이다.[33]

영성은 에로스와 아가페의 통전적 개념으로 하나님을 사랑하고 모든 살아 있는 생명에 대한 사랑이다. 사랑은 살아 있는 모든 것과 하나되려는 경향이 있다. 사랑은 기꺼이 상처받을 수 있게 하고, 폭력에 민감하게 하고, 약자의 고통에 주목하게 만들고, 불신에서 벗어나게 한다. 사랑은 정의와 분리될 수 없다. 사랑의 행복이 사적 영역에 한정될

---

32 도로테 죌레, 박재순 역, 『사랑과 노동』(서울: 한국신학연구소, 1991), 235.
33 죌레, op. cit., 237.

수 없듯이 사랑의 에너지는 공적 영역과도 유리될 수 없다.[34]

욕망을 제거한 관념적 영성을 추구하면, 몸을 부정하고 억압하게 되고, 몸에 대한 수치심과 적대감을 조성하게 된다. 성적 감정, 감각적 표현력, 관계 맺는 능력이 폄하되고 급기야 상실된다. 그것은 기독교의 영육이원론적 전통이 서로 분리될 수 없는 것들을 단절하고 위계화한 데서 비롯된 결과이다. 성을 혐오하고 억압하는 기독교 전통은 통전적인 영성을 부정하고 성과 사랑을 분리한다.

오늘의 기독교 성교육은 성과 영성을 분리하고 이 둘의 적대관계성을 강조하는 전통적 교리와 교회의 부적절한 관행을 넘어서는 영성교육이 되어야 한다. 성적 영성을 회복하는 것은 기독교인의 성 정체성과 성 가치관을 정립하는 데 필요한 시급한 과제이다.

3. 책임적 성문화의 형성을 위한 교육

오늘의 사회에서는 한편으로는 외모주의와 성 개방성이 강조되고, 다른 한편으로는 성 관계로 실망하고 절망하는 경험이 많아지면서 부정적인 성문화에 대한 비판이 고조되고 있다. 소비자본주의는 친밀한 관계에 대한 욕구를 상품에 대한 욕구로 대치하고 성 관계를 성을 소유하고 소비하는 것으로 왜곡시켰다. 한 파트너의 성적 욕구를 만족시키는 데 그치는 성교는 감각적 쾌락과 사랑의 감정을 분리시키고 당사

---

34 Catherine Keller, *From a Broken Web: Separation, Sexism, and Self* (Boston: Beacon Press, 1986); Carter Heyward, *Our Passion for Justice: Images of Power, Sexuality, and Liberation* (N.Y.: Pilgrim Press, 1992); *Feminist Theological Ethics: A Reader*, ed. by Lois K. Daly (Kentucky: Westminster John Knox Press, 1994)를 참조하라.

자 간의 결속력을 해체한다. 관능미와 유혹적 치장으로 성욕을 자극하는 성은 쾌락 욕구를 충족시키고 성을 소비하게 하지만 친밀한 관계를 기반으로 한 성적 의사소통을 억압한다. 이는 서로를 필요로 하는 두 사람이 '한 몸'을 이뤄 한 사람의 한계를 넘어서려는 초월적 욕망을 부정하는 것이다.

하나님은 사람을 성적 존재로 창조하셨다. 성을 통해 얻는 쾌락과 환희는 사람들로 하여금 자기를 망각하거나 초월하게 한다. 자아를 초월함으로써 창조적인 생명세계에 참여하게 된다. 성적 생명력은 두 사람에게 불평등하게 분배되어 있지도 않고, 고정되어 있지도 않다. 성적 파트너는 각자에게 부여된 성적 역량을 서로 나누면서 자기 한계를 넘어선다.

그런데 성이 개방되면서 이로 인하여 상처를 받는 일도 늘어난다. 성 관계에서 상처받은 사람들은 관계 맺기를 회피하거나 거부하기도 한다. 관계를 맺는 것에 대한 불안이 자리를 잡는 것이다. 이러한 불안의 이면에는 관심을 끌고자 하는 욕구와 자기애적 확인의 욕구가 깔려 있기에 '관계없는 성의 소비'가 그 대안이 되지 못한다. 타인과 관계를 맺으려는 욕구를 억압하면, 타인에 대한 관심과 관계를 형성하는 능력이 상실된다. 아담과 이브가 벗었으나 부끄러워하지 않았다는 것은 서로 관계를 맺으려는 욕구를 감추지 않고 서로 아는 것을 수치스러워하지 않았다는 뜻이다(창 2:25). 서로 안다는 것은 옷과 같은 가림이나 치장 없이 자신을 드러낸다는 의미이며, 사랑 안에서 자신을 방어하지 않고 자신의 약점을 드러낼 수 있는 상호신뢰와 상호책임을 형성한다는 것을 뜻한다.35

---

35 Cate Siejk, "Awakening the Erotic in Religious Education," *Religious Education*

성서는 아담이 독거와 고독(창 2:18)에서 벗어나 이브를 만난 기쁨을 "이 사람은 내 뼈 중의 뼈요, 내 살 중의 살"(창 2:23)이라고 표현하였다. 이는 두 사람이 상호성과 연대성으로 서로 의지하는 관계를 맺었다는 것을 의미한다. 사람은 분리된 존재가 아니라 상호의존성을 필요로 하는 존재이다. 이를 보여주는 전형은 남자와 여자의 관계이다. 그들은 서로를 위해 창조되었다. 자신이 필요한 존재라는 의식은 자존감과 인격의 근거가 된다.

오늘 한국 사회에서 만연하는 성폭력과 성매매는 하나님의 형상으로 창조된 존재들의 상호성을 부정하고 파괴하고 있다. 여성에 대한 지배와 폭력으로 남성적 성 정체성을 확인하게 만드는 '남성다움의 신화'도 폭력의 또 다른 형태라는 것을 인식해야 한다. 따라서 성폭력과 성매매의 사회문화적 맥락을 파악하고 이에 대한 사회적 책임의식을 고취하는 것은 기독교 성교육의 중요한 과제이다. 기독교 성교육은 성윤리를 확립하는 데 기여해야 한다.

96/4 (Fall, 2001), 546-562.

한국 개신교 여성교인들의
소비욕망에 대한 여성신학적 성찰[*]

I. 들어가는 말

소비자본주의 사회에서 소비는 일상적인 삶의 방식이자 개인의 정체성을 형성하는 주요 요인이다. 세계화의 흐름을 타고 확산되고 있는 소비문화는 특정한 소비인간(homo consumens)의 모델을 만들어가면서 개인의 정신적, 신체적, 심리적, 영적, 사회적 생활에 영향을 끼치고, 한 집단이나 사회의 통합과 분열을 촉진하는 기능을 갖는다. 소비인간은 소비욕망의 충족으로 삶의 의미와 행복(구원)을 경험하고 소비욕망의 좌절로 삶의 무가치와 절망을 경험한다는 점에서 "소비의 종교성"[1]이 거론되기도 한다. 후기자본주의 사회의 한 특징인 소비주

* 이 논문은 2015년 대한민국 교육부와 한국연구재단의 지원을 받아 수행된 연구임.
(NRF-2015S1A5B5A07043734)

1 Thomas Luckmann, *The Invisible Religion: The Problem of Religion in Modern Society*

의를 "보이지 않는 종교"로 평가하는 것이다. 이러한 상황에서 소비주의의 문제를 인식하고 이를 극복하는 소비 가치관과 소비문화를 추구하는 것은 학문적으로도 탐구할 만한 과제가 될 뿐만 아니라, 개인의 행복과 공동체의 건강성을 향상하는 데 이바지할 것이다.

소비자본주의는 교회에 큰 도전이 되고 있다. 전통적으로 기독교는 인간의 욕망에 대한 표현과 실현을 금기로 여겨 왔지만, 소비주의가 확산되고 있는 상황에서 교회가 과연 이러한 전통적인 관점을 고수하면서 소비주의의 대안을 받아들이도록 교인들을 설득할 수 있을까 하는 것은 깊은 검토를 필요로 한다. 개신교의 소비담론은 주로 목회자가 선포하는 설교 메시지를 통해 형성되는데, 그 담론의 효과는 그 메시지가 교인들에게 수용되는 방식에 따라 다양하게 나타난다. 교인들은 그 메시지에 순응적으로 반응하거나 저항적으로 반응하는데 이에 따라 담론의 효과가 달라지는 것이다. 교인들은 소비의 의미와 소비와 신앙의 관계에 대한 교회의 주장을 일방적으로 받아들이지 않고 그들 자신의 다양한 소비욕망을 매개로 해서 수용하기 때문에, 소비자본주의에서 '만들어지는' 소비욕망과 기독교의 가르침이 서로 어떤 작용을 하는가에 주목할 필요가 있다. 따라서 교회는 소비주의에 대한 대안을 제시하고자 할 때 소비담론을 어떻게 형성할 것인가를 놓고 깊은 고민을 해야 한다.

그동안 한국 신학계에서도 소비에 대한 신학적 토론과 이론적 연구가 꾸준히 진행되어 왔다. 기독교윤리 분야에서 다루어진 선행연구들도 있는데 이 이론연구들은 소비문화와 소비주의의 문제점을 기독교윤리학[2], 비판이론[3], 사회심리학[4]의 관점에서 비판하고 기독교 신학

(New York: Macmillan, 1967).

적 과제를 포괄적으로 제시하는 공통점을 갖는다. 그런데 이러한 연구들은 외국 이론들을 소개하는 데 치중하고 있을 뿐더러 소비에 대한 규범적 판단을 앞세우면서 원론적이고 당위적인 대안을 제시하는 데 그치고 있다. 젠더적 관점에서 사회문제들과 문화문제들을 다루는 여성신학계에서 소비 문제에 대한 연구는 거의 이루어지지 않았다. 이 주제에 관련된 연구로는 교회에서 양성평등을 지향하기 위해 여성들의 경제교육의 필요성과 의미를 다룬 임희숙의 논문[5]이 있을 뿐이다. 문헌연구로 이루어진 이 논문은 기독교 경제신학에 무의식적으로 전제되고 있는 가부장주의의 문제점을 비판하고 여성주의적 대안을 제시하였다.

이러한 선행연구들의 성과와 한계를 감안하면서 나는 한국 개신교 여성교인들의 소비욕망과 소비문화에 대한 경험적인 연구에서 출발하여 여성신학적 관점의 성찰을 통해 기독교 소비담론을 재구성하고자 한다.

이를 위하여 본 논문은 먼저, 한국 개신교 여성교인들의 소비욕망에 영향을 미치고 있는 개신교의 소비담론을 유형별로 살펴볼 것이다. 그 다음, 앞에서 언급한 개신교 소비담론이 한국 여성교인의 소비욕망과 만나서 수용되는 방식과 그 효과를 규명하기 위해 심층면담의 결과

---

2 임성빈 외,『소비문화시대의 기독교, 기독공동체 소비문화를 이야기하다』(서울: 예영커뮤니케이션 2008); 고재길, "소비문화의 종교성과 소비 이데올로기 비판-소비인간의 이미지와 대리적 소비를 중심으로,"『장신논단』39(2010), 200-220; 강성영, "소비사회의 인간이해: '광고'를 통해 본 욕구와 한계의 변증법,"『신학사상』138(2007), 203-224.
3 박종균,『소비사회, 대중문화, 기독교』(서울: 한들, 1997).
4 조용훈,『지구화시대의 기독교』(서울: 대한기독교서회, 1999), 233-264.
5 임희숙, "한국교회에서 양성평등 실현을 위한 기독교교육의 과제,"「한국기독교신학논총」61(2009), 267-287.

를 분석할 것이다. 끝으로, 기독교 소비담론의 수용에 대한 심층면담의 결과들을 성 인지적 관점과 담론 분석의 관점에서 해석하여 기독교 소비담론의 재구성을 위한 여성신학적 성찰을 제안할 것이다.

II. 기독교 소비담론의 유형과 그 의미

개신교의 소비담론은 크게 보아 근면과 절약을 강조하는 금욕주의 유형, 그리스도의 은혜와 사랑에 대한 감사와 헌신을 풍성하게 표현하는 '거룩한 낭비'의 유형, 피조물의 세계에서 하나님의 정의를 실현하는 생명살림의 유형으로 분류된다.

1. 금욕주의 유형

금욕주의 소비담론은 근면과 절약을 강조하고 사치와 낭비를 죄악시하면서[6] 인간의 욕망과 쾌락을 경계한다(전도서 2:1-11; 디후 3:4; 갈 5:22). 하지만 성서의 가르침은 인간의 욕망과 쾌락 일체를 부정하는 것이 아니다. 예수도 인간의 쾌락을 인정하면서(마 11:19; 눅 7:34) 위선적인 종교적 금욕주의를 비판하였다(마 6:16-17). 금욕의 목적은 자

---

6 금욕주의 소비담론은 막스 베버의 '세계 내 금욕' 전통과 유사한 점이 있다. 베버는 기독교인들이 근면과 절약으로 자본을 축적하고 부유해지는 것을 축복 개념으로 받아들이는 현상에 주목하고 기독교의 금욕 실천과 초기자본주의의 정신을 연결시켰다. 이와 같은 금욕주의 전통은 물질과 소유, 사치와 낭비를 죄악시하면서 기독교인의 절제와 절약을 구원의 조건으로 강조했던 중세적 금욕주의와는 차이가 있다. '세계 내 금욕'은 물질과 부유함을 부정하기보다 그 긍정적 가치를 인정하고 이를 성취하기 위한 근면과 절약을 미덕으로 여긴다.

기 쾌락에 매몰되는 인간의 욕망을 절제하고 남(공동체)을 위해 자기 욕망을 스스로 포기할 수 있도록 하는 데 있다. 초대교회 공동체(행 2:44-45, 4:32-34)가 보여준 나눔과 돌봄이 그 좋은 사례다.

금욕주의 소비담론에서 사치와 낭비는 징벌의 대상이다(잠 19:10; 사 3:18-24; 약 5:5). 특히 여성의 사치는 하나님의 심판을 초래하는 심각한 문제이다. 다음과 같은 성구에서 그 형벌의 모습은 구체적이고 심각하다.

그 여자가 그렇게 자기를 영화롭게 하고, 사치하였으니, 그만큼 그에게 고통과 슬픔을 안겨 주어라. 그 여자는 마음 속으로 '나는 여왕의 자리에 앉아 있고, 과부가 아니니, 절대로 슬픔을 맛보지 않을 것이다' 하고 말한다. 그러므로 그 여자에게 재난 곧 사망과 슬픔과 굶주림이 하루 사이에 닥칠 것이요, 그 여자는 불에 타 버릴 것이다. 그 여자를 심판하신 주 하나님은 강한 분이시기 때문이다. 그 여자로 더불어 음행을 하고 방탕한 생활을 한 세상의 왕들은, 그 여자를 태우는 불의 연기를 보고, 그 여자를 두고 울며, 가슴을 칠 것입니다(계 18:7-9).

앞의 인용문에서 사치라는 악덕은 개인의 재난에 그치지 않고 '음행과 방탕'이라는 죄를 불러들이고 사회적 파멸을 초래하는 죄임을 시사하고 있다. 그런 점에서 낭비와 사치는 도덕적 규범을 넘어서서 종교적 의미를 지닌 주제가 된다.

현대 소비사회에서는 인간의 욕망과 쾌락에 대한 사회적, 종교적 구속력이 약화되고 금욕과 절제의 가치보다 쾌락과 욕망의 충족을 행복으로 여기도록 만드는 경향이 강화되고 있다. 특히 소비주의는 불필요한 지출로 경계되었던 낭비를 가치와 의미, 쾌락과 차이와 연결시킴으로써 소비 욕망을 촉진하고 과소비를 고조시킨다. 하지만 이런 소비 사회로부터 탈출해서 '탈성장 사회'를 지향하는 사람들은 성장 지상주의와 소비중독의 문제를 비판하고 검소한 생활과 자기 욕구를 자율적으로 조절함으로써 대안을 모색하기도 한다.7 소비자본주의의 '반금욕의 문화'에서 금욕과 절제가 새롭게 부상하는 이유다.

2. 거룩한 낭비의 유형

'거룩한 낭비'의 소비담론은 약자에 대한 돌봄과 나눔을 강조하는 성서의 가르침과 그리스도의 사랑에 대한 감사와 헌신을 구제사업과 헌금으로 표현하는 특징이 있다. 청지기적 사명에 대한 기독교 전통은 모든 물질의 주인은 하나님이기에 자신의 소유를 쾌락의 목적으로 사용하기보다 이웃의 구제와 사회의 봉사로 활용해야 함을 강조하였다. 예수도 이러한 청지기직을 따르지 못했던 부자가 얼마나 어리석은지를 가르치셨다(눅 16:19-32). 여기서 부자의 어리석음은 재물에 있기보다 '내가 벌어서 내 맘대로 쓰는' 태도에 있다. 하나님은 재물이 부자의 사치와 향락을 위한 것이 아니라 약자들을 돌보고 나누는 데 사용되기를 원하신다. 이는 경제적 불평등이 초래하는 사람들 사이의 갈등과 분열을 경계하고 피조세계의 정의를 회복하려는 희년 정신과 관련이 있다.

이와 같은 '거룩한 낭비'의 소비담론은 맘몬의 우상화를 불의로 정의한다. 소비사회에서 사람들은 갈수록 돈에 대한 의존에서 벗어나기

---

7 세르주 라투슈, 양상모 역, 『탈성장 사회 – 소비사회로부터의 탈출』(서울: 오래된생각, 2014)을 참조하라.

가 어렵다. 돈신(맘몬)의 지배에서 벗어나려면 먼저 돈을 보는 관점을 바꾸어야 할 것이다. 돈을 신뢰를 표현하는 한 방식이라고 본다면, 돈은 낯선 이에게 협조해야 할 때 신뢰를 정량화하여 교환하는 수단이 된다.[8] 여기서 돈의 역할은 사람 간 신뢰관계의 형성을 돕는 것이다. 그 다음, 돈을 쓰는 방식에 주목해야 한다. 어떤 목적으로 돈을 쓸 것인가를 선택하고 그에 대한 책임을 지는 일이다.

아이는 돈의 개념과 소비방식을 부모에게 배운다고 한다. 부모의 소비방식을 관찰하면서 경제 지식을 얻고 돈에 대한 시각을 발달시키는 사회화가 이루어지는 것이다. 그 사례를 들어보면, 일하고 용돈을 받는 청소년들은 일하지 않고 용돈을 받는 청소년들보다 기부를 두 배나 많이 하고, 기부에 영향을 주는 것은 가정의 소득 수준이 아니라 정서적 따뜻함으로 나타났다.[9]

오늘 한국 사회에는 기부와 사회복지라는 '착한 낭비'가 증가하고 있다. 이에 부응하여 한국교회의 '거룩한 낭비'도 소비의 목적에 적합하게, 소비의 진행 과정이 투명하게, 소비의 참여가 민주적이고 즐겁게, 소비의 결과가 공공의 선을 이루도록 변화할 수 있을 것이다.

3. 생명살림의 유형

생명살림의 소비담론은 생태계 위기 상황에서 바른 경제 행위를 하나님의 정의에 참여하는 것으로 해석하고 그 실천을 강조한다. 여기서

---

8 하라리는 돈을 지금까지 고안한 상호 신뢰 구축 중에 가장 보편적이고 효율적인 것이라고 규정하였다. 유발 노아 하라리, 조현욱 옮김, 『사피엔스』(서울: 김영사, 2015), 10장을 참조하라.

9 클라우디아 해먼드, 도지영 옮김, 『돈의 힘』(서울: 위너스북, 2017), 34-36.

제안하는 윤리적 소비(착한 소비)는 기존의 합리적 소비 개념을 넘어서서 소비자의 새로운 신념과 선택을 강조하는 가치적 소비개념을 의미한다. 예를 들면, 건강상품, 친환경제품, 사회적 기업의 생산물, 공정무역 상품을 선택적으로 소비함으로써 경제 행위의 윤리적 가치를 실현하는 것이다. 더 나아가 과소비로 인한 쓰레기와 폐기물의 문제를 비판적으로 인식하고 소비 가치관과 소비 방식을 전환하는 것도 포함된다. 결국 윤리적 소비는 가격과 성능만을 중시하는 소비가 환경오염이나 동물 학대 및 인권 침해 등의 사회 문제와 분리되지 않는다는 자각과 그런 사회 문제를 해결하고 예방하기 위한 책임적인 소비가 필요하다는 결단에 기초한다.

생명살림의 소비담론은 생태신학을 기반으로 하나님이 창조하신 피조세계에 대한 그리스도인들의 청지기적 사명과 책임을 강조하면서 교회녹색운동과 생활협동조합을 통한 경제활동을 제안하고 있다. 이에 대한 교회공동체의 반응은 아직 초보 수준에 지나지 않으나 사회에서 전개되는 '사회적 경제운동'과 연대하는 차원에서 특히 여성교인들의 관심과 참여가 점차 증가하고 있는 실정이다.

대다수 교인들은 생명살림의 소비담론에 대한 신학적 의미를 이해하면서도 그 담론을 생활화하는 데 어려움을 갖고 있다. 이는 소비사회에서 사람들이 일상적으로 경험하는 소비 강박에서 벗어나기가 힘들고 소비주의가 제공하는 편리함과 안락함을 극복하기가 쉽지 않음을 보여준다. 그런 의미에서 생명살림의 소비운동은 이념적으로나 실천적으로 상호 지지하고 격려하는 네트워크와 창의적인 소비방식을 필요로 한다. 경우에 따라서는 생명살림이라는 윤리적 당위성을 획일적으로 강조하는 것이 소비의 즐거움과 활기를 억압하여 소비운동의 대중화를 방해하기 때문이다. 생명살림의 소비에 의미와 재미를 부여하는 것이 창조적 소비다. 그것은 소비자가 기성품을 선택하고 소비하는 수동적 위치를 벗어나 소비에 대한 새로운 발상과 실천으로 자기 효능감을 드러내는 능동적 소비 개념이다. 기성품을 자기 방식대로 재창조해서 사용하는 모디슈머(modisumer)와 예술적 가치를 소비에 활용하는 아트슈머(artsumer)는 기존의 획일적인 소비 방식에 자기만의 개성과 창조적 역량을 가미함으로써 자기 존재감을 향상시키고 만족감을 제공한다. 신학적 상상력을 기반으로 한 창조적 소비는 생명살림의 소비담론을 활성화하는 데 기여할 수 있을 것이다.

III. 한국 여성교인의 소비욕망과 소비담론: 계층별, 연령별 비교를 중심으로

앞에서 살펴본 개신교 소비담론이 한국 여성교인의 소비욕망과 만나서 수용되는 방식과 그 효과를 분석하기 위해 여성교인들을 계층별, 연령별 기준으로 선별하여 심층면담을 진행하였다. 계층별 소비욕망의 경우, 모방이 불가능한 차별화가 나타나거나 모방소비의 동조화가 나타나고, 이러한 소비욕망의 차이가 기독교 소비담론의 수용 방식과 어떤 관련이 있는가에 주목하였다. 연령별 소비욕망의 경우에는 연령별 공통점과 차이점을 파악하고, 그것들이 기독교 소비담론의 수용에 어떻게 반응하는가에 주목하였다.

이를 위해 나는 피면담자에게서 관찰되는 소비욕망의 근원, 소비욕망의 충족과 좌절, 소비욕망에 대한 평가에 초점을 맞추고, 이에 대한 분석을 통해 한국 개신교 여성교인들에게 나타나는 소비욕망과 기독교 소비담론의 상호관련성을 파악하였다.

심층면담은 계층과 연령의 차이를 고려하여 서울에 거주하는 12명의 여성교인을 대상으로 개인별로 진행되었다. 이 논문에서 계층별 분류를 위해 사용한 부유층, 중산층, 빈곤층이라는 용어는 소득 5분위 분류를 참고로 한다. 그런데 여성교인들의 계층 지위에는 당사자의 수입을 포함한 배우자의 경제력과 사회적 지위가 많이 반영되고 여성들의 계층 의식이 다소 주관성을 띠는 경향이 있음을 고려할 필요가 있다. 이런 점을 감안하여 이 논문에서 부유층은 연 수입 1억 원 이상, 빈곤층은 연 1천 8백만 원 이하, 중산층은 부유층과 빈곤층을 제외한 계층으로 분류하였다. 연령별 기준은 성인 전기(청년층)의 20, 30대, 성인 중기(중년층)의 40, 50대, 성인 후기(노년층)의 60대 이상으로 구분하였다. 계층별로 각 세대에 속하는 3명씩을 선정하고 인구별 평균 소비성향을 고려하여 중산층에만 3명을 추가하였다.

소비욕망의 근원에 대한 면담에서는 소비욕구가 현실적 필요에 따른 것인지, 소비사회의 일원이 되고자하는 바람인지, 소비유행의 자극에 의한 반응인지를 중점적으로 다루었다. 소비욕망의 충족과 좌절에 대한 면담에서는 소비욕망의 충족/좌절이 자신에게 끼치는 영향이 무엇인지, 소비욕망의 충족을 위해 자신이 추구하는 것이 무엇인지, 소비욕망의 좌절을 피하고자 하는 생각과 정서, 행위가 무엇인지를 규명하였다. 소비욕망의 평가에 대한 면담에서는 소비욕망과 소비행위에 대한 피면담자의 깨달음과 의지를 밝히고자 하였다.

1. 소비담론의 순응적 수용

1) 소비욕망의 근원

기본적으로 여성교인들의 소비욕망은 의식주의 현실적 필요에서 비롯되었다. 생존을 위한 살림을 담당하는 여성들에게 소비는 경제 행위이자 일상의 라이프 스타일을 의미한다. 이와 같은 소비 일상에서 여성교인들이 우선적으로 염두에 두는 것은 '싸고 질이 좋은 상품의 선택'이었다. 상품의 가격에서 비롯되는 소비욕망은 '최소한의 비용으로 최대한의 이익을' 추구하는 경제 원리와 관련이 있다. 여성교인들은 간혹 저가품을 구매한 후 '싼 게 비지떡'이라는 말대로 실망하고 후회가 되는 경우가 종종 있다 하더라도 상품의 낮은 가격은 일단 구매욕을 불러일으킨다고 한다. 같은 상품을 비싸게 산다면 이는 어리석은 일일 뿐 아니라 낭비를 했다는 자책감을 갖게 한다는 것이다. 이 과정에서 여성교인들은 근검·절약을 미덕으로 삼고 사치·낭비를 죄악시하는 기독교 금욕주의 소비담론을 자연스럽게 떠올리는 모습을 보였다.

"쇼핑을 하면 나도 모르게 긴장을 하는지 쇼핑 후에는 피로를 느끼곤 해요. 아마도 돈을 아끼면서 좋은 상품을 사야 한다는 부담이 있나 봅니다. 경제적 여유가 있으면 이런 걱정에서 벗어나게 될까요? 그래도 사치하고 낭비하는 것은 주님이 바라는 게 아니라고 생각합니다. 근면하고 절약하면 복을 받고 사치하면 벌을 받는다는 부모님의 가르침이 성경 말씀으로 믿음이 되었으니까요."(중산층 중년기 여성 a)

인용문의 말처럼 금욕주의 소비담론의 영향은 유행을 좇아서 불필요한 상품이나 고가의 소비를 한 경우에 가장 크게 나타났다. 여성교인들은 낭비보다 사치가 더 큰 죄라고 생각하고 그 죄로 인한 잠재적 두려움을 갖고 있었다. 종교적인 규범을 어겼다는 죄의식 외에도 사치는 부도덕하다는 수치심을 갖기도 했다. 하지만 사치에 대한 판단의 기준은 계층별로 차이를 드러냈다. 가령 부유층은 비용의 절감뿐 아니라 그 돈을 아끼는 데 드는 시간의 가치도 생각하고 때로는 시간을 돈보다 더 소중하게 여긴다는 것이다. 또한 부유층의 사회경제적 지위에 맞게 고가품을 사용하는 것은 사치품이 아니라 필수품이라고 생각하였다.

교회 헌금으로 약자에 대한 돌봄과 나눔에 참여하려는 여성교인들의 관심과 실천 의지는 생명살림형의 소비에서 약화되는 것으로 나타났다. 이런 결과는 여성교인들이 '돌봄과 나눔'의 대상을 사람에 국한하고 고통받는 자연이나 지구의 생명체는 포함하지 않는 인식과 무관하지 않을 것이다. 생명살림형의 소비방식에 대해서도 여성교인들은 개인보다 교회가 교육이나 행사 차원에서 실천하기를 기대했다. 교인별로 생명살림형의 소비가 어려운 주요 원인은 "자연친화적 상품이 일반 상품보다 비싸고 착한 소비는 귀찮은 점이 많다"는 것으로 나타났다. 이와 같은 비용 부담에 대해 빈곤층 노년기 여성교인들이 민감하게 반응하였다.

2) 소비욕망의 충족과 좌절

소비욕망의 충족은 소비자들에게 쾌락과 만족감을 제공하는데 여성교인들도 소비를 통한 만족과 행복에 공감하였다. 소비만족도는 생명살림 유형 소비를 하는 소수의 교회여성들이 가장 높았다. 착한 소비가 비용면이나 실천면에서 부담을 준다 하더라도 윤리적 우월감을 부여한다는 것이다. 그런 만큼 윤리적 소비운동이 대중화되지 못하는 현실에 대한 안타까움이 크게 나타났다.

계층과 연령의 차이 없이 소비만족도가 평균 수준으로 나타난 것은 '거룩한 낭비' 유형의 소비였다. 여성교인들에게 헌금은 '거룩한 낭비'나 소비라는 개념보다 종교적 의미를 지닌 신앙 행위로 여겨지기 때문일 것이다. 하지만 교회의 재정 운용에 대해 비판적이거나 헌금이 어떻게 사용되고 있는지를 알지 못할 경우는 '거룩한 낭비'의 소비만족도가 낮게 나타났다.

교회여성들은 금욕적인 소비에서 만족감과 죄책감을 같이 느끼는 것을 부담스러워 했다.

"아끼고 절약하는 것에서 나름 살림의 재미를 느끼고 있어요. 그런데 어느 순간 나도 모르게 낭비를 하게 되면 마음이 너무 괴롭지요. 그런 유혹이 가까운 지인들로부터 오는 게 더 문제입니다."(빈곤층 중년기 여성)

이런 양가적인 감정은 종종 모델링이라는 소비방식에서 비롯되는 것으로 나타났다. 모델링은 자신이 좋아하고 존경하는 모델을 따라 소비를 하는 것을 의미한다. 이는 광고에서 모델이 상품에 대한 전문성이나 소비경험이 없더라도 모델에 대한 소비자의 주관적 이미지나 호감이 소비를 결정하는 것과 같은 원리이다. 이 경우 소비자는 이유를 모르지만 모델을 통해서 상품에 대한 긍정적 대리 경험을 하는 셈이다.[10] 이와 같은 효과는 대중매체에 대한 의존도가 높을수록 크게 나타나지만, 대중매체와 무관하게 개인 간 정보나 '입소문'에서도 볼 수 있다. 인간관계를 중시하고 소비정보를 교류하는 여성들 사이에서 모델링 학습이 이루어지는 것이다. 이런 소비방식은 남을 따라서 낭비나 사치를 초래할 수 있다는 점에서 소비의 쾌락과 자책감을 동반한다.

---

10 로버트 B. 세틀·파멜라 L. 알렉, 대홍기획 마케팅컨설팅그룹 옮김, 『소비의 심리학』(서울: 세종서적, 2003), 136-137.

심층면담에서 여성교인들은 소비욕망의 충족보다 좌절을 경험하는 경우가 더 많다고 느끼고 있는데, 이런 현상은 자신의 신앙심에 대한 관심이 많고 종교적 규범에 대한 충성도가 높을수록 지배적으로 나타났다. 이는 검약과 절제를 하나님의 뜻으로 여기는 종교적 신념이 쾌락적 소비욕망과 충돌하는 것을 의미한다. 달리 보면 그것은 기독교 전통의 소비 금욕주의와 소비사회의 쾌락주의 사이에서 일어나는 갈등이다.[11]

인간의 욕망을 다방면으로 확장시키면서 소비와 쾌락을 시대적 덕목으로 유포하는 시대에 소비욕망을 금욕적으로 관리하는 일이 얼마나 힘겹고 부담스러운지를 다음과 말에서 잘 엿볼 수 있다.

"날마다 광고에 등장하는 새로운 상품들을 보고 그걸 구입한 사람들이 부러워질 때마다 검소하게 살아가는 내가 초라하게 느껴져요. 낭비나 사치는 어리석은 것이라고 생각하지만 내가 초라하고 우울해지면 나를 위로하고 생기를 주는 것은 일단 쇼핑입니다. 쇼핑이 어려울 경우는 짜증을 부리거나 화를 내곤 해요. 나중에 충동적인 구매를 후회하는 게 너무 괴로워요. 그래서 기쁘거나 슬픈 감정이 들면 유혹에 빠지지 말라고 기도를 하거나 성경을 읽습니다."(빈곤층 청년기 여성)

인용문은 광고 상품이 우상화되고, 소비가 구원이 되는 소비사회[12]

---

11 소비사회는 생산주의적 금욕주의를 소비주의적 쾌락주의로 재사회화하는 과정이라는 해석이 있다. 이영자, 『자본주의의 신화와 독사』(서울: 나남, 2015), 261-265를 참고하라.

12 하비 콕스, 유강은 역, 『신이 된 시장』(서울: 문예출판사, 2018); 노르베르트 볼츠, 다비드 보스하르트, 고재성 역, 『컬트 마케팅』(서울: 예영커뮤니케이션, 2002)을 참조하라.

의 단면과 소비욕망의 좌절에 대응하는 모습을 보여준다. 여기서 주목되는 것은 소비욕망을 유발하는 감정이다. 경제적 결핍으로 인한 소외감이나 우울감은 보상소비나 모방소비로 이어지고 그 결과로 일시적이나마 위로와 상실된 자존감을 회복한다고 보았다.[13] 이와 같은 감정과 소비의 상관관계는 소비심리 연구[14]의 주제가 되고 있다.

3) 소비욕망의 평가

기독교 소비담론을 순응적으로 수용하는 여성교인들은 소비자본주의 시대를 살아가는 현대인의 소비욕망과 관련하여 특히 개인의 자제력과 책임을 강조하였다. 여기에는 소비사회의 구조적인 특성에 대한 성찰이 약화되고 종교적 규범으로 인간 욕망을 통제하려는 의도가 드러난다. 이와 같은 인식은 여성교인들이 소비자들을 각자의 성향과 경험을 지닌 존재로 개별화하기보다 유사한 소비욕망을 지닌 구매자로 일반화하는 경향에서도 나타난다. 그 결과, 소비욕망은 인간의 의지와 종교적 수행으로 변화시켜야 하는 관리의 대상으로 이해된다. 이렇게 소비욕망을 개인의 내면 문제로만 국한할 경우, 그 욕망이 초래하는 결과에 대한 책임은 개인에게로 귀결된다. 하지만 자기 욕망의 처리에 대한 느낌, 특히 후회감이나 수치심, 떳떳하지 못함, 위축감 등의 감정은 소비와 그런 소비를 둘러싼 환경에 대한 문제를 각성하고 변화를 추구하는 자극이 될 수 있다는 점에서 소중하다고 여겨진다.

소비사회는 소비강박을 생산한다. 소비강박은 기본적으로 "쾌락주

---

13 보드리야르는 시장, 상점, 슈퍼마켓, 백화점을 '현대적 가나안 땅'이라고 일컬었다.

14 소비자의 불안감이나 열등감이 자신을 보호하려는 자아방어적 태도로 나타나고 당혹감이나 수치심은 자아상실에 대한 두려움을 유발한다는 점에서 감정이 소비 욕망을 유발할 수 있음을 강조한다.

의적 파시즘"15을 자행하는 자본주의 경제체제와 소비자의 심리적·정서적 문제와 관련이 있다. 특히 현대인에게 증가하는 불안, 초조, 스트레스, 열등감, 상대적 박탈감은 소비의 쾌락을 추구하는 모방소비나 즉흥소비, 실망소비를 쉽게 촉발하여 소비중독까지 초래한다. 이런 점에서 소비중독에서 그들이 얻고자 하는 것은 정작 물건보다 심리적 안정과 정서적 만족일 것이다.

소비강박을 어느 정도 인정하는 여성교인들의 대응은 '영적 무장'과 신앙심의 강화로 나타났다. "거룩한 중심"16이 흔들리거나 사라지면 헛된 소비에 집착하게 된다는 것이다.

> "갖고 싶은 물건이 너무 많은 세상에서 무언가를 사지 않고 지내기가 힘이 듭니다. 조금만 방심하면 사치하기가 쉬워요. 사치를 하려면 이런 저런 죄도 짓게 되니까 영적으로 강해져야 해요."(중산층 청년기 여성 a)

소비의 쾌락은 일시적이고 이미지 소비의 유혹에 넘어간 죄책감은 지속적이기 때문에 종교적 대안을 필수적으로 보았다. 여기서 종교적 대안은 단순히 기독교 금욕주의를 강조하는 것을 넘어서는 의미로 해석되어야 할 것이다. 인간의 욕망을 사회문화적 차원에서 이해하고 자율적으로 관리하려면 가치관이 중요한데 이런 역할을 종교교육에 기대하는 것으로 볼 수 있다. 타인의 시선에 의존하는 소비욕망을 종교적 힘으로 절제하려는 극복 의지도 헤아릴 수 있다. 하지만 사치와 낭

---

15 D. Mieth, "Konsum und Tod," in: *Theologische Quartalschrift*, Jahrgang 190, Heft 1 (1990), 10.

16 R. J. Foster, 편집부 역, 『영적성장을 위한 제자 훈련』(서울: 보이스사, 1982), 145.

비의 문제를 욕망을 다스리는 개인윤리의 차원으로 한정하고 소비를 둘러싼 사회구조적 차원을 비판적으로 성찰하지 못하는 것은 비판적인 과제로 남는다.

2. 소비담론의 저항적 수용

1) 소비욕망의 근원

여성교인들의 소비욕망은 소비사회의 일원이 되고자 하는 바람에서 비롯되기도 한다. 유행에 민감해지고 시대의 흐름에 뒤떨어지지 않으려는 경향이 그것이다. 이는 소속감을 박탈당한 현대인들이 소외에 대해 민감해지고 연대감을 추구하려는 성향과 관련이 있다.[17] 면담 결과, 이런 경향은 중산층 여성들에게서 가장 뚜렷하게 나타났다.

"평소에 낭비나 사치를 하지는 않지만 유행에 눈 감지는 못해요. 그런데 유행이 빨리 바뀌다 보니 결과적으로는 낭비를 하는 셈이 되는 거죠. 유행과 무관하게 살려고 해도 자녀들과 가족의 체면을 생각하면 그게 쉽지 않더라고요. 유행에 떨어지면 교회에서 권위를 세우는 데도 지장이 있다고 느껴집니다."(중산층 중년기 여성 b)

유행은 특정시기에 널리 수용되는 스타일이나 생활양식인데 주기적으로 새로운 것을 추구하는 특성을 갖는다. 그래서 유행의 변화는 새로운 것의 환상을 추구하는 특정한 소비를 암묵적으로 강요하면서 그 강제성을 개인의 자발적인 선택으로 전환시킨다. 유행에 충실한 소

---

17 로버트 B. 세틀·파멜라 L. 알렉, 앞의 책, 40.

비자는 기존 물건에 쉽게 싫증과 지루함을 느끼고 새로운 것을 원하게 된다. 유행 주기가 짧아질수록 소비주의가 촉진되는 것이다.

하지만 일부 여성교인들은 유행에 동조하는 획일화된 모방소비를 넘어서 자기만의 개성과 가치를 추구하려는 욕망을 갖는다고 했다. 이런 '자기 브랜드화'에 노년층보다 청년층이, 빈곤층보다 상류층이 더 적극적이었다. 이는 사회적 경쟁의 압박이 심화될수록, 자기 존재감의 인정에 민감해질수록 평범함보다 특별한 의미를 제공하는(혹은 제공한다고 여겨지는) 소비정보가 소비욕망을 활성화하는 추세를 반영한다. 이처럼 자신의 소비욕망에 충실하고 소비로 자기정체성을 형성하려는 여성교인들에게 금욕주의 소비담론은 후기산업사회 이전의 가르침일 뿐 소비자본주의 시대의 삶에는 부적합하다는 점에서 설득력을 상실하는 것으로 나타났다.

> "너무 비싸다고 여겨지는 물건이지만 실제로 사용해 보면 진짜 즐거움을 느낄 수 있어요. 이 즐거움은 물리적 편리함이나 효율성의 차원에 그치지 않고 나를 진정 살아 있게 만들어 줍니다. 나만의 특별함과 존재감을 갖게 만드니까요. 남들은 이것을 사치나 낭비라고 생각하겠지만 개의치 않아요."(중산층 청년기 여성 b)

문제는 그러한 소비의 차별화를 지향하는 소비욕망이 한시적이 아니라 습관화되고 소비강박으로 강제되는 것이다. 소비자본주의의 목적에 충실한 마케팅과 광고가 소비욕망의 통제를 어렵게 만들고, 소비를 통해 여성의 주체성과 개성을 발현한다는 상업적 메시지는 소비행위에 대한 합리적 판단과 절제를 방해하기 때문이다. 일반적으로 소비동기가 잠재의식적이고 인간의 소비결정이 언제나 합리적이지 않다[18]는 것도 문제의 심각성을 심화한다. 소비행동에 대한 실험에서 소비자들은 가격이 비쌀수록 음료의 효능이 진짜라고 믿고 같은 양의 식사에도 돈을 더 지불한 경우에 식사만족도가 높다는 반응을 보였다.[19] 고가격을 고품질과 동일시하는 생각은 경험 이전에 학습의 결과일 수도 있다는 점이 소비자의 주체적인 관찰과 성찰이 요구되는 이유다.

그뿐 아니라 일부 교회여성들은 '거룩한 낭비' 유형의 소비담론에도 다른 해석을 가했다. 교회 헌금과 기부를 위한 지출에 성실하다면, 그 외의 소비는 개인의 자율성에 맡겨야한다는 것이다. 이와 같은 소비의 자유는 "개인의 자기실현의 자유이자 풍요와 쾌락을 극대화할 수 있는 자유를 보장해 주는 것"[20]이기에 낭비나 사치라는 기독교적 금기를 벗어나는 방편이 되기도 한다. 소비의 자유와 관련하여 주목해야 할 것은 부유층의 과시소비다. 그들의 과소비나 사치는 개인의 만족에 그치지 않고 중산층의 모방소비나 빈곤층의 상대적 박탈감을 유발함으로써 계층 간 갈등과 분열을 초래하고 부채(신용카드 포함)를 이용한 과소비나 사치를 촉발한다. 부유층의 과소비 모델은 건강한 노동보다 불로소득을 더 추구하고 체면과 허례를 용인하고 공공성을 도외시하는 이윤추구에 집중하는 현상과 무관하지 않을 것이다. 부유층의 소비에 사회적 책임이 요구되는 이유다.

2) 소비욕망의 충족과 좌절

소비의 동조화나 차별화를 추구하는 여성교인들은 소비욕망이 충족되거나 좌절되는 경험을 통해 감정과 분위기가 소비에 대한 판단에

---

18 앞의 책, 59.
19 클라우디아 해먼드, 앞의 책, 100-102.
20 이영자, 앞의 책, 266.

영향을 끼친다는 점을 강조했다.

> "혼자 사는 나에게 유행에 대한 관심은 마음을 설레게 합니다. 왠지
> 유행을 따르면 현재보다 덜 외롭고 무언가 새로운 일이 생길 거라는
> 예감이 들어요. 나를 부러워하는 사람들의 시선까지 느껴지고요. 근
> 데 이상한 건 빨리 갖고 싶어서 안달하다가 막상 그 신상(새로운 상품)
> 을 구입하고 나면 그 설레던 마음은 점차 사라지고 내가 진열장에서
> 보던 그 상품이 아니라는 생각도 듭니다. 왠지 속았다는 느낌이 들어
> 서 외롭거나 슬플 때는 광고나 쇼핑몰을 피하려고 하지요. 하지만 싱
> 글 생활에서 내가 선호하는 것은 금욕과 절제보다 유행의 변화입니
> 다."(빈곤층 노년기 여성)

인용문은 유행을 따르는 소비욕망이나 구매에 대한 결정이 외로움
이나 슬픔 같은 감정에 의해 촉발되고 지배받다는 것을 이야기한다.[21]
여기에 소비를 둘러싼 사회문화적인 환경에 대한 성찰은 보이지 않
는다.

소비사회는 당장의 만족과 즐거움을 추구하게 만들고 쾌락을 자연
스러운 본능이자 삶의 원동력으로 여기며 그 실천을 정당화한다. 쾌락
주의는 사람들을 노동보다 즐기는 삶에 몰두하도록 만들고 소비문화
를 즐기면서 현실의 문제에 대한 관심을 약화한다.[22]

---

21 소비자들이 지각하는 것도 자신들의 감정에 영향을 끼치듯이 판단과 평가에도 큰 영향
을 미친다. 갑자기 들리는 굉음은 사람들을 놀라게 해서 분노 같은 반사작용을 일으킬
수 있고, 부드러운 작은 소리는 안정감을 제공한다. 이런 감정 뉘앙스는 낮은 목소리의
남자 아나운서는 높은 목소리의 여자 아나운서보다 신뢰와 권위가 있다고 인식하게 만
들기 때문이다. 로버트 B. 세틀 · 파멜라 L. 알렉, 앞의 책, 117-118.
22 "충동적으로 구매하고 더 이상 매력적이지 않은 물건을 갖다 버린 자리에 더 매력적인

소비문화는 개인주의를 확산시킨다. 가족구성원들이 개별적으로 자기 공간과 소비재를 소유하고 즐기는 가운데 가족의 만남은 줄어들고 가족결속력은 약화된다. 이런 현상은 이웃 관계나 동료 관계에서도 유사한 방식으로 나타나 공동체 간의 접촉이나 사귐을 방해하여 관계의 단절이나 고립을 초래하기도 한다. 개인화로 소비주의가 확산되는 추세는 일인 가구가 증가하는 '1코노미' 시대에 더 강화되고 있다. 게다가 SNS를 통해 타자의 인정에 의존하면서 자존감이 민감해지는 경향은 관계보다 자기에게 집중하는 개인소비의 트랜드를 형성한다. 요즘 한국 사회에서 언급되는 가성비(가격 대비 제품의 성능을 비교)는 남의 시선이나 인정에 의존하던 소비가 나의 만족과 실속을 중시하는 소비로 변화하는 것을 보여준다. 가성비뿐 아니라 가심비(가격 대비 마음의 만족을 비교)까지 강조되는 추세는 소비를 결정하는 요인이 외부적 영향에서 주관적 필요로 바뀌고 있음을 나타내는데 이는 증가하는 개인화와 같은 맥락으로 이해할 수 있다.[23]

자신의 소비욕망이 충족될 때 교회여성들을 만족시키는 것은 상품이나 서비스만이 아니다. 소비를 통해 인정, 자존감, 체면, 지위, 존경, 인정 등 보이지 않는 상징적 가치를 얻는다. 자존감이 떨어지면 쇼핑으로 회복하는 관행과 사치품의 구매로 사회적 인정과 지위를 올리는 효과도 같은 맥락으로 볼 수 있다. 다음의 인용문에서 이를 잘 엿볼 수 있다.

물건을 채워 넣으며 우리는 가장 살아 있는 것 같은 감정을 느낀다." 지그문트 바우만·리카르도 마체오, 나현영 옮김,『소비사회와 교육을 말하다: 소비사회가 잠식하는 인간적인 삶에 대하여』(서울: 현암사, 2016), 144.

23 김난도 외,『트렌드 코리아2018』(서울: 미래의창, 2017), 40.

"나이 들수록 유행과 소비에서 즐거움을 느끼고 있어요. 유행을 따르
게 되면 나이를 잊어버리고 사람들의 인정도 받게 됩니다. 특히 고가
품을 구입하면 주위로부터 감탄, 친절, 대우, 교제, 사랑까지 얻으니
행복하지요. 근검절약이 신앙적으로는 맞는데 노인이 되면 낭비나 사
치가 사람들 관계나 개인적으로는 나쁘지 않다고 생각합니다."(부유
층 노년기 여성)

20세기에 소스타인 베블런은 부유층의 과시소비가 상품의 희소성
과 높은 가격으로 소비자의 신분을 상징하는 효과와 관련이 있음을 주
장하였고, 부유층의 억압된 분노와 적개심은 소비로 표출되는 경향이
있고 사랑과 애정의 징표를 소비재로 구입한다는 연구 결과도 있다.
하지만 앞의 인용문은 소비와 계층의 관련성에 연령의 조건을 보여준
다. 이는 고령화 시대의 소비문화를 염두에 두고 볼 때 주목해야 할
주제이다.[24]

성인 소비자들의 생애 단계별 소비패턴에 대한 미국 연구에 따르
면, 20, 30대는 사회 규범과 소속감을 염두에 둔 소비가 지배적이고
40, 50대는 내면의 욕구에 충실한 차별적인 소비를 선호하고 60대 이
상은 사회 관습에서 자유로운 실용적 소비태도를 보인다고 한다.[25] 이
런 관점에서 본다면 인용문에서 언급된 대로 낭비와 사치에 대한 기독
교적 담론을 연령별로 재해석할 수 있을 것이다.

---

24 이에 대해 설혜심, 『소비의 역사』(서울: 휴머니스트 출판그룹, 2017), 268-269를 참조
하라.
25 로버트 B. 세틀 · 파멜라 L. 알렉, 앞의 책, 272-280.

3) 소비욕망의 평가

기독교 소비담론에 저항하는 여성교인들은 소비욕망이 개인의 내면적 차원을 넘어서서 소비주의가 쾌락을 추구하는 욕망을 만들어낸다고 평가하였다. "이것을 당신 자신에게 해줘야 한다. 당신은 충분히 그럴 자격이 있다. 당신은 이것이 필요하다"는 그럴 듯한 이유로 진짜 동기가 무엇이냐에 상관없이 구매를 유발하는 마케팅[26]과 광고에 대해 비판적인 의식을 보이기도 했다. 나아가 이런 상황을 고려하지 않고 절제와 금욕을 교리적으로 강조하고 교인들의 '거룩한 낭비'를 교회에만 국한하는 것은 설득력이 적다는 생각을 나타냈다.

소비문화에서 사람들은 일상적으로 광고의 소비자가 된다. 특정한 문구와 이미지로 유혹하는 광고는 사람들의 소비욕망을 무의식적으로 자극하고 그 욕망의 충족을 부추긴다. 인간의 본능과 사회경제적 배경을 염두에 두고 개발되는 광고 산업은 "나는 구입한다. 소비한다. 즐긴다"는 슬로건을 친숙하게 유포한다. 그래서 허구와 환상을 이용해서 소비욕망을 유발하고 조작하는 광고 효과에 대해 소비자들은 둔감해지고 오히려 비참한 현실의 문제를 광고가 제안하는 소비의 쾌락으로 대치하려는 경향을 보인다. 이럴 경우 신용카드의 금융거래가 충동구매와 과소비를 부추기며 소비를 촉진한다.[27] 이런 소비문화에서 형성되는 가치관 가운데 하나는 "돈으로 모든 것을 살 수 있다"는 것이다. 물건을 포함하여 친절, 서비스, 애정[28], 돌봄, 명성, 관계, 체험, 아

---

26 앞의 책, 75

27 카드 사용은 구매 결정을 더 많이 하고 지급액을 잘 기억하지 못하게 만들고 심지어 더 비싼 가격을 지급할 마음도 유발한다고 한다. 현금으로 지급하면 거래가 훨씬 진짜처럼 느껴지는데 카드 지불은 이런 괴로움을 뒤로 미루어 주기에 거래(소비)가 더 쉽게 이루어진다는 것이다. 클라우디아 해먼드, 앞의 책, 63.

28 일부 부모들은 아이들에게 고가의 물건을 사주며 부족했던 보살핌과 관심을 보상하려

이디어 심지어 사회적 의무와 책임29마저도 팔고 사는 상품으로 대치
된다. 이런 현상은 모든 것을 빠른 시간 안에 새로운 것으로 교체하는
유행과 결합하여 인스턴트 가치관과 사회적 무관심을 형성하게 만든
다. 이런 점에서 소비사회의 바람직한 가치관을 형성하는 데 종교가
기여해야 하는 이유가 분명해진다. 기독교 소비담론에 저항하는 여성
교인들도 기독교 소비담론의 중요성을 인정하고 전통적 담론의 재해
석과 재구성의 필요성을 강조하였다.

IV. 나가는 말: 기독교 소비담론을 위한 여성신학적 성찰

본 연구는 한국 개신교 여성교인들의 소비욕망에 대한 기독교의 영
향을 성 인지적 관점과 담론 분석적 관점에서 분석함으로써 소비자본
주의 시대에 요구되는 가치관과 소비문화를 정립하는 데 기여하는 것
을 목표로 하였다.

이러한 목표를 달성하기 위하여 한국 여성교인들에게서 관찰되는
소비욕망의 근원, 소비욕망의 충족과 좌절, 소비욕망에 대한 평가를
중심으로 진행된 심층면담의 결과를 정리하면 다음과 같이 요약된다.

1) 계층별 소비욕망의 경우, 부유층의 여성들은 희소성을 강조하
는 차별화된 고가의 소비(명품화)로 상위층 문화를 드러내고자 하는
욕망을 지니고 소비를 하는 것으로 나타났다. 이에 비하여 중산층과

한다.

29 아파트의 관리비를 내면 더 이상 쓰레기와 그로 인한 생태 문제를 생각할 이유가 없다는
사람들은 모든 것을 돈으로 처리할 수 있는 상품과 서비스로 여긴다.

빈곤층의 여성들은 부유층의 소비성향에 동조하는 욕망으로 모방소비의 성향을 보였다. 이러한 계층별 소비욕망은 기독교의 금욕주의 유형의 소비담론 수용에 소극적이거나 저항하는 방식으로 나타나고, 생명살림 유형의 소비담론에는 무관심하거나 그런 주제를 환경운동 차원으로 축소하는 경향을 보였다. 소비 트랜드에 영향을 주는 요인 가운데 계층의 중요성이 강조되는 추세에 바람직한 소비가치관과 소비문화를 형성하는 데 부유층의 책임이 크다고 평가된다.

2) 연령별 소비욕망의 경우, 소비를 통해 스스로 만족감을 느끼고 사회적 인정으로 존재감을 확인하는 것은 전 연령대의 공통점으로 나타났다. 유행에 대한 소비는 동조화와 차별화로 분류되고 중산층 여성교인들이 동조화 소비에 가장 적극적인 경향을 보였다. 금욕주의 유형의 소비담론을 소비욕망과 관련하여 수용하는 데 노년기 여성교인들은 교리보다 현실을 중시하는 실리적인 선택을 하는 점이 주목되는 부분이다.

3) 소비욕망에 대한 평가의 경우, 기독교 소비담론을 순응적으로 수용하는 여성교인들은 소비자본주의 시대를 살아가는 현대인의 소비욕망과 관련하여 특히 개인의 자제력과 책임을 강조하였다. 기독교 소비담론에 저항하는 여성교인들은 소비욕망이 개인의 내면적 차원을 넘어서서 소비주의가 쾌락을 추구하는 욕망을 만들어낸다고 평가하였다.

이러한 분석 결과를 염두에 두고 기독교 소비담론의 재구성을 위한 여성신학적 성찰을 성 인지적 관점과 담론 분석의 관점에서 다음과 같이 제안하고자 한다.

1) 성 인지적 관점으로 볼 때, 기독교 소비담론의 재구성은 여성들의 소비욕망에 대한 통전적인 이해를 기반으로 주체적 소비를 추구해야 한다. 소비자본주의 사회에서 여성은 소비의 주체가 되는 데 제한을 받고 있다. 많은 경우, 여성들이 경제활동에 참여해서 얻는 소득이 상대적으로 적고, 부를 축적할 기회가 적기 때문이다. 아버지나 남편의 재력을 과시하기 위해 "대리소비"[30]가 가능한 여성들을 제외하면, 대다수 여성들의 소비욕망은 좌절되기 쉽고 모방소비에 집착하는 경향으로 나타난다. 현대사회에서 여성이 소비의 주체라는 상업적 환상과 소비유혹을 무비판적으로 수용하는 여성들은 소비사회에서 소외된다는 상실감과 절망감을 느끼고 자신(몸과 성)을 소비의 대상으로 전락시키기도 하고 자신의 감각과 판단을 상실하고 소중한 감정이나 관계까지 소비의 대상으로 삼는다. 이와 같은 소비주의의 폐해는 여성 개인에게만 책임을 물을 것이 아니라, 사회구조적인 차원에서 그 해결을 모색해야 할 것이다. 또한 각종 마케팅과 광고와 유행을 통해 확산되는 소비강박과 새로움에 대한 끊임없는 갈망[31]에 대응하는 종교적 소비교육도 필요하다.

지구화 시대에 심화되는 사회양극화는 당연히 소비를 둘러싸고 계층 간 갈등과 불화를 일으킨다. 기독교는 초대교회부터 경제적 불평등과 무절제한 사치를 불의로 정의하고, 이로 인한 공동체의 분열을 심각한 문제로 인식하고, 그 대안을 제시해 왔다. 오늘 한국 사회에서 부유층의 과시적 소비가 공동체의 갈등과 분열을 조장하고 여기에 여성들이 무비판적으로 참여하고 있는 현실에서 소비욕망에 대한 여성들

---

30 장 보드리야르, 이상률 옮김, 『소비의 사회』(서울: 문예출판사, 1991), 112.
31 지그문트 바우만 · 리카르도 마체오, 앞의 책, 57을 참조하라.

의 자기성찰이 필요하다. 이를 위해 여성들에게 외부의 시선이나 억압에서 벗어나 자신들의 욕망을 스스로 표현하고 소비경험을 성찰해 보는 기회를 제공해야 할 것이다.

소비욕망은 연령별로 차이를 보이기 마련이고, 소비가치관과 소비패턴도 세대 간 격차가 크게 나타난다. 연령에 따라 소비에 부여하는 의미와 소비 우선순위의 차이가 뚜렷하다면, 원론적 수준의 기독교 소비담론은 세대 변수를 고려하여 소비담론을 세분화하고 구체화해야 할 것이다. 이 과정에 교회여성들의 경험과 목소리를 반영하는 일은 필수적이다.

대안적 기독교 소비담론은 가부장제 사회에서 관행이 된 남성들의 소비가치관과 소비문화를 비판적으로 성찰하는 일도 포함되어야 한다. 소비담론이 성별 간 소비갈등을 넘어서서 경제공동체의 소통과 상생을 지향함으로써 경제 정의를 실현해야 하는 이유다.

2) 담론 분석의 관점으로 볼 때, 기독교 소비담론은 경제를 포함한 생태정의 개념으로 확장되어 일상의 실천을 전개할 필요가 있다. 현대 소비자본주의 사회에서 소비는 생산과 분배에 따른 단순한 경제 행위가 아니라 생산과 분배에 영향을 끼칠 수 있는 사회 문화적 의미를 갖는다. 여성들이 자신의 소비 욕망을 둘러싼 개인적·사회적 조건을 진지하게 성찰하고 소비의 주체적 능력을 함양한다면, 그것은 윤리적 소비에 대한 경각과 '착한 소비' 운동의 원동력을 제공할 수 있을 것이다. 이것은 오랫동안 가정의 살림과 돌봄을 담당해 온 여성들의 경험과 지혜가 개인의 소비욕망을 생태계를 살리는 사회적 힘으로 전환하는 변화와 다르지 않다. 이런 점에서 기독교의 금욕주의 소비담론과 '거룩한 낭비'의 소비담론은 생명살림의 대안적 소비를 수용하고 '거룩한 상상력'으로 생활신앙을 추구한다면 바람직한 소비 가치관과 문화를

형성하는 데 기여할 수 있을 것이다.

전통적으로 소비개념은 생산과 분배에 따른 연속 과정으로 정의되었으나 후기자본주의 사회에서 소비는 생산이나 노동과 무관하게 형성되는 욕망과 그 충족의 과정으로 인식된다. 특히 소비욕망은 이윤추구적 상품화와 이미지 조작 기술로 인해 자극되고 촉발되면서 소비주체는 타인의 욕망에 사로잡혀 자신의 필요나 욕구로부터 소외된다. 소비주체의 성찰이 결여된 소비충동은 소비자를 소비대상에 사로잡히게 만들고, 소비대상의 맹목적 추구는 마침내 소비대상의 물신화(fetishism)에 이르기까지 한다. 끝없는 소비욕망에 사로잡혀 그 욕망을 충족시킬 때 가치 있는 인간이 된 것처럼 여기고 그렇지 못할 때 무의미한 존재로 전락한 것 같은 느낌을 갖게 만드는 현실 속에서 인간성은 이와 같은 환상적 소비에 의해 왜곡되고, 개인과 사회는 끝없는 환상적 소비욕망을 충족시킬 수 없는 데서 비롯되는 고통과 갈등에 빠진다. 비인간적 물신주의를 극복하는 가치관과 소비문화가 필요한 이유다.

후기자본주의에서 소비는 대체종교로 여겨질 만큼 지배적인 영향을 끼치면서 사람들의 의식과 삶의 방식은 물론 인간관계와 세계관까지 변화시키고 있다. 소비대상은 가시적 상품에서 비가시적 정서와 가치까지 포함되는데 종교도 상품화되어 소비되는 경향이 있다. 물건, 사람, 자연, 관계, 감정, 가치가 교환가능한 대체물로 거래되고 그 재화들을 소비하는 과정에서 행복감과 삶의 의미를 추구하는 현상이 나타나고 있는 것이다. 인간의 삶이 소비로 축소되면, 삶의 가치와 의미의 다차원성과 복합성은 파괴되고 만다. 따라서 기독교가 대체종교로 등장하고 있는 소비주의에 대한 비판과 그 대안을 모색하는 것은 시급하고 절실한 과제가 아닐 수 없다.

부록

김교신의 민족교육과 기독교
"폭력극복 10년"의 의미와 과제

김교신의 민족교육과 기독교[*]

I. 들어가는 말

기독교가 한국 근현대사에 끼친 영향을 탐구하는 방법은 여러 가지가 있겠지만 기독교를 받아들임으로써 생의 변화를 경험한 사람들이 저마다 살았던 특정한 시대 상황에 어떻게 대응하고 영향을 주었는지를 살펴보는 일도 그 가운데 하나일 것이다. 기독교 인물 연구는 이를 집중적으로 다루는 하나의 장르이다.

한국교회사에서 김교신은 크게 주목되는 인물 가운데 한 사람이다. 그에 관한 글들은 1970년대부터 활발하게 씌었으며, 특히 김교신전집간행위원회(위원장 노평구)가『김교신전집』(경지사, 1975)을 처음 간행한 뒤에 관련 연구들이 많이 발표되었다. 이러한 선행연구들[1]은 일

---

* 이 논문은 한국학술진흥재단(2002-KRF-AM1029)의 지원에 의하여 연구되었음.

1 노평구 편,『김교신과 한국 – 신앙 · 교육 · 애국의 생애』(서울: 제일출판사, 1972); 김정환,
 『金敎臣 – 그 삶과 믿음과 소망』(서울: 한국신학연구소, 1993); 양현혜,『윤치호와 김교

제 강점기를 살았던 한 기독교 지식인이 어떻게 자신의 신앙을 민족에
대한 사랑과 헌신으로 구현했는가를 밝히고 있으며, 그것이 한국 역사와
교회사에 끼친 영향과 의미를 밝혀 주고 있다.

김교신은 정규 사범학교를 나와 생애의 대부분을 교사로 활동하였
으나 그의 교육활동은 정규학교의 틀에서만 이루어진 것이 아니었다.
그의 개인적 헌신으로 발행되다시피 한 「성서조선」(1927~1942년)과
수련회 활동은 제도 교육의 틀을 벗어난 사회교육의 맥락에서 전개되
었다고 볼 수 있다. 이를 통해서 그는 지인들과 제자들에게 인격적 감
화와 지대한 영향력을 끼쳤을 뿐만 아니라 교회와 사회에 남다른 가르
침과 정신을 보여준 특별한 인물로 기억되었다. 그는 당대 기독교의
교권 추구에 대항해서 일평생 평신도 지도자로 활동하였으며 민족 문
제가 심각한 상황에서도 교회 유지와 부흥에 전념하던 교회 지도자들
과는 달리 조선 민족 전체를 아우르는 민족교육을 전개하였다. 이런
점에서 그의 삶과 활동은 기독교 정신을 주체적으로 수용하고 실천한
중요한 실례로 평가할 수 있다.

본 논문은 김교신의 사상과 교육활동을 재조명하여 그 역사적 의의
를 살피고자 한다. 교육사는 주로 학교와 기관을 중심으로 한 제도사
측면에서 다루어지지만 제도교육사의 관점에서 김교신의 교육활동을
살피기는 어렵다. 그러나 만일 교육이 특정한 역사의 시기에 특정한
사회에서 살아갔던 사람들의 지향과 욕구를 반영하고 사회변동과 깊

신 - 근대조선에 있어서 민족적 아이덴티티와 기독교』(서울: 도서출판 한울, 1994); 서
정민, 『겨레 사랑, 성서 사랑, 김교신 선생』(서울: 말씀과만남, 2002); 김정환, "김교신의
민족정신사적 유산 - 「성서조선」의 일기를 중심으로,"『민족문화연구』제10호(서울: 고
려대학교 민족문화연구소, 1976), 169-194; 민경배, "김교신과 민족 기독교,"『나라 사
랑』제17호(서울: 외솔회, 1974) 등.

은 관련이 있다면 교육사는 사상과 제도를 포함한 문화 전체를 대상으로 한다고 말할 수 있으며2 이러한 교육사 서술은 교육사회학과 문화교육학의 뒷받침을 받아 좀 더 큰 문맥을 살필 수 있게 한다. 본 논문은 바로 이러한 교육사적 관점에서 김교신의 교육활동을 살펴볼 것이다.

본 연구는 김교신의 일기와 편지, 그에 대한 지인들의 회고, 「성서조선」의 원고 등, 그에 관한 방대한 자료들을 집대성한『김교신전집』3을 일차자료로 사용하고 선행연구들의 성과를 참고로 하였다. 특히 본 논문의 주요 자료인 「성서조선」을 다룰 때 필자는 이를 기독교 포교를 위한 종교 잡지로 보기보다는 제국주의 지배에 저항하면서 민족의 미래에 대한 희망과 민족의 자부심을 고취, 함양하고자 한 사회교육 텍스트로 읽고자 한다.

본 논문은 먼저 일제 강점기에 전개되었던 민족교육의 역사와 그에 대한 기독교의 영향을 정리하는데 이를 통해 김교신의 교육활동이 전개되었던 사상적, 시대적 맥락을 밝히고자 한다(제II장). 그 다음, 김교신의 교육 사상을 민족의식, 역사의식, 민중의식에 초점을 맞추어 분석하고(제III장), 그의 교육 방법을 살펴본다(제IV장). 끝으로 김교신의 사상과 교육에 대한 평가를 시도할 것이다(제V장).

---

2 한국교육사연구회 편,『한국 교육사 연구의 새 방향』(서울: 집문당, 1982)을 참조하라.
3 노평구 엮음,『김교신전집』(서울: 도서출판 부키, 2001), 전 7권 및 별권.

II. 일제하 민족교육의 전개와 한국교회

민족교육은 민족주의의 태동과 긴밀한 관계가 있다. 역사적으로 볼 때 민족주의는 크게 두 가지 유형으로 나뉜다. 하나는 프랑스 혁명을 기점으로 서구 근대국가를 형성하는 과정에서 형성된 자국 중심적, 국가주의적 민족주의다. 서구 국가들에서 민족주의는 국민국가의 내적 결속력을 강화하고 민족세력의 확장을 지지하고 정당화하는 정치적 이념으로 전개되었으며, 그 결과 제국주의나 군국주의로 치닫는 논리를 갖고 있었다. 가장 부정적인 실례는 국수주의와 파시즘이다.4 또하나의 유형은 제국주의에 희생된 지역들에서 나타난 저항적 민족주의이다. 이러한 민족주의는 외세에 대한 저항과 민족해방을 목표로 민족 집단의 정치적 동원과 문화적 결속을 겨냥한다.5

한국 민족주의를 연구하는 학자들은 민족주의가 외세에 의해 개화와 근대화를 강요받았던 개화기 이래로 봉건성을 극복하는 가운데 일제의 침략에 대항하여 자주독립을 추구하는 과정에서 태동, 발전하였

---

4 서양 역사에서 민족교육의 개념은 문예부흥과 종교개혁 시기에 발현하여 19세기 근대국가 형성기에 민족주의와 관련하여 정립되었다. 근대 유럽 교육학의 주류를 형성한 민족교육의 개념은 주로 Friedrich Paulsen(1846-1908)과 Eduard Spranger(1882-1963)에 의하여 발전되었다. 민족주의는 같은 민족이라는 혈연적 유대와 공통된 언어·습관·주거 환경으로 결속된 문화적 민족의식과 자기 민족에 의한 권력 지배를 지지하는 정치적 민족의식을 필요로 하는데, 교육은 이러한 민족정신을 창출하여 국가에 기여하는 기능이 있다. 이런 점에서 민족교육은 국가가 당면한 시대적 요구에 대하여 민족적 의식과 실천으로 대응하는 교육으로 시대와 국가에 따라 다양하게 전개된다.

5 저항적 민족주의와 연관하여서도 민족교육의 개념을 정립할 수 있다. 이 경우, 민족교육은 민족의 주체성과 자긍심을 강조하면서 외세에 저항할 수 있는 민족 구성원의 동력을 강화하는 데 그 초점이 맞추어질 것이다. 그러나 그 구체적 내용은 특정 민족이 처한 역사적 단계나 시대적 과제의 성격에 따라 매우 다양하게 나타날 수 있다. 본 논문에서는 민족교육의 과제와 그 내용을 필요한 문맥에서 역사적으로 약술할 것이다.

다고 공통적으로 지적하고 있다. 윤경로는 한국 근대 민족주의의 유형을 세 가지로 분류했는데 위정척사론을 내세운 유학자들과 의병운동을 중심으로 한 민족지향적 민족주의, 실학파의 동도서기론을 계승한 개화파인사들의 국민주권지향적 민족주의, 동학농민운동, 3·1 운동, 일제하 소작쟁의와 노동쟁의를 중심으로 한 민중해방지향적 민족주의 등이 그것이다.6 손규태도 한국 근대사에서 형성된 민족주의를 성리학적 민족주의, 실학적 민족주의, 동학적 민족주의, 개신교적 민족주의로 유형화하였는데 그 대강은 윤경로의 분류와 크게 다르지 않다.7 이러한 민족주의 유형들은 특정 시기에 시대의 지향과 욕구를 서로 다르게 반영하는 노선들로 분화된 측면이 있기는 하지만8 크게 보아 한국 민족주의의 시대적 전개를 나타낸다고 말할 수 있다.

개화기 이래의 민족교육은 위에서 말하는 다양한 민족주의적 지향들을 반영하면서 역사적으로 발전되었는데 민족교육의 역사는 대체로 다음과 같이 구분된다.9

— 개화기 국민개학사상(國民皆學思想)과 근대학교 설립기
　 (1876~1894년)

— 갑오개혁과 근대민족교육 형성기(1894~1905년)

— 교육구국운동과 일제 억압기(1905~1910년)

---

6 윤경로, "한국 근대민족주의의 유형과 기독교," 『기독교사상』 375호(서울: 대한기독교서회, 1990), 34-45.

7 손규태, "기독교와 민족주의," 『기독교사상』 375호(서울: 대한기독교서회, 1995), 157-165.

8 윤경로가 말하는 위정척사론과 동도서기론, 손규태가 말하는 성리학과 실학 유형의 민족주의는 구한말 지식인들의 노선 분화를 나타낸다고 볼 수 있다.

9 차석기, 『한국 민족주의 교육의 생성과 전개』(서울: 태학사, 1999), 9ff.를 참조하라.

— 저항적 민족교육과 무단교육정책기(1910~1919년)

— 실력양성운동과 문화교육정책기(1920~1931년)

— 민족교육의 수난과 황민화 동화정책기(1931~1945년)

위의 시기 구분은 지나치게 세분화되어 있기에 필자는 개화기 이래 한일합방까지의 민족교육, 3·1 운동 전후의 민족교육, 전시체제의 민족교육 등 크게 세 시기로 나누어 민족교육의 전개과정을 약술하는 것이 적절하다고 생각한다.

1. 1876년 외세의 강요로 인해 문호가 개방된 뒤에 개화파 인사들은 국민개학사상(國民皆學思想)을 주장하고 근대학교를 설립하기 위해 노력하였다. 그들은 부국강병을 위한 사회개혁을 추구하면서 광범위한 서구문화의 수용과 국민교육의 실현을 계획했다. 특히 신교육의 청사진으로 남녀평등, 신분제 철폐, 근대학교의 창설과 근대학문의 도입, 의무교육의 실시 등이 구상되었는데 이것은 반봉건적 개화사상을 구현하려는 시도로 볼 수 있다. 이 시기에 전래된 개신교는 개화파 인사들의 도움과 지원으로 근대학교를 설립하고 근대교육을 제공함으로써 한민족의 개화에 대한 기대에 부응하였다.[10]

1894년 갑오개혁은 근대교육의 제도화를 공고히 하고 민족 주체성의 확립을 교육적 과제로 확산시켰다. 이 개혁을 계기로 국가에 의한 근대 학제가 성립되고 개화 이후 계속되는 국가 위기를 극복할 수 있는 민족각성운동이 촉발되었다. 당시 조직된 독립협회를 중심으로 민

---

10 개화기에 전개된 기독교 학교 설립과 그 의의에 대해서는 이 책의 "개화기 한국 여성 교육과 개신교 - 1896년부터 1910년까지,"를 보라.

족의 자주성과 교육구국 이념이 확산되었다. 이러한 사회변동에 기독교인들은 적극 참여하였고, 조국의 자주와 근대화를 추진하는 주요 세력이 되었다.

을사늑약(1905)으로부터 한일합방(1910년)에 이르는 시기에 민족의식과 반일투쟁정신이 앙양되고 교육구국운동이 그 어느 때보다 치열하게 전개되었다. 특히 일제에 의한 식민지교육정책이 시행되는 과정에서 국권회복을 위한 민족교육운동과 애국계몽운동은 다양하게 전개되었고 많은 민족 운동가들은 평교사로서 학생들에게 민족의식을 고취하고 함양하기 위해 애썼다. 1883년부터 1910년 사이의 사립학교 교과서에 반영된 민족교육의 면모는 한글 사용, 국토 사랑, 창조적인 민족문화, 민족사의 역사적 인물 배우기 등을 중심으로 전개되었다.[11]

이 시기에 민족 운동가들은 교회에 들어와서 미션계 학교와 교회 조직을 중심으로 민족교육을 펼쳤으며 신민회 사건은 한국 기독교가 민족교육을 위해 어느 정도 기여했음을 말해 준다. 하지만 1901년의 정교분리 선언과 1903년부터 시작한 부흥운동은 한국 기독교 지도세력이 당대 현실에 대한 책임적 대응에서 벗어나서 개인구령 운동 차원의 개종과 교회 확장으로 기울기 시작했다는 것을 시사한다.

2. 1910년 한일합방 후 일제의 식민지교육이 강화되면서 민족교육은 수난을 겪게 되었지만 국내에서는 음성적인 민족교육이 계속되는 반면에 해외의 민족교육이 새롭게 전개되었다. 당시 비밀리에 배일민족교과서가 읽히고, 사상교육이 이루어졌으며, 비밀결사를 중심으로

---

11 차석기, 앞의 책, 169-205.

민족교육운동이 그 명맥을 이어갔다. 이러한 민족교육의 결실은 1919년 동경 유학생들의 이팔운동과 조선의 3·1 운동으로 나타났고, 이 운동의 실질적 주체 세력으로 학생들이 부상하게 되었다.

3·1 운동의 영향은 일제의 식민지 정책과 한국 민족운동 양 진영에 변화를 가져왔다. 무단정치에서 문화정치로 탈바꿈한 일제의 식민정책은 더욱 정교한 방법으로 민족교육을 탄압하고 교육령 개정을 통하여 민족학교들을 철저히 통제하였다. 이러한 일제의 정책에 대응하여 민족교육은 실력양성운동으로 전개되었고 그 대표적인 것이 민립대학 설립운동과 물산장려운동이다. 3·1 운동은 민족교육의 대중화를 촉진하여 민중을 대상으로 노동야학을 확산시켰다. 학생들은 전국 순회강연단과 각종 학생단체들을 조직하고 식민지교육에 대한 저항으로 동맹휴학을 단행하기도 하였다. 이를 보여주는 중요한 실례는 육십만세운동(1926년)과 광주학생운동(1929년)이다. 이와 같은 학생들의 적극적인 항일구국운동은 그동안 민족교육을 통하여 축적된 힘과 저력이 드러난 결과이며 1920년대에 등장한 사회주의의 영향을 입은 것으로 평가할 수 있을 것이다.

이 시기의 기독교 인사들은 정교분리를 주장하는 교회 지도부의 정책과 일제의 탄압에도 불구하고 미션계 학교들과 교회 교육을 통하여 민족 문제를 인식하고 역사의식을 함양하는 데 기여했다. 3·1 운동 뒤에 민족운동과 사회운동이 분화되는 과정에서 기독교 인사들은 YMCA와 YWCA를 중심으로 농촌계몽운동과 사회개조운동에 나섰다. 그러나 사회주의 진영을 위시한 지식인들의 기독교 비판은 그것이 설사 기독교에 대한 무지나 이데올로기적으로 굳어진 관점에서 비롯된 것이라 해도 한국 사회에 비친 기독교가 사회와 역사로부터 후퇴하여 교회와 교권 문제에 집중하는 현실을 반영한 것으로 볼 수도 있다.[12] 이 시기에 전개된 기독교 여성교육은 여러 가지 제약에도 불구하고 교육과 직업을 통하여 여성의 주체성을 확립하고 민족 문제에 눈을 뜨게 하고 사회개혁에 참여하도록 지원했다.[13]

3. 1930년대부터 일제는 전시체제로 돌입하여 만주사변(1931년), 중일전쟁(1937년), 태평양전쟁(1941년)을 일으키고 내선일체를 내세운 황민화 동화교육을 강제하였다. 일본어 강요, 한글 사용 금지, 사립학교 교명 변경, 신사참배, 근로동원, 학병지원 강요, 사립학교 설립 인가 금지, 언론과 집회 제약 등이 그 주요 내용들인데 이러한 일제의 정책에 따르지 않는 학교들은 많은 불이익을 당했고 심지어 폐교를 감수해야 했다. 따라서 민족교육은 비밀결사의 형태로 전개되고 1940년을 전후로 학생운동이 무장하는 성향을 보였으나 일제의 막바지 기간에 민족교육의 현실은 암담한 상황을 감내할 수밖에 없었다.

한국 기독교는 일제의 황민화 정책과 신사참배에 대체로 굴복하였으나, 일부 기독교 목사들과 학교들은 이에 끝까지 저항하기도 했다.[14]

III. 김교신의 민족교육 사상의 이해

김교신은 1927년 일본 유학에서 귀국하여 함흥영생여자보통학교

---

12 장규식,『일제하 한국 기독교 민족주의 연구』(서울: 혜안, 2001), 163ff.

13 이에 대해서는 이 책의 "일제 강점기 여성 교육과 개신교 – 1910~1920년대를 중심으로,"를 보라.

14 이에 대해서는 오인탁, "일제하 민족교육과 종교교육의 갈등," 손인수 외,『근대 민족교육의 전개와 갈등』(서울: 한국정신문화연구원, 1982), 259-265를 보라.

와 양정고등보통학교에서 교편을 잡고 교육활동을 시작했다. 그는 귀국 직후 동인들과 함께 「성서조선」을 발간하였다. 이런 점에서 그의 교육활동은 1920년대 후반에서 해방 직전까지의 황민화 교육 시대에 걸쳐 있다고 볼 수 있다.

여기서 필자는 민족의식, 역사의식, 민중의식 등에 초점을 맞추어 김교신의 교육사상을 살피고자 한다.

1. 민족의식

민족의식은 자기가 속한 민족에 대한 의식적, 감정적 결속과 민족에 대한 사랑과 헌신을 포함하며 다른 민족의 상대적인 인정과 존중을 병행한다는 점에서 민족주의와 구별되는 개념이다. 김교신에게 민족(조선)은 평생 "애인"처럼 사랑과 헌신을 바치는 대상이었기에 그의 민족의식은 남다른 것이었다. 그가 이런 민족의식을 갖게 된 것은 그의 생애(1901~1944년)가 일제의 침략과 지배로 점철되었고 그가 배운 기독교가 자민족의 애국심과 배치되지 않았기 때문이다. 김교신은 함경남도 함흥에서 태어나 그곳에서 성장하면서 1918년 함흥농업학교를 졸업하고 1919년 3·1 운동에 참여하였다. 그는 유교 집안의 가풍에서 일찍이 아버지를 여의고 12세에 동향인과 조혼을 하여 농업을 배웠는데 이와 같은 성장사는 훗날 그의 민족문화에 대한 생각들에 많은 영향을 끼친 것으로 짐작할 수 있다. 그가 3·1 운동에 참여했던 경험은 그와 동년배 청년이었던 함석헌의 표현대로 "생애의 전환점"[15] 같

---

15 함석헌, 『죽을 때까지 이 걸음으로』(서울: 삼중당, 1964), 77; 동저자, "김교신과 나," 『나라사랑』 제17호(1974), 92.

은 의미를 지닌다. 그 뒤에 일본에서 유학 생활을 하면서 그는 "세상에 둘도 없는 대 선생"[16]인 우찌무라 간조를 만나 기독교와 자기 민족에 대한 애국심을 배웠다. 서로 결합하기가 쉽지 않은 기독교의 보편성과 민족이라는 특수성을 김교신은 자신 안에 함께 수용하면서 둘의 연합을 이렇게 표현하였다.

> 우리는 오직 성서를 배워 조선에 주고자 한다. 더 좋은 것을 조선에 주려는 이는 주라. 우리는 다만 성서를 주고자 미력을 다하는 자다. (…) 그러므로 이러한 구형적(具形的) 조선 밑에 영구한 기반을 넣어야 할 것이니 그 지하의 기초공사가 즉 성서적 진리를 이 백성에게 소유시키는 일이다. 널리 깊게 조선을 연구하여 영원한 새로운 조선을 성서 위에 세우라.[17]

귀국한 뒤에 김교신이 교사와 복음 전도자로 추구한 민족의식의 강조점은 일제하 피지배 민족이 민족적 긍지를 잃지 않고 주체성을 확립하는 데 있었다. 민족의 자긍심은 고유한 역사와 문화전통을 바르게 알고 창조적으로 계승하는 일과 관련이 있고, 민족의 주체성은 외세의 정신적·물리적 침략으로부터 자주 독립을 확립하는 일과 연관된다. 이와 같은 목표의식을 갖고 김교신은 지리교사로서 조선 지리와 조선의 역사적 인물을 학습시키는 데 주력하였고 선교사들의 지배와 미국 기독교에 대한 의존에서 벗어나는 민족적 기독교를 정립하려고 노력하였다.

---

16 『김교신전집』 제1권, 274.
17 『김교신전집』 제1권, 22.

이와 같은 민족문화에 대한 김교신의 남다른 관심과 열정은 당시 민족교육을 저지, 말살하려는 일제 식민지 교육 체제와 갈등을 빚고 미국 선교사들의 영향이 지배적이었던 한국교회의 교권주의와 배치되는 결과를 초래할 수밖에 없었다. 암담한 식민지 현실에서 미래에 대한 희망을 갖고 학생들에게 민족정신을 고취하려는 김교신의 노력은 다양한 실력배양운동으로 전개되었다. 김교신이 손기정의 마라톤 코치 역할을 담당하면서 그에게 민족혼을 불어넣은 일은 그 좋은 예이다. 1920년대부터 항일민족운동의 주체가 된 학생들을 대상으로 김교신이 가르친 민족의식은 단순한 저항의식이 아니라 민족의 역사와 문화를 바르게 알고 그 뿌리 위에 주체적인 선택과 자리매김을 할 수 있는 능력을 배양하는 것이었다. 그런 점에서 김교신은 학생들에게 엄격한 교사였고 젊은 세대들의 서구문화 수용에 대하여 각별한 관심을 갖고 있었다. 그 단적인 면모를 「성서조선」 창간호에 실린 "한양의 딸들아"라는 김교신의 글에서 엿볼 수 있다.

나는 나를 낳아준 친모의 품속에서 자랐고 농(農)을 주업으로 하는 소박한 이웃 사이에 살면서 듣고 보고 하였다. 그리고 이렇게 생각하였다. '조선을 망하게 한 것은 그 남성들이었다. 남성 자신은 멸망하여 다시 소망이 있는 것 같지 않다. 그러나 조선의 여성은 세계에 무비(無比)이리라. 조선의 희망은 과연 그 특유한 조선적인 여성의 장점에 있으리라'고. (…) 더욱 성서를 알게 됨에 따라 정조 문제는 이것이 단지 열녀불경이부(烈女不敬二夫), 충신불사이군(忠臣不事二君)에만 그치는 것이 아님을 알았다. 과연 정조 문제는 인생을 일관하는 근본 원리이다. 단지 여성의 문제가 아니요 동시에 남성의 문제이며, 단지 현세의 제도가 아니요 과연 내세에 걸친 우주의 법칙이다. (…) 인류 중에서 만일 가장 완전히 정조의 도를 지켜온 민족이 있었다면 이는 조선의 여성이었으리라. (…) 그러나 근일의 소문은 어떠한가. 만일 근년에 들리는 바 서울을 중심으로 한 학생의 풍기, 각종 오락장에 현현(顯現)되는 암흑의 형편.18

이 글에서 김교신이 강조한 것은 조선 여성들의 정절이다. 김교신의 권고는 유교적 여성관을 답습하고 있지 않다. 왜냐하면 그는 정조의 의무를 여성에게 국한하는 관점을 부정하고 남녀 모두에게 적용되는 우주와 내세의 원리라고 보았기 때문이다. 김교신의 가정관과 가정생활에서 가부장적 성격이 두드러지지 않는다는 점도 주목할 필요가 있다. 이 글에서 김교신은 당시 외래문화의 도입과 근대화의 시류를 타고 여성들의 성문화가 변화하는 과정에서 문화수용의 민족적 주체성을 강조하고 이를 성서적 관점에서 뒷받침하고자 한 것으로 보인다.

그는 한국 기독교가 서구문화를 무비판적으로 수용하는 현실에 대해서 매우 비판적인 태도를 견지했다. 그 단적인 생각이 「성서조선」에 실린 일기(1933년 6월 5일)에 잘 드러나 있다.

치기, 유취 분분한 미국식 기독교! 조선기독교가 완전히 발육되려면 우선 온갖 미국과의 관계를 그 교회와 교육기관에서 절연하여야 하리라. 미국 능사는 하나는 황금, 둘은 스포츠, 셋은 무성영화(토키). 단 종교만은 별문제.19

---

18 『김교신전집』 제1권, 29f.
19 『김교신전집』 제5권, 112.

또 "「성서조선」의 해(解)"라는 짤막한 글에서 그는 「성서조선」의 독립성을 강조하면서 다음과 같이 말한 바 있다.

「성서조선」은 단지 그 주필의 전책임으로 경영하는 것이오, 조선을 성서화하기에 찬동하는 소수의 우인(友人)들이 협력하는 것뿐이다. 무슨 교파나 단체나 외국 금전의 관계는 전연 없다.[20]

이 글들에서 김교신이 비판하고자 하는 것은 미국 문화에 대한 한국교회의 민족적 주체성 결여와 미국 선교사들의 재정적 지원에 대한 의존이다. 김교신은 이 두 가지 결함 때문에 한국 기독교가 교권주의에 안주하고 민족 역사에 대한 소명과 책임을 상실하게 된다고 판단했다. 이와 같은 김교신의 비판의식은 당대 한국교회의 주류를 거슬러 저항하는 외침이고 몸짓이었다.

일제가 전쟁체제로 치달으며 황민화 교육을 강제했던 1930년대에 김교신은 신사참배나 모국어 말살, 군사훈련 등 민감한 교육 현안에 대한 입장을 「성서조선」에 발표할 수는 없었다. 「성서조선」은 일제의 가혹한 검열과 폐간 위협 아래서 발간되었기 때문에 여기서 김교신의 공개적인 입장을 찾을 수는 없다. 그럼에도 불구하고 그는 1936년 12월 10일자와 동년 12월 11일자 공개일기[21]에서 다음과 같이 말한다.

숭실전문학교를 비롯하여 장로교 선교회에서 경영하는 130여 학교를 폐교하기로 동(同) 선교회에서 결의하였다고. 세론(世論)이 분분

---

20 『김교신전집』 제1권, 22f.
21 공개일기에 대해서는 아래를 보라.

하다. 폐교하는 것이 해(害) 될 것인지 이(利) 될 것인지는 하나님만
이 아실 것이다. 필경은 사람들이 염려하는 정도의 염려는 없을 것이
오, 시기 넘어 늦은 것이 오히려 한스러운 일이다.[22]

장로교 선교회에서 그 경영하는 학교 130여 교를 폐쇄하기로 결의한
일에 관련하여 모 신문의 사설 일절에 왈 "… 그리고 그들 서양 분네로
하여금 이런 아름다운 일을 즐겨 하도록 한 예수 그리스도의 힘과 은
혜가 얼마나 위대한가를 다시 한 번 깨달읍시다." 운운. 늦었다 할지라
도 전민족을 대표하여 예수께 감사할 줄 알게 된 것만 큰일이다.[23]

위의 두 인용문은 김교신이 신사참배에 대해 거부 의사를 에둘러
표현하였다는 점에서 주목된다. 아직 양정고보 교사로서 학생들을 인
솔하여 조선신궁 참배를 할 수밖에 없었던 김교신은 그 이상 분명한
견해를 밝히기는 곤란하였을 것이다.

김교신이 교육을 통하여 강조한 민족의식에는 저항정신과 민족 주
체성이 강조되고 있지만 민족의 고난에 대한 근본적인 물음, 왜 우리
는 고난을 받아야 하는가라는 질문이 가로 놓여 있었다. 그는 성서의
빛에서 민족이 걸어 온 고난의 역사를 조명함으로써 그 질문에 대한
대답을 얻고자 했다. 그의 민족의식은 독특한 역사의식에 바탕을 두고
서 불굴의 힘을 갖게 되었다.

---

22 『김교신전집』 제6권, 140.
23 『김교신전집』 제6권, 141.

2. 역사의식

김교신의 역사의식은 기독교의 섭리사와 관계가 깊다. 3·1 운동이 끝난 뒤에 일본으로 유학을 갔을 당시 그는 유교적 인생관과 사회관에 회의를 느끼고 방황하던 중 기독교로 입교하였다. 그러나 그의 기독교적 역사관은 교회를 통해서가 아니라 '무교회 기독교'를 창시한 우찌무라 간조의 문하생으로 7년간 사숙하는 과정에서 형성되었다. 김교신은 우찌무라가 복음의 진리를 일본 역사 안에서 구현하기 위해 예리한 사회비판을 전개하는 것을 보고서 이를 예언자적 기독인의 신앙으로 수용하였고 조선의 식민지 역사 속에서 복음의 보편적 진리를 스스로 실천하고자 했다.

그에게 역사의 구체성을 상실한 기독교는 추상적인 종교성과 교리의 체계에 불과했다. 그러나 역사 현실은 그 자체가 절대화될 수 없고 언제나 하나님의 의와 사랑의 빛에서 평가되고 변화되어야 하는 상대적 가치를 지닐 뿐이다. 기독교는 역사적 참여의 사명을 가지지만 역사의 방향과 그 산물에 대하여 비판적이어야 한다. 이러한 역사의식을 지녔기에 김교신은 "하나님 이외에 그 어떤 것도 무섭지 않다"고 말할 수 있었다.

이와 같은 김교신의 역사의식은 함석헌의 도움을 받아 심화되었고 조선 역사의 섭리사적 의미를 인식하는 데까지 나아갔다. 함석헌은 「성서조선」 제61호부터 제83호에 걸쳐 "성서적 입장에서 본 조선 역사"라는 글을 연재하면서 자신의 역사관을 피력하였다. 함석헌에 따르면 역사는 신의 아가페가 실현되는 무대이며 인간은 신의 요구에 응답하는 책임감을 갖고서 역사에 참여한다. 조선이 당하는 고난의 역사는 신의 아가페가 이루어지지 않는 불의의 현실이며 조선사는 이러한 불의를 극복해야 하는 구원사로서 세계사적 의미를 지닌다.[24] 따라서 불의한 역사에 대한 비판은 단순한 윤리의 문제가 아니라 개인과 사회의 악에 대항해서 "하나님의 의"를 실현하는 신앙의 문제로 해석되며, 신의 사랑은 신의 의를 전제한다.[25] 김교신은 이러한 함석헌의 역사 해석을 높이 평가하면서 다음과 같이 술회하였다.

> 고난의 역사를 걸머진 조선 백성에게도 조선 및 세계와의 관계에 있어서 그 무겁게 지고 가는 짐에도 의의가 있고 그 짐을 잘 지고 참아가는 중에 백성은 정화되고 사람은 생각하는 자가 되어서 깊이와 무게를 가하게 되면 예전 조상들의 특색이었던 '인(仁)'에 의하여 나중 영원한 문 앞에 서는 나사로가 될 것을 지시받아 우리의 위로와 소망이 적지 않았다.[26]

김교신의 비판적 역사의식은 부활 신앙을 통해서 더 정교해진다. 그에 따르면 그리스도의 부활은 신의 사랑의 힘이 악을 정복하고 승리한 역사적 사실이다.[27] 부활은 인간의 이성적 판단을 뛰어넘는 전적인 신의 권능을 드러내며 옛 것이 사라지고 신의 새 역사가 시작되는 종말론적 의미를 지닌다. 김교신은 이러한 부활 신앙으로 일제의 가혹한 전시체제 아래서 생존과 민족정신을 위협받는 현실에서 희망을 이야기하고 새 역사의 도래를 예고했다.

---

24 함석헌, 『성서적 입장에서 본 조선역사(뜻으로 본 한국역사)』(서울: 삼중당, 1950), 3-54 참조.
25 『김교신전집』 제3권, 155.
26 『김교신전집』 제5권, 153.
27 『김교신전집』 제1권, 210.

「성서조선」을 폐간하기 위해 일제 검열 당국이 빌미로 삼았던 "조와"(弔蛙)라는 글에서 김교신은 우화적인 기법으로 죽은 것처럼 보이는 민족이 생명력을 잃지 않고 살아남을 것이라고 노래했다.

봄비 쏟아지던 날 새벽, 이 바위틈의 빙괴(氷塊)도 드디어 풀리는 날이 왔다. 오래간만에 친구 와군들의 안부를 살피고자 담 속을 구부려 찾았더니 오호라, 개구리의 시체 두세 마리 담 꼬리에 부유하고 있지 않은가! 짐작컨대 지난겨울의 비상한 혹한에 작은 담수의 밑바닥까지 얼어서 이 참사가 생긴 모양이다. 예년에는 얼지 않았던 데까지 얼어붙은 까닭인 듯. 동사한 개구리 시체를 모아 매장하여 주고 보니, 담저(潭低)에 아직 두어 마리 기어 다닌다. 아, 전멸은 면했나 보다.28

투철한 역사의식에 기대어 민족의 불굴의 생명력을 인식한 김교신의 민족교육은 일제의 억압과 착취 아래서 고난과 절망을 경험하는 민족에게는 고난의 구원사적 의미를 부여하고 다른 민족을 부당하게 지배하는 제국주의와 식민주의 세력에게는 불의에 대한 하나님의 분노를 회상시키며 불의의 역사가 부활의 그리스도에 의해서 반드시 끝나리라는 희망과 연결된다. 그리고 식민지에서 고난당하는 민족 가운데 밑바닥 민중에 대한 김교신의 관심과 애정은 이와 같은 역사의식에 구체성을 부여하는 실천으로 나아가게 만든다.

---

28 『김교신전집』 제1권, 38.

3. 민중의식

김교신은 기독교 지식인으로 민족교육을 전개하면서 민중과 만나고 민중의 현실을 떠나지 않았다. 식민지 상황에서 고난 받는 민족 가운데 민중은 그 고통과 질고를 일상생활에서 몸으로 감당하는 사람들이었다. 이러한 사람들에 대한 김교신의 감수성과 연대의식은 민족의식에 뿌리를 둔 것이기도 하지만 십자가에 나타난 그리스도의 사랑에서 배운 바가 크다. 김교신은 기독교로 입교하면서 유교의 윤리관에서는 배우지 못했던 인간의 죄를 깊이 자각하게 되었다. 인간은 수양을 함으로써 잃어버린 본성을 되찾는 것이 아니라 그리스도의 사랑에 힘입어 인간으로서는 해결할 수 없는 악한 본성에서 구원받을 수 있다는 것이다. 그리스도는 "인간의 죄를 몸에 지고 십자가에 걸려서" 자기희생으로 인간에 대한 사랑을 완성하셨다.[29] 따라서 예수 그리스도의 공로로 구원받은 그리스도인들은 신 앞에서 이웃과 더불어 평등한 관계를 이루며 서로 어려움을 나누고 함께 배워야 한다.[30] 이러한 이웃과의 연대적 소명을 김교신은 깊이 자각하고 철저히 실천하였다.

그의 민중 체험은 교사로서 어려운 학생들을 돌보고 베풀었던 많은 일화에서 잘 드러나고 있다. 여기서는 이에 대한 예증을 생략하고 단지 학교 밖의 사회관계에서 드러난 김교신의 민중교육을 몇 가지 살피고자 한다.

김교신은 1935년 3월 16일 소록도 사람에게서 편지를 받은 다음부터 소록도의 5천 여 나환자에게 관심과 사랑을 갖게 되었다. 그는 이

---

29 『김교신전집』 제1권, 159, 417; 제2권 440.
30 『김교신전집』 제2권, 98.

편지를 받은 일을 가리켜 "주필의 일생의 가장 큰 사변"이라고 했고
편지의 전문을 「성서조선」 1935년 4월호에 게재하였으며 다음과 같
은 말을 덧붙였다.

본지가 조선 기독교의 교권자들에게서 이단시되고 압수를 당하면서
도 골육이 썩어가는 나환자에게 희망을 전하고 환희를 일으킨다고 증
명받았으니 이보다 더한 영광이 어디 있나 (…) 때마침 몰로카이도
(島)의 성자 다미엔전(傳)을 탐독하는 중에 이 편지를 받았으니 얼마
나 섭리의 기이함인가. 만일 1934년 가을에 5인의 나환자가 공덕리
성서조선사의 대문을 두드렸다고 하라. 저들 형자(兄姊)를 맞기에 부
족함이 없는 준비가 나에게 있었을까? 이렇게 생각할 때에 나는 엎디
어 통곡하지 아니치 못하였다. 가장 작은 자와 천한 자를 대접하는 것
이 만왕의 왕이신 우리 주 그리스도를 대접하는 것이라고 주는 일러
주셨건만 (…) 참회의 눈물이 끝없이 흐른다. 형제여, 용서하고 위하
여 기도하라. 주 예수여, 긍휼을 베푸시옵소서. 그리고 끝까지 아껴하
고 탐하는 것이 있을진대 이 죄인부터 나병을 주시사 속사람을 씻어
주옵소서.[31]

소록도 사람들을 위하여 김교신은 잡지를 무료로 제공하였으며 나
환자 구원사업 캠페인을 전개하였다. 그는 신앙과 인생에 관한 소록도
나환자들의 글들에 감탄하면서 이를 「성서조선」에 실었다. 1935년도
「성서조선」의 총목록에는 소록도 문집이라는 문항 아래 18편의 글이
수록되어 있다.

---

31 『김교신전집』 제2권, 106ff.

언젠가 김교신은 유물론에 심취한 지인과 토론을 벌였던 일을 회고한 바 있다. 그의 생각으로는 기독교 신앙과 유물론은 "동과 서", "흑과 백"처럼 다르지만 그 지인은 놀랍게도 "기독교회와 그 신도는 가증하나 예수 자신은 비난할 점이 없을 뿐인가, 가경가애(可敬可愛)할 만한 유물론자라고 찬사를 마지않았다"고 말했다고 한다. 김교신은 이 일화를 소개한 다음에 행함이 없는 믿음을 경책한 야고보사 2장 14-17절을 인용하고서 다음과 같이 말했다.

사람에게 선한 것을 가르치면서 자기는 행치 않는 종교가배(宗敎家輩, 일종의 유심론자)를 향하여 그리스도는 격렬한 반격을 금치 못한 것이었다(마태 23장). 그리스도는 부자 청년을 대하여서도 추상적 윤리를 강(講)하시지 않고 소유를 다 팔아가지고 와서 좇으라고 적확하게 가르치셨고, 자신의 언행에 쌍륜의 궤적(軌跡)을 용허치 않았다. 예수를 유물론적으로 보면, 부패한 종교가는 물론이거니와 문사적(文士的), 도취적, 가상적 신도를 일소하는 효험은 확실한 바 있다.[32]

김교신은 1942년 성서조선 사건으로 1년간 미결수로 옥중 생활을 하게 되었다. 이 시기의 경험은 김교신이 출옥한 뒤에 그를 방문한 박석현의 "선생을 추억함"[33]이란 글에 잘 묘사되어 있다. 이 글에 따르면 김교신은 1년 감방 생활을 유쾌하고 유익한 일이 많았던 시간으로 회상을 하면서 감옥도 인생의 대학이요 신앙을 단련하는 수련장으로 여겼다고 했다. 또 민족의 고난을 몸으로 같이 맛보는 민족교육의 자리

---

32 『김교신전집』 제2권, 47.
33 노평구 편, 앞의 책, 34-50.

였고 사색하며 앞날을 계획하는 여가의 기간으로 삼았다고 한다.

옥중 생활에서 벗어나고 교직에서 추방된 뒤에 김교신은 일제의 강제징용을 피하기 위해 자진해서 흥남질소비료공장에 취업하였다. 그곳은 일본 해군의 특수비밀군수공장으로 한국인 노동자만 5천여 명이 일하는 대공장이었다. 김교신의 업무는 기본적으로 조선인 노동자들의 주택을 관리하는 일이었으며 도로 보수작업, 하수도와 변소 청소, 부엌과 침실 점검 등으로 이루어져 있었다. 이 일에 대한 김교신의 마음가짐은 다음의 편지글에 잘 나타나 있다.

> 더욱 빈한하고 궁핍한 자를 더럽고 모자란 시설 중에서 일으켜 교도하는 일, 하수도 청소하는 일은 우리에게 지워진 책무요 사명인지라 가장 큰 정과 성으로 경주해야 하겠나이다.[34]

공장에서 김교신의 활동은 업무상의 책임을 넘어서서 다양하게 전개되었다. 그는 회당을 지어 노동자들에게 한글을 가르쳤고 생활 개선을 위한 교육을 실시하였으며 언제나 '조선인'의 민족의식을 고취했다. 이러한 김교신의 노력으로 한국인 노동자들의 의식과 생활이 변화되었다. 김교신은 당시 일본의 패망을 예감하고 민족의 앞날을 준비하는 민중교육을 전개하였다. 그것은 일제 패망 뒤에 공장을 접수하려는 계획과 맞물려 있었다. 그러나 이 계획이 결실을 거두기도 전에 김교신은 노동자들의 전염병을 간호하다가 병을 얻어 세상을 떠났다. 죽음을 앞두고 김교신이 병상에서 한 이야기를 안경득은 다음과 같이 전한다.

---

34 『김교신 서간』, 146.

안 의사, 나 언제 퇴원하여 공장으로 갈 수 있습니까? (…) 나 40 평생에 처음으로 공장에서 민족을 내 체온 속에서 만나고 왔소. (…) 이 백성은 참 착한 백성입니다. 그리고 불쌍한 민족입니다. 그들에게는 말이나 빵보다도 따뜻한 사랑이 필요합니다. 이제 누가 그들을 그렇게 불쌍한 무리로 만들었느냐고 묻기 전에 이제 누가 그들을 도와 줄 수 있느냐가 더 급한 문제로 되었습니다. 안 의사, 나와 함께 가서 일합시다. 추수할 때가 왔으나 일꾼이 없습니다. 꼭 갑시다.[35]

이상에서 살펴본 대로 김교신의 민족교육은 민족의식과 역사의식에 이끌려 민중의 현실 속에서 그들과 실천적으로 연대하는 과정에서 발전적으로 전개되었고 그 결실을 얻었다고 평가할 수 있겠다.

IV. 김교신의 민족교육 방법론

김교신의 교육사상은 그가 지리 담당의 평교사로 일하던 학교교육과 평신도로 주관하던 「성서조선」의 사회교육을 통하여 실천되었다. 학교는 일제에 의하여 철저한 감독을 받았지만 김교신은 교육행정가가 아닌 평교사로서 학생들과 일상적으로 접하면서 교육의 자율성을 누릴 수 있었다. 또한 「성서조선」은 사상적으로나 재정적으로 당대의 교권과 무관한 잡지라는 점에서 나름대로 주체적인 교육 영역을 확보할 수 있었다. 김교신의 민족교육은 개인적 수준에서 이루어졌다는 한계를 갖지만, 이것이 그 영향력을 가리는 것은 아니었다.

---

35 김정환, 앞의 책, 183f.

그의 민족교육은 다음의 세 가지 특색을 갖는다.

1. 고난의 역사를 기록하고 기억하기: 일기 쓰기

김교신에 관한 문헌에서 일기는 매우 중요한 의미를 지니고 있다. 당시는 모든 인쇄물이 '불온한 사상'의 여부를 가리기 위해 일제의 감시와 검열을 받는 삼엄한 시기였기에 일기 쓰기는 개인의 고백적 기록이라는 점에서 고난의 민족사를 기록할 수 있는 기능을 갖고 있었다. 설사 김교신이 처음부터 이러한 목적으로 일기를 쓰지는 않았다고 해도 「성서조선」을 통해 공개된 일기는 12년(1930~1941년)에 걸쳐서 계속되었으며 그 양도 2002년도에 발간된 『김교신전집』의 제5권, 제6권, 제7권을 이룰 만큼 방대하다. 일기는 그의 삶과 사상을 이해하는 데 귀중한 자료가 될 뿐 아니라 민족사의 생생한 기록으로 그 가치를 인정받고 있다.

그가 남긴 일기는 두 종류로 구분되는데 하나는 「성서조선」에 기록된 공개일기인 "성서통신"(城西通信)36 혹은 "성조통신"(聖朝通信)37이고 다른 하나는 사생활을 기록한 비공개 일기 "일보"(日步)이다. 김교신은 공개일기의 성격을 다음과 같이 설명하고 있다.

달마다 본지의 끝부분을 차지하던 '성조통신'은 주필의 개인적인 일기

---

36 「성서통신」은 「성서조선」 제8호(1929년 8월)부터 고정난을 마련하여 게재되었는데, "성서"(城西)라는 단어는 「성서조선」의 발행처인 김교신의 자택이 서울의 서쪽에 위치한다는 지명을 의미한다.

37 「성서통신」을 「성조통신」으로 개명한 것은 「성서조선」 제84호(1936년 1월)부터이고 그 뜻은 「성서조선」의 통신을 가리킨다. 이 공개일기는 1941년 2월(「성서조선」 제145호)까지 연재되다가 총독부의 검열로 끝나게 된다.

인 동시에 성서조선사의 공적 역사요 독자로서의 소식난도 되었으나 그런 것보다도 실생활에 응용한 성서주해의 의미로서 여러 가지 거북한 일도 무릅쓰면서 이것을 연재하여 왔다.[38]

이 일기는 날씨, 성서 읽기, 가정예배, 가정사, 교사 생활, 지인이나 독자들의 편지, 지인들과의 만남, 신변에서 일어난 일들에 대한 단상, 세상사, 민족 문제, 민족 교회, 「성서조선」 발행 등과 관련된 매우 잡다하고 다양한 내용들로 이루어져 있다.[39] 김교신은 개인의 일로 여겨질 수도 있는 이 기록을 공개함으로써 생활과 성서 읽기를 연결하고 성서 위에 조선을 세우고자 하는 노력의 구체적인 모습을 드러내고자 했다.

그가 남긴 일기의 좋은 예는 「성서조선」 제57호(1933년 10월호)에 수록된 "남선 여행 별기"인데, 그 주요 내용은 지리공부를 위한 여행 기록이지만 김교신은 이순신 장군에 대한 회상과 교회 예배에 참석한 일 등을 기록함으로써 임진왜란의 영웅을 회고하여 민족의식을 드높이고 무교회주의자로서 교회를 존중하는 자세를 갖고 있음을 드러내고자 했다.

이와 같은 일기 형식의 지속적인 글쓰기는 앞에서 김교신이 지적한 목적 이외에도 생활사의 기록이라는 점에서 교육적 가치가 있다. 김교신은 자신의 학생들에게 일기 쓰기를 엄격하게 요구하고 그 일기의 내용에 대한 조언과 심지어는 문장 수정까지를 성실하게 수행했다. 그러나 식민지 상황에서 학생들의 일기조차 일제의 수사 대상이 되었기에

---

38 『김교신전집』 제7권, 347.
39 일기의 내용은 김정환에 의하여 유형별로 정리되었다. 이에 대해서는 김정환, 앞의 책, 190ff.

학생들은 물론 김교신 자신도 개인일기의 대부분을 스스로 소각해야 하는 아픈 경험을 하게 되었다.[40]

현재 김교신의 미공개 개인일기는 공책 두 권 분량으로만 남아 있다. 이 미공개 일기는『김교신전집』에 수록되지 않았다. 그러다가 김교신에 대한 학문적 관심이 고조되고「성서조선」전 158권의 영인본이 만들어지는 과정에서 이 개인일기도 함께 공개되었다. 이 개인일기의 내용도 김정환이 잘 정리하였다.[41] 그 가운데 가족 이야기, 「성서조선」 출판의 어려운 사정들, 시국에 대한 비판들, 교회와 관련된 자신의 활동들, 희로애락에 얽힌 이야기 등 공개되지 아니한 사적인 내용들이 많다. 미공개 일기는 외부적으로 평가되는 김교신의 사상과 활동을 심도 있게 재고하고 성찰하는 데 소중한 자료로 활용될 수 있을 뿐만 아니라, 일제의 검열로 인해 활자화되지 못했던 민감한 시국 사안들에 대한 김교신의 견해를 찾아볼 수 있다는 점에서도 그 가치가 크다.

2. 생활신앙과 생활교육

김교신의 신앙 유형은 무교회주의이며 그의 교육방법론은 무교회주의 영향을 많이 받았다.[42] 김교신은 기독교의 예배를 종교적 의미로 해석하기보다 하나님이 위탁하신 직업을 충실하게 수행하는 일로 여

---

40 『聖朝通信』1938년 2월 22일자에 기록된 내용에 따르면, 김교신이 담임을 맡았던 5학년 학생의 일기 내용으로 인해 여러 연루자들이 드러나는 상황이 발생하자 상부 지시로 학생들의 일기를 소각하도록 지시했고, 자신이 열 살 때부터 써 왔던 30여 권에 이르는 일기도 모두 소각하였다.

41 김정환, 앞의 책, 189-207.

42 김교신의 무교회주의에 대한 신학적 논쟁과 평가가 계속되고 있지만 필자는 이 글에서 무교회주의에 대한 신학적, 교회사적 검토를 일단 도외시하고자 한다.

기면서 하루 생활 전체가 예배의 연속이라고 생각하였다. 또한 그는 교회가 생활의 장이자 둘 이상이 모여 기도하는 곳임을 강조하였다. 이러한 생각은 기존 교회와 교권 세력의 교회 이해와 많이 달랐기에 갈등의 요소가 되었다.

「성서조선」은 성서연구를 중심으로 구성되었으나 교리와 신학을 다루는 전문 신학 잡지가 아니었고 도리어 민족교육을 위한 잡지라고 말할 수 있다. 그 집필자들도 다양한 직업을 가진 평신도들이었다.「성서조선」의 성서연구에 담긴 교육적 특성은 다음과 같은 김교신의 일기에서 엿볼 수 있다.

> 다만 서당에서 논맹(論孟)을 강해(講解)하던 것처럼 성서를 강해하면서 말하는 자와 참석한 자 힘을 합하여 운동할 것은, 하나님 편에서 조선에 대해 경륜(經綸)하신 역사를 실시하도록 일심(一心) 기원할 것뿐이다.[43]

이 말을 분석해 보면, 강해식 성서연구는 일방통행적 설교와 다르다. 강해식 성서연구의 주안점은 사람마다 성서를 직접 읽고 연구하여 저마다 복음의 진리를 깨닫고 이를 생활의 지침으로 실천하는 데 있다.[44] 여기에는 성직자와 평신도의 구분이 없고 심지어 교회 제직의 필요성도 인정되지 않는다.

성서와 생활을 직결하는 관점은 민족교육관에도 그대로 나타난다. 김교신은 민족교육을 위해 거창한 구호나 정치적 조직을 앞세우지 않

---

43 『김교신전집』 제5권, 15f.
44 『김교신전집』 제1권, 93-99.

았으며 그 대신에 일상생활을 중시하고 일상 속에서의 실천을 놓고서 교육의 성과를 판단했다. 김교신은 이와 같은 생활교육을 학생들과 일반사회인들에게 강조한 것만이 아니라 스스로 그 모범이 되었다. 그가 그들을 감화시키고 영향을 끼친 것도 바로 이러한 모범적인 행위 때문이었다. 그의 많은 지인들과 제자들이 오늘날까지 그를 '영원한 선생님'으로 기억하고 존경하는 것도 이를 증명한다. 학생 한 사람 한 사람을 대할 때에도 성적보다 인물을 보면서 평가하고 가르쳤던 김교신의 교육은 신앙을 삶과 일치시키고 민족 사랑도 신앙의 실천과 결합하려는 노력이었다.

이러한 김교신의 교육 방법은 한 사람 한 사람의 내면이 변화되어야만 그 사람을 통하여 건전한 사회가 이루어지고 민족의 미래가 열린다는 확신에서 비롯되었다. 그는 사회개조를 위해 변혁단체를 결성하는 일에 찬성하지 않았고 이를 위해 신도들을 동원하는 일에도 동조하지 않았다.45

3. 통합학습

김교신은 교사로서 다양한 학습법을 활용하였는데 그 가운데 우선 눈에 띄는 것은 소풍과 고적 순례이다. 그는 학생들에게 조국의 아름다운 풍광을 보게 하고 그 가운데서 호연지기를 기를 수 있도록 배려하였으며 고적을 순방하면서 우리 겨레의 얼과 역사를 피부로 느끼게 하였다. 어느 해 겨울 삭풍이 몰아치는 날 김교신과 더불어 북한산에 올랐던 제자 류승환은 다음과 같은 회고담을 남겼다.

---

45 독자의 단신을 인용한 1940년 9월 29일자 일기.『김교신전집』제7권, 298 참조.

휴식이 끝난 후 선생님은 우리 일행을 어떤 양지바른 암석 아래 인도
하신 후에 잠시 명상에 잠기셨다가 눈을 뜨신 후에 바위 아래 쌓여 있
는 눈을 치우라 하시기에 다 같이 합심해서 눈을 치우니 뜻밖에도 눈
밑에서 파릇파릇한 풀들이 나왔다. 바로 그 때였다. 선생님은 반색을
하시며 "오늘 제군들이 고생을 하며 이렇게 추운 날씨에 나를 따라 산
에 오른 보람이 바로 이것이다" 하시며 약간의 웃음을 띠시면서 북한
산상의 설교를 하시기 시작하셨다. (…) '여러분 청년 학도들이 머리
에 간직하고 있는 민족의식과 여러분 가슴에 간직하고 있는 민족정기
는 피압박민족으로 영원히 소멸되는 것이 아니라 영구히 여러분의 머
리와 가슴에 살고 있으나 지금 생기를 도로 찾지 못하고 있을 뿐이다.
그러니 절대로 낙심하지 말고 입춘의 시기가 되면 풀이 생기를 찾는
것처럼 우리도 민족의식과 민족정기를 도로 찾아 일본인의 압박에서
벗어나 독립을 찾을 때가 있을 것이니 (…)[46]

위의 회고담은 우리나라 국토가 곧 민족이라는 확신을 갖고 있었던
김교신이 산행을 통해 민족교육을 펼치는 장면을 생생하게 전해 주고
있다.

김교신은 기존의 제도와 권위에 맹종하지 않는 자유정신과 저항정
신을 가진 교사로서 독특한 수업을 진행시킨 것으로 알려져 있다.[47]
지리 수업 시간에 그는 교과 내용을 20분 정도 강의하고 나서 나머지
시간은 시사적인 이야기나 역사, 철학, 종교, 문학 등 다양한 주제에
관하여 자유자재로 이야기했다. 또한 그는 교과서의 내용보다 한국 역

---

46 『김교신전집』 별권, 198f.
47 김정환, 앞의 책, 97.

사나 한국 위인들에 대한 이야기를 많이 하고 민족저항적인 문헌들을 자주 암송시켰다. 이것은 그가 인문 지리의 틀에서 다양한 지식들과 정보들을 통합하여 제공하는 통합학습법을 활용했음을 보여준다.

이러한 통합학습의 방법과 효과가 보다 잘 드러나는 것은 「성서조선」의 독자들을 대상으로 개최되었던 하계 성서 강습회이다. 이 모임에는 1년에 한 번 전국의 독자들이 참가하였고 1933년 첫 모임이 열렸다. 그 가운데 6박 7일 동안 진행된 제2회 강습회는 통합학습의 전형적인 예를 보여준다. 그 교육과정을 살펴보면 다음과 같다.[48]

첫째 날   개회기도(송두용)와 "지리학적으로 본 조선의 사명"(김교신)

둘째 날   주일예배와 공관복음서 대관(김교신)

좌담회(책 소개)

"성서적 입장에서 본 조선역사"(함석헌)

셋째 날   복음서 연구(김교신)와 아모스서 연구(유석동)

좌담회(신앙에 관한 질의 응답)

"성서적 입장에서 본 조선역사"(함석헌)

넷째 날   복음서 연구(김교신)와 아모스서 연구(유석동)

좌담회(하나님 사랑과 이웃 사랑의 실천에 대하여)

"성서적 입장에서 본 조선역사"(함석헌)

다섯째 날   호세아 연구(유석동)와 복음서 연구(김교신)

오류장 뒷산 등산(서울 왕도창건의 회상)

성서식물학(이덕봉)

---

48 『김교신전집』 제5권, 146-162에 실린 김교신의 일기(1933년 12월 30일~1934년 1월 5일) 내용을 요약한 것임.

"성서적 입장에서 본 조선역사"(함석헌)

여섯째 날 "구약성서의 역사적 가치"(양능점)와 에스겔서 연구(유석동)

가정예배(강습회를 도와주는 부인들을 위한 예배)

감자 재배와 빵 보급에 대한 논의(정세권)

회원의 시간(내년에 양자물리학의 강의를 듣기로 합의)

일곱째 날 에스겔서 연구(유석동)와 복음서 연구(김교신)

위의 강습회 교육과정에서 신약과 구약이 성서공부의 틀에서 함께 다루어지고 있다는 점이 먼저 눈에 띈다. 성서 연구를 맡은 사람들이 역사적-비평적 방법을 터득한 인물들이라는 점은 매우 중요하다. 성서 연구자의 이야기를 전달받은 청중은 저마다 성찰의 과정을 거쳐서 자신들의 연구 과제를 새롭게 모색하도록 진행된다. 좌담회를 통하여 참가자 전원은 배운 바를 실천하는 길을 함께 모색한다. 성서 강습회에서 실생활의 식량문제를 다루는 것도 이채롭다. 이것은 자급자족 생활이 필요할 정도로 어려웠던 당시의 사정을 반영한다. 무엇보다도 식민지 현실을 인식하고 해석하기 위하여 역사의식을 함양하는 데 역점을 둔 것도 성서 강습회의 특징이다. 이 모임은 당시 교회에서 개최되던 사경회에 비하여 적은 수의 참가자로 이루어졌지만 다양한 전공의 평신도들이 성서를 스스로 연구하고 함께 성찰하면서 역사적 안목으로 복음의 생활화를 통합적으로 모색한 점에서 그 가치가 크다.

V. 나가는 말: 김교신의 사상과 교육에 대한 평가

글을 마치며 필자는 앞에서 살펴본 김교신의 사상과 교육에 대해 간략한 평가를 시도하고자 한다.

1. 김교신은 일제가 전쟁체제로 치닫던 절망과 암흑의 시기에 민족교육을 전개하였다. 그 시기에 일제는 우리 민족의 뿌리를 제거하고자 했고, 내선일체의 황민화 교육을 강제하였으며 우리 민족을 징병과 징용에 동원할 준비를 하거나 동원하기 시작하였다.

김교신은 이러한 상황에서 학교교육을 담당하던 교사로서 매우 독특한 방법으로 민족교육을 시도하였으니 원족(遠足)과 고적답사를 통해 민족의식과 민족정기를 고취하고자 하였으며 독특한 수업 진행을 통하여 민족과 사회에 대한 인문학적 지식을 함양하기 위해 노력하였다. 이런 점에서 김교신의 민족교육은 암울한 정세 속에서 실낱처럼 이어진 저항적 민족교육의 좋은 실례라고 평가할 수 있다.

2. 일제 말에 이르러 사회 지도층 인사들을 위시하여 기독교 지도자들과 지식인들도 일제의 요구에 굴복하였지만 김교신은 끝까지 민족의식을 잃지 않고 일제에 저항하였다. 그의 저항은 물론 신사참배에 대한 공개적인 반대나 황민화 교육에 대한 노골적인 투쟁이나 항일 무력단체를 결성하는 방식을 취한 것은 아니었지만 그는 개개인의 내면적 변화와 실력양성을 통해 민족의 새로운 미래를 준비하는 일을 포기하지 않았다. 그가 끝까지 이러한 입장을 지킬 수 있었던 것은 성서의 빛에서 민족의 고난사를 조명할 수 있었기 때문이다. 그가 「성서조선」에 남긴 마지막 글 "조와"(弔蛙)는 민족의 부활에 대한 신앙을 지닌 기독교 지식인의 투철한 역사의식을 보여준다. 그가 이 글에서 노래하고 있는 것은 불의와 폭력에 의해 희생당하고 고난을 겪는 민족의 불굴의 생명력이다.

3. 그는 신앙과 삶, 지식과 실천을 통합하는 생활교육의 패러다임을 제시하였으며, 민중과 더불어 작은 실천을 펼치는 과정에서 그 모범을 보였다. 그는 사회개조의 청사진을 제시하는 거창한 시도를 한 적이 없다. 그는 사회구조의 변혁을 위해 조직적인 저항의 길을 걷지도 않았다. 그것은 그가 처한 상황에서 불가능한 일이었을지도 모르지만 그의 교육이 개인의 내면적 변화를 중시하였기 때문이기도 하다. 그러나 그는 비록 작은 실천이기는 하지만 그것을 통하여 작은 사람들과 연대하는 삶과 신앙의 모범을 보였고 그것은 암울한 일제 말기에 민족의식과 역사의식을 지니고 민족의 미래를 바라보며 살아간 한 기독교 지식인이 선택할 수 있는 최대한의 실천이었다고 볼 수도 있다.

"폭력극복 10년"의 의미와 과제*

I. 들어가는 말

2001년 2월 4일 독일 베를린에서 기념 예배로 시작된 "폭력극복 10년(DOV: Decede to Overcome Violence): 화해와 평화를 일구어 가는 교회, 2001-2010"은 2010년까지 전 세계적인 운동으로 전개되었다. 이를 주관했던 WCC는 지난 20세기를 폭력의 시대로 평가했는데 21세기의 지난 십 년도 여전히 폭력이 난무하고 그 파괴력은 강도를 더해 가는 상황이었다. 이런 역사적 현실에서 우리는 지난 "폭력극복 10년"이 부질없는 희망이었는지 아니면 새로운 희망의 근거인지를 묻게된다. 오늘 이 자리는 그런 물음에 대한 대답을 찾으면서 지혜를 모으려는 것이라고 생각한다.

---

* 이 글은 2011년 6월 9일 한국기독교교회협의회(NCCK)가 주최한 "기독여성 폭력극복 10년 운동 심포지움"의 주제 강연 원고임.

이를 위해 필자는 폭력극복 10년의 역사적 배경과 전개과정들을 살펴보고 그 활동에 대한 평가를 성찰하면서 폭력극복 10년의 의미와 앞으로의 과제를 모색하고자 한다. 역사적 맥락에서 화해와 평화를 목표로 하는 폭력극복 10년은 1990년 서울에서 열렸던 JPIC(Justice, Peace and the Integrity of Creation: 정의, 평화, 창조의 보전) 대회의 정신을 구체화한 실천적 과제였고 2013년 부산에서 열리는 WCC 제10차 총회의 주제("생명의 하나님, 우리를 정의와 평화로 이끄소서": God of life, lead us to justice and peace)를 심화시키는 전거라고 평가할 수 있다. 그런 점에서 폭력극복 10년에 대한 성찰은 부산 총회를 앞두고 준비하는 한국 기독여성들에게 시사하는 바가 있으리라 기대한다.

전 세계적으로 10년간 전개되었던 운동의 역사에 접근하는 다양한 길 가운데 필자는 여성의 관점을 선택하고 폭력극복에 대한 각 지역과 집단의 생생한 활동과 이야기들보다는 WCC의 문서들에 나타난 폭력극복 운동의 세계적 흐름과 주안점에 집중해서 글을 준비하였다. 여기에 수록하지 못한 한국 기독여성들의 많은 경험과 생각은 보완될 필요가 있기에 나의 글은 〈폭력극복 10년의 자료집〉(가명)을 위한 초안이라는 것을 밝혀 둔다.

II. 폭력극복 10년의 역사적 배경과 주안점

1. 기독여성 10년(Ecumenical Decade of Church in Solidarity with Women)

기독여성 10년은 WCC가 1988년부터 1998까지 여성들과 연대하는 교회를 모색하면서 전개한 운동인데 1983년 밴쿠버에서 열린 제6

차 총회에서 제안되고 1988년 부활절 전 세계 교회들에 의해 선포됨
으로써 시작되었다. 이 운동의 목적을 요약하면 다음과 같다.

— 여성들을 억압하는 집단과 구조에 도전하는 힘과 권한을 부여하
    기 위하여
— 여성의 지도력, 의사결정권, 신학과 영성을 여성과 남성이 함께
    나누도록 하기 위하여
— JPIC와 관련된 여성들의 헌신을 인정하고 여성의 관점과 행동을
    반영하기 위하여
— 교회를 인종차별, 성차별, 계급주의에서 해방시키기 위하여
— 교회가 여성들과 연대하는 것을 격려하기 위하여

이 목적을 이루기 위한 과제는 1) 교회와 사회에서 여성들의 참여
를 높이고 2) 정의, 평화, 창조의 보전을 위한 여성들의 결단과 헌신을
격려하고 3) 여성들이 스스로 신학하고 영성을 나누는 일을 권장하는
것이었다.

기독여성 10년의 성과는 무엇보다 교회가 여성들과 연대함으로써
여성을 포함한 약자들의 음성을 듣게 된 것인데 이 과정에서 전 세계
의 여성들이 사회와 교회에서 당하는 개인적, 구조적 폭력이 특별한
이슈였다. 1998년 WCC 제8차 하라레 총회는 폭력 문제를 교회의 연
대(solidarity) 차원을 넘어선 교회의 책임(accountability)이라고 보고
여성에 대한 폭력을 죄와 하나님에 대한 공격으로 규정하였으며 교회
와 에큐메니칼 운동이 사회와 교회에서 관행화된 여성에 대한 폭력에
관심을 갖고 폭력을 변화시키는 일에 동참해야 한다고 촉구하였다.

기독여성 10년에 대한 한국교회의 성과는 1997년 NCC 여성위원

회가 편집해서 발간된 기독여성 10년 자료집 〈누가 바윗돌을 옮길 것인가〉에 잘 정리되어 있다. 많은 활동을 전개하였고 나름의 성과도 있었으나 여성들의 참여 기회를 제한하고 여성들의 헌신을 제대로 인정하지 않는 성차별을 정의와 평화를 깨뜨리는 '폭력'으로 해석하는 인식은 부족하였다.

2. "도시에 평화를"(Peace to the City)

세계 곳곳에서 인간 공동체의 지속 가능한 삶과 생존이 위기에 직면해 있음을 주목한 WCC는 교회와 에큐메니칼 단체들 그리고 전 세계의 시민사회 단체들에게 폭력의 악순환을 깨기 위한 시급한 조치를 취할 것을 촉구했다. 이와 관련하여 WCC는 1994년 요하네스부르크에서 모인 중앙위원회에서 폭력극복을 위한 사업단(Programme to Overcome Violence)을 만들고 그 구체적인 사업의 일환으로 전 세계의 대도시 7개를 선정하여 폭력극복과 평화문화 정착의 실험무대로 삼은 것이 "도시에 평화를" 캠페인이다. 이 캠페인은 파괴적인 세력과 건설적인 힘이 공존하는 리오 데 자네이로(브라질), 벨파스트(북아일랜드), 보스턴(미국), 콜롬보(스리랑카), 더반(남아공), 킹스턴(자메이카), 수바(피지)에서 1997년 시작되었다. "도시에 평화를"의 주안점은 폭력 자체보다는 폭력과 갈등으로 분열된 공동체들을 화해시키고 교류의 다리를 놓음으로써 폭력을 극복하는 데 있었다. 그에 따른 과제는 각 도시의 경험과 창조적인 사례들을 중심으로 폭력극복의 방법론을 배우고 다른 도시나 공동체들도 평화문화를 건설하기 위한 지역적, 국제적 네트워크를 만들고, 정보를 공유하는 일이었다.

"도시에 평화를"의 활동이 1998년 제8차 하라레 총회에서 보고되었는데 그 다양하고 창의적인 활동보고를 받은 총회 구성원들은 교회가 세계적, 지역적 차원에서 증가하는 폭력에 함께 대처해야 한다는 것을 절감하면서 "폭력극복 10년: 화해와 평화를 일구어 가는 교회, 2001-2010"을 향후 7년간 주력할 프로그램으로 제안하였다. 그 후 2001년 1월 28일 독일 포츠담에서 모인 WCC 중앙위원회는 2001년부터 2010년을 "폭력극복 10년"으로 결의하고 전 세계 교회가 이 캠페인에 매진할 것을 권고하였다.

3. 폭력극복 10년

폭력극복 10년은 WCC가 "모든 교회들과 함께 비폭력과 화해를 위해 일하고 비폭력 문화를 건설"하려는 취지를 갖고 세계화의 맥락에서 다른 국제기구들과 협력하면서 갈등 전환과 정의로운 평화를 위한 접근 방식을 개발하려는 것이었다. 폭력극복 10년은 '폭력'보다는 '극복'의 문제를 강조하고 그 전개 방식의 주안점을 폭력극복을 위해 일하는 교회들과 단체들의 긍정적인 경험들을 끌어내는 데 두고 다양한 폭력극복 활동들의 네트워크를 만들었다. 그 가운데 하나가 유엔이 전개한 "세계 어린이들을 위한 평화와 비폭력 문화 10년(United Nations Decade for a Culture of Peace and Nonviolence for the Children of the World: 2001-2010) 캠페인과의 연대다.

WCC는 폭력극복 10년을 통해 폭력을 교회의 주변문제에서 중심문제로 전환시키고 평화를 위해 일하는 것을 교회의 정체성으로 확인하면서 다음과 같이 선언하였다.

우리는 폭력의 정신과 논리와 행동을 극복하기 위해서 함께 노력할 것이다. 우리는 가정과 교회와 사회에서뿐 아니라 전세계 정치·사회·경제 구조에 정의와 화해와 평화의 대리자가 되기 위해 함께 매진할 것이다. 우리는 정의롭고 지속가능한 사회의 바탕이 되는 평화문화를 만들어 가기 위해 협력할 것이다.

이를 위해 교회는 질서를 유지하고 순종을 강조하는 목적으로 폭력을 정당화하는 신학적, 교회적, 문화적 전통들을 바꾸어야 한다고 강조하였다.

4. 던디 선언문: 여성에 대한 폭력극복

2001년 8월에 발표된 던디 선언문은 폭력극복 10년의 일환으로 교회 내 여성폭력에 대한 인식을 강조하였다. 이와 관련된 여성에 대한 폭력극복의 10개 조항의 주안점은 다음과 같다.

— (폭력적) 태도와 습관에 영향을 주는 성서적, 신학적 견해들을 반성한다.
— 교회 공동체의 모든 부분에 (폭력극복) 의식과 훈련을 위한 교육적 전략을 적용한다.
— 비폭력적인 언어를 사용하고 어느 누구의 경험도 소외되지 않도록 교회들을 격려한다.
— 모두가 능력을 갖출 수 있는 믿음의 공동체 안에 안전한 환경을 보존한다.
— 폭력을 방지하고 폭력 문제에 관여하는 교회 구조를 만든다.
— 다양한 신학, 문화, 언어, 구조들을 인정하고 이해함으로써 함께

하는 교회가 된다.

— 자원들, 이해, 그리고 건강한 실천을 가능하게 하는 교회와 개인
들의 네트워크를 만든다.

— 여성에 대한 폭력을 극복하기 위한 보다 넓은 공동체들의 파트
너십을 형성한다.

— 목표를 달성하기 위한 기금을 마련한다.

— 여성폭력과 연관된 이슈들과 개인, 공동체, 사회에 끼치는 폭력
의 결과들을 과제로 받아들인다.

던디 선언문의 효과는 여성폭력을 극복하기 위한 프로그램과 프로
젝트들의 개발과 그와 관련된 전문적 관심, 책임, 정책의 증가를 가져
왔다. 이런 과정에서 WCC는 여성들에 대한 폭력 문제는 교회와 사회
에서 여성들의 연대를 필요로 하고 여성폭력의 극복을 위해 안전한 공
간과 기회의 제공이 필수적임을 강조하였다.

III. 폭력극복 10년의 전개와 성과

1. 폭력극복 10년의 목적

지난 10년 동안 전 세계적으로 전개되었던 활동의 성과 여부는 다음과
같은 폭력극복 10년의 목적에 얼마만큼 부응하는지에 달려 있다.

— 직접적인 폭력, 구조적인 폭력, 가정폭력, 공동체 안에서의 폭
력, 국제사회에서의 폭력 등 모든 형태의 폭력을 다루고, 폭력에

대한 세계 각 지역의 분석과 폭력극복을 위한 방법들을 배운다.

— 교회들은 폭력에 대한 신학적 정당화를 폐지시키고 화해와 비폭
력의 영성을 새롭게 확인한다.

— 지배와 경쟁이 아닌 협력에 기초한 공동체 내 공동안보에 대한
새로운 이해를 창조한다.

— 공동체 내의 다른 종교와 협력하고 다른 종교로부터 평화건설에
대한 영성을 배우고 자료들을 얻는다.

— 세계의 군사문화와 소형 무기의 확산에 도전한다.

2. 한국의 폭력극복 10년

폭력극복 10년에 대한 한국교회와 기독여성들의 주요활동을 기관
별로 정리하면 다음과 같다. 2005년 이후의 활동은 감소된 경향이 있
으나 주요 관련활동은 비정규직 노동문제, 이주 노동자와 결혼 이주여
성들의 인권문제, 4대강 생태문제, 남북 관계와 북핵 문제, 일본 후쿠
시마 핵 사고 등이 폭력극복의 맥락에서 추후 보완되어야 할 것이다.

1) NCCK(한국기독교교회협의회)

— 에큐메니칼 실무자 수련회 "폭력극복 10년 운동과 한국교회"(20
01.11.30~12.1)

— 폭력극복10년 사업개발을 위한 KNCC 사무국 워크샵(2002.3.26.~
4.3)

— "한국교회, 폭력극복운동 추진을 위한 포럼"(2002.9.5~6)

— 폭력극복과 평화실현을 위한 목요신학마당(2001.4~2002.10)

— 여성위원회 간담회 "폭력극복 10년과 기독여성운동"(2002.2.28)

— 여성관련지침2. "성폭력극복과 예방을 위한 교회선언"(2002.11.1
8)

— CCA 폭력극복 10년 여성 프로젝트 "폭력극복을 위한 교재" 집
필 참여(2003.2.12)

— 아시아 에큐메니칼 여성단체 "교회 내 여성폭력극복" 캠페인 동
참(2004.11.25~12.10)

— 신학연구위원회 주최 "한국 사회 변화를 위한 폭력극복 10년 운
동" 간담회(2005.6.10.)

관련 활동

— "새만금간척사업 중단을 촉구하며" 성명서(2001.3.19)

— "사형제도폐지를 촉구하며" 성명서(2001.4.23)

— 남북 · 북미 여성국제회의(2001.9.23.~28)

— 평등한 가족문화 만들기 기독여성문화제(2002.5.16)

— 신의주 특구 지정에 따른 토론회(2002.10.11)

— 신효순, 심미선 두 여중생 미군장갑차 압사사건에 대한 입장표
명(2002.11.21)

— 이라크 파병반대 기도회 · 촛불집회(2003.11.4)

— 이라크 파병철회를 위한 기독인선언(2004.5.31)

— 이라크 평화를 위한 기도회(2004.7.9)

— 노동탄압과 비정규직 차별에 대한 기독인 선언(2003.11.17)

— 재외동포법개정 및 이주노동자 강제추방 대책특별위원회 활동
(2003.11.19~2004.3.22)

— "한반도 평화통일 과정에서의 교회의 역할" 국제협의회(2004.3.
11~15)

― 룡천 폭발사고 인도적 지원을 위한 헌금모금 활동(2004.4.30~6.30)

― 양심에 따른 병역거부와 대체복무제 토론회(2002.2.18., 2004.9.23)

― 국가보안법 폐지를 위한 기독인 평화걷기(2004.9.15~10.29)

― 도잔소 20주년 국제협의회(2004.10.17.~20)

2) 대한예수교장로회

― "생명살리기 10년"(2002~2012)

― 갈등해결을 위한 워크샵(2003.10.24~12.)

― 포럼 "이라크 추가파병문제와 기독교평화운동"(2003.10.31)

― 양심적 병역거부에 대한 공청회(2004.7.2)

3) 기독교대한감리회

― 제28회 정회원 연수과정 및 제20회 목회대학원 교육 "생명평화
운동과 폭력극복: 폭력극복 운동과 한국교회 에큐메니칼 운동
의 과제"(2001.9.18)

― 교육훈련원 자료집「폭력극복과 에큐메니칼 운동」(2002.12.10)

4) 한국기독교장로회

― 사회선교정책포럼 "WCC 폭력극복 10년 운동과 우리교단 사회
선교 방향모색"(2002.2.18)

― 총회 교회와사회위원회, 기장여신도회 사회위원회 평화문화만
들기 캠페인(2002~2004)

― 테러·전쟁추방, 경제폭력, 인간의 폭력으로 인한 자연환경 파
괴, 아동폭력, 학원폭력, 여성에 대한 폭력, 성폭력, 언어폭력,
노인폭력, 방송매체·미디어·오락문화 속의 폭력, 농민·이주노

동자·탈북자에 대한 폭력 등

5) 에큐메니칼 여성단체들의 활동

(1) 한국교회여성연합회

— 평화문화교육 "평화의 까치다리를 놓자"(2003.9.24.)

— 평화문화제 "평화의 까치다리를 놓자"(2003.10.29.)

— 성매매 근절 활동

— 원폭피해자2세를 위한 사업

(2) 한국여신학자협의회

— 계간지 「한국여성신학」 특집 "폭력 없는 세상을 향하여"(200
2~ 2004)

— 폭력극복10년 여성심포지엄 "여성차별과 교회의 폭력"(2002.11.
29.)

— 국가·군사주의 폭력, 종교와 문화의 폭력극복, 인종차별과 여성에
대한 폭력, 전쟁·평화 그리고 기독교, 여교역자·여성실무자·사모
가 겪는 우리 안의 폭력 들여다보기 등

(3) 한국기독교가정생활위원회(새가정사)

— 월간 「새가정」을 통한 가정평화 캠페인 "가정에 평화를!"(2002~
2005)

— 가정평화 선포의 해(2002)

— 가정폭력 이제 그만!(2003)

— 집 떠나는 가족들(2004)

― 여기, 가정평화(2005)

이상의 다양한 활동들에 대한 개별적인 평가는 지면 관계로 생략하고 앞에서 제시한 폭력극복 10년의 목적에 비추어 볼 때 다음과 같은 부분을 제안하고자 한다.

― 직접적인 폭력, 구조적인 폭력, 가정폭력, 공동체 안에서의 폭력, 국제사회에서의 폭력 등 폭력에 대한 다양한 접근과 분석이 이루어진 점은 만족스러운 성과라고 본다. 폭력극복의 방법이 보다 창의적으로 개발되고 긍정적 사례의 발굴이 요청된다.
― 폭력에 대한 신학적 재해석의 노력은 인상적이었으나 화해와 비폭력 영성에 대한 활동은 대중화를 통해 공유의 폭을 넓히고 심화될 필요가 있다.
― 공동체 내 공동안보에 대한 새로운 이해는 전문성과 해외 자료들을 통해 보완되는 것이 좋을 것이다.
― 다른 종교로부터 평화건설에 대한 영성을 배우고 자료들을 얻는 일은 에큐메니칼 운동으로 진행되었으나 그 배움을 지역교회로 전달하려는 노력이 요구된다.
― 분단상황에서 경험하는 군사문화에 대한 연구와 교육은 많이 부족한 상태이기에 다양한 소재와 주제를 찾아 발전시키는 것이 과제라고 본다.

3. WCC 폭력극복 10년의 중간평가

2005년은 폭력극복 10년 전개의 중간 지점이고 WCC 제9차 총회를 준비하는 해였다. 2005년의 중간평가는 폭력극복 10년 상반기동 안 얻은 교훈과 도전들을 공유하고 후반기 활동을 위한 주력사항과 계획들을 다루었다. 특히 네트워크를 통하여 교환한 창조적인 평화건설 모델들에 대한 교차분석을 시도하고 경험들을 종합하여 새로운 협력 관계를 모색하였다.

폭력극복 10년 상반기에 대한 분석과 평가의 주요 사항들을 요약하면 다음과 같다.

— '민초' 프로젝트가 다양하게 전개된 것을 고무적으로 평가하면 서 교회는 정부와 비정부 조직과의 협력을 강화해야 한다. 전 세 계적인 프로젝트 가운데 이미 참여한 공동체는 아직 참여가 부 족한 공동체의 활동을 유도해야 한다. 비폭력적 평화를 만드는 일이 기독교의 핵심 목적이고 복음의 의무사항이기 때문이다.

— 전 세계 폭력 피해자의 80%는 개인적 폭력의 피해자들이다. 추 후 5년은 "폭력의 정신, 폭력의 논리, 폭력의 행위"를 극복하는 구체적이고 현실적인 방법에 집중해야 할 것이다. 2005년까지 잔인한 국제 테러 활동과 테러에 관한 대응이 많았다. 교회는 적 극적으로 비폭력 정신을 강조해야 할 것이며, 폭력을 신학적, 윤 리적으로 정당화하는 행위를 포기해야 한다.

— '안전'에 대한 걱정은 개인적, 사회적, 정치적으로 매우 중요한 테마가 되었다. 갈수록 전통적인 국가 보안과 군대를 통한 방어 가 중요시되고 훨씬 중요한 것은 국가의 안전이 아니라 인간의 안전이라는 인식이 뒷전으로 밀려나고 있다

— 종교와 폭력의 숨겨져 있는 관련성을 다른 종교들과의 대화를 통해 극복하는 것이 폭력극복 10년의 주요 과제 가운데 하나다.

특히 기독교와 이슬람의 대화는 중요하다. 대화와 현실적 협력을 통해 "종교가 무기로 악용되는 것을 막을 수 있을 것이다."

— 지난 10년(90년대)과 다르게 21세기의 10년은 '대테러 전쟁'을 위한 보안 강화를 통해 전 세계에 무기가 증가하였고 군대화되고 있다. 특히 국제 테러는 전쟁이나 군사적 방법으로 극복할 수 없고 오히려 더 강해진다는 것에 주목해야 한다.

4. 국제 에큐메니칼 평화회의(IEPC, International Ecumenical Peace Convocation)

2011년 5월 17일~25일까지 자메이카의 킹스톤에서 열린 국제 에큐메니칼 평화회의는 폭력극복 10년을 마무리하는 자리였다. 이 모임의 목적은 폭력극복 10년(2001~2010년)의 성과와 남겨진 과제들을 확인하고 회원교회들에게 비폭력, 평화, 화해 그리고 정의를 위한 지속적인 헌신과 결단을 요청하는 것이었다.

폭력극복 10년의 성과와 과제에 대한 내용은 국제 에큐메니칼 평화회의에서 발표한 "정의로운 평화(Just Peace)에 대한 에큐메니칼 선언"에 잘 반영되었는데 그 주안점을 요약하면 다음과 같다.

1) 사람들의 증언

— 여성과 아이들은 폭력의 가장 큰 피해자들이다. 많은 여성이 성폭행을 당하고 인신밀매를 당하고 살해당한다.

— 많은 사람들은 안전을 지켜 주지 못하는 보안군과 무장 군사조직 때문에 강박증에 시달린다. 소수의 사람을 우대하고 소비를 유일한 인간적 권리로 보는 치명적인 정치경제적 결정 때문에 수많은 아이가 매일 영양부족으로 죽는다.

2) 성서의 증언

— 성서적 전통은 정의와 평화가 긴밀히 결합되어 있다는 통찰을
제공한다(시 85:10). 평화는 비록 부서졌지만 여전히 사랑받고
있는 세상에 주시는 하나님의 선물이다. 예수 그리스도의 삶, 교
훈, 죽음과 부활을 통해서 우리는 정의로운 평화를 이해한다.

— 예수께서는 적극적인 비폭력의 길을 선택한다. 그는 약자 편을
들고, 그 시대의 부자와 권력자의 불의를 비판하면서 회개하라
고 촉구한다. 하나님은 예수의 부활을 통해서 예수의 확고한 사
랑과 순종과 믿음이 실패와 죽음으로 끝나지 않고 생명에 이르
게 된다는 것을 확증해 준다.

— 성서는 정의와 평화를 뗄 수 없는 동반자로 제시한다(사 32:17).
따라서 질병, 불의, 가난, 갈등, 폭력, 전쟁이 우리의 몸과 영혼,
사회와 지구에 상처를 줄 때 평화는 사라진다.

— 성서의 일부 구절에서 폭력을 하나님의 뜻과 연결하는 것이 사
실이다. 오늘날 우리는 폭력과 증오와 편견에 대해 말하는 성서
구절이나, 다른 민족을 멸망시켜 달라고 하나님의 분노를 요청
하는 성서구절을 신중히 살펴보아야 한다. 우리는 이런 구절을
통하여 우리의 목적, 계획, 증오, 열정, 습관이 하나님의 뜻보다
는 우리의 욕망을 드러내지 않는지 살펴보아야 한다.

3) 교회다운 교회

— 그리스도의 몸인 교회는 기독교 평화운동의 맨 처음 장소이다.
예수 그리스도의 평화에 토대를 둔 신앙공동체는 평화를 찾는
사람들에게 평화의 길을 제시하는 모델이자 세상에 평화를 전
하는 도구가 될 수 있다. 평화를 실제로 증거하는 교회는 예수께

서 말씀하셨듯이 모든 사람이 볼 수 있는 언덕 위의 마을이다.

4) 정의로운 평화의 길

— 폭력에 대응하는 방법은 다양하며 평화에 이르는 길도 역시 그
러하다. 우리는 삶으로 정의로운 평화를 증거해야 한다. 정의로
운 평화는 단순히 '정당한 전쟁'의 반대 개념이 아니다. 또한 정
의로운 평화는 성적·문화적 폭력, 대중매체를 통한 폭력을 비
롯하여 모든 형태의 구조적 폭력이 사라진 상태를 말한다. 그것
은 수단뿐만 아니라 태도에서도 폭력을 없애고 비폭력 저항을
근본적으로 지향하는 것을 말한다.

— 비폭력 저항은 결코 수동적인 것이 아니다. 잘 조직된 평화로운
저항은 적극적이고 끈질기며 효과적이다. 그것은 정부의 억압
과 권력 남용, 취약한 지역사회와 환경을 착취하는 사업에 맞선
다. 비폭력 전략은 힘 있는 자들의 힘이 시민과 군인, 점차적으
로 소비자의 복종과 순응에서 나온다는 것을 알고 있다.

— 우리는 정의로운 평화가 다양하고, 집단적이며, 역동적이면서
도 토대가 탄탄한 과정이라고 설명하고 싶다. 그 과정을 통해서
인간이 두려움과 궁핍에서 해방되고, 증오와 배척과 억압을 극
복하며, 가장 약한 사람들의 경험을 특별히 소중히 여기고, 피조
물의 통합을 존중하는 올바른 관계를 확립한다.

— 정의로운 평화는 우리가 인간으로서 어쩔 수 없이 연약한 존재
라는 것을 잊지 않는다. 우리는 연약함을 통해서 자신의 마음을
열고 자신의 고통과 마찬가지로 타인과 하나님과 창조세계의
고통을 인정하고 그들의 고통을 줄이려는 책임을 받아들인다.
우리는 그러한 연약함 가운데서 정의로운 평화를 이루라는 책

무를 지고 있다. 타인에 대한 책임감이 없다면 정의로운 평화는 불가능하다.

5) 정의로운 평화의 표지들

(1) 정의로운 평화와 갈등 해결

하나님이 주신 평화의 선물은 하나님, 자연, 자신, 타인의 올바른 상호관계를 통해 이루어지는 지속가능한 복된 상태로 표현할 수 있다. 이런 관계가 손상되면 갈등이 발생한다. 갈등 해결 사역에는 피해자들이 명확하게 드러나지 않는 깊이 뿌리내린 구조적 폭력을 은폐하는 거짓 평화를 깨는 일이 필요하다. 갈등 해결의 과정은 우선 폭력상황을 드러내고 숨겨진 갈등을 공개함으로써 지역의 여러 사회관계에 미치는 영향과 피해자를 분명하게 보게 해야 한다. 갈등 해결의 목표는 관련 당사자들의 이익 갈등이 공동선을 지향하게 하고 궁극적으로 평화와 화해에 이르게 하는 것이다.

(2) 정의로운 평화와 무력 사용

우리는 마지막 수단으로서 사람들을 보호하고 (특히 극단적으로 위험한 상태에 놓은 사람들을 보호하고) 법의 통치를 다시 시행하기 위해 무력 사용이 불가피한 경우가 있다는 점은 인정하지만 우리는 갈등상황에서 무력을 사용하는 것이 정의로운 평화의 길에 걸림돌이 된다고 확신한다. 우리는 군사력 사용에 대한 신학적 또는 다른 어떤 정당화 논리도 거부할 수밖에 없으며 또한 전통적인 이론인 '정당한 전쟁'이 낡은 것이라고 생각하지 않을 수 없다.

(3) 정의로운 평화와 인간의 존엄성

성서는 인간이 하나님의 형상과 모양대로 창조되었으며 인간의 존엄과 권리를 허락받았다고 가르친다. 이러한 존엄과 권리를 인정하는 것은 정의로운 평화에 대한 이해에서 매우 중요하다. 모든 인간의 존엄과 생명의 신성함을 지키는 일이 정의롭고 지속가능한 사회에서 올바른 관계를 추구하는 일과 분리되어서는 안 된다.

(4) 정의로운 평화와 자원의 배분

자연세계에 대한 착취와 자원 남용은 폭력에 바탕을 두고 있으며 죽음과 궁극적으로 하나님·창조세계·타인과의 죄악된 관계에 이르게 하는 삶의 양식이다. 기독교인이며 신앙공동체에 속한 우리는 자신의 행동을 통해서 또한 마땅히 해야 할 행동을 하지 않음으로써 타인과 창조세계에 대해 죄를 지었음을 인정한다. 우리는 우리의 청지기적 사명이 충만한 삶을 위해 지구의 자원을 공평하고 정의롭게 나누는 것임을 확고히 주장한다.

(5) 평화문화의 건설

인간존엄과 인권을 보호하고 아울러 갈등을 해결하는 사역은 다른 종교적 전통과 선의를 가진 모든 사람들과의 협력을 통해서 평화문화를 건설함으로써 이루어져야 한다. 평화문화를 건설하려는 집단적 노력에는 모든 사람의 다양한 재능과 특별한 기술을 기꺼이 받아들이려는 태도가 필요하다. 특히 평화건설에서 여성의 재능을 인정하고 그들의 목소리와 참여를 격려하고 수용해야 한다.

우리는 특히 종교적 근본주의와 '영적 전쟁' 개념이라는 공격적인 형태에 대해 우려한다. 이 개념은 전자매체와 인쇄매체를 통해 널리 퍼진 선동적인 수사를 통해 악화되었다. 우리는 기독교인들이 과거와 현재에 '타자'를 악마로 여기는 억압적 구조에 참여해 왔음을 겸손하게 인정하면서, 자기민족 중심주의, 외국인 혐오, 그 밖에 증오를 불러일으키는 다른 태도에 맞서 싸우는 데 헌신할 것이다.

(6) 평화교육

평화의 비전에 영감을 받은 교육은 평화사역의 전략을 가르치는 것 이상이다. 그것은 인격이 영적으로 깊이 성숙하고 도덕적 상상력을 발휘하게 하는 교육이며 아주 어린 나이에 시작하여 일생 동안 계속된다. 우리는 기독교 공동체로서 평화의 영을 육성하고 폭력을 거부하는 대안적 상상력을 키울 수 있는 환경을 조성하는 데 매진한다. 평화교육은 비폭력의 변화 가능성을 과소평가하지 않는 낙관적 현실주의에 의해 이루어져야 한다.

6) 평화 여정의 지속성

— **평화의 여정은 어렵다**: 우리는 자신이 폭력의 공범자임을 인정하고 폭력에서 떠나야 한다. 우리는 자신을 훈련함으로써 자신이 한 일에 대해 변명하지 않고 정의를 실천하고 잘못을 고치고, 용서하고 또 받으며, 화해를 배운다.

— **평화의 여정은 길다**: 평화를 향한 여정은 전쟁과 갈등이 발생하기까지 걸린 시간만큼 오래 걸린다. 그러나 비록 불완전하지만 평화가 존재한다는 것은 앞으로 더 위대한 일이 일어날 것임을 약속해 준다. 폭력과 전쟁의 죄는 사회를 깊이 분열시킨다. 적대자들 간의 관계회복과 화해는 길고 긴 과정이며 또한 그 자체가 목표이다. 화해 과정에서 피해자와 가해자가 모두 변화된다.

— 평화의 여정은 혼자 갈 수 없다: 평화를 위해 일하는 교회의 능력은 교리와 교회직제의 차이에도 불구하고 평화의 섬김이라는 공동의 목적에 따라 좌우된다. 이 목적은 또한 다른 신앙인들과 선한 의지를 품은 사람들과도 함께 공유된다.

— 우리는 혼자 여행하지 않는다: 우리는 공동체로 여행하며 용서, 원수 사랑, 타인의 생명과 위엄에 대한 존중, 절제와 온유와 자비를 비롯한 평화의 윤리를 나눈다. 우리는 자기희생의 정신을 공유한다. 함께 여행하는 사랑하는 신앙공동체에서 고통을 당한 사람들은 '용서하겠습니다'라고 말할 힘을 발견한다. 용서는 과거를 잊어버리는 것이 아니라 과거를 돌아 볼 때 그 과거를 치유 받은 기억으로 새롭게 기억하는 것이다.

— 우리는 우리와 다른 사람들과 함께 여행한다: 평화의 길에는 다양한 사람들이 함께 걷는다. 평화의 여정을 가능하게 하는 힘은 이웃을 존중하고 모든 이들 속에 있는 하나님의 형상을 끌어낼 때 발견할 수 있다.

— 평화의 여정에는 항상 풍성한 열매가 있다: 예수의 길을 걷는 제자들은 정의와 평화의 섬김 과정에서 크고 작게 자신의 삶을 나누어 준다. 그들은 인종, 국가, 계층 간 분열을 극복하고 가난한 자와 함께하고 멀어진 자와 다시 화해한다. 그들은 타인과 조화롭게 지내고 창조세계의 선물을 공공선을 위해 사용한다.

— 평화의 여정은 흥미롭다: 우리는 새로운 눈으로 세상을 본다. 우리는 다른 사람들을 이방인이나 위협적인 존재로 보지 않고 평화의 길과 여정을 함께 나누어야 할 동료 인간으로 본다.

— 평화 운동의 새로운 일치 추구: 평화를 향한 기독교인의 순례는 가시적 그리고 비가시적 평화공동체를 건설하는 기회를 많이

제공한다. 교회는 그런 일을 위해 존재하는 영적이고 인간적이
며 지리적인 장소다. 교회들은 평화를 위해 함께 노력함으로써
하나님의 일치를 더 많이 발견할 것이다.

* 도 전 과 과 제

7) 공동체 안에서의 평화(Peace in the Community) — 두려움에서 벗어
나 함께 살기 위해

— **세계적 도전**: 인종차별, 성차별, 계급차별, 인권침해, 가정폭력,
학교폭력, 교회와 직장 내 갈등, 편견, 노동의 착취, 환경파괴,
공공보건과 의료 서비스의 취약함, 지역 전통의 상실, 대중매체,
게임, 오락을 통한 폭력과 음란, 폭력의 남성화.

— **주요 운동방향**: 갈등의 예방과 해결법 배우기, 소외되거나 배척
당한 사람들의 보호 및 지원, 평화건설과 갈등해결 과정에 여성
의 참여, 비폭력 운동의 지원과 참여, 교회와 학교의 평화교육,
오락, 게임, 음악에 만연한 폭력에 저항, 성폭력의 예방과 대응,
무기 금지, 가족 폭력의 중지.

8) 지구와의 평화(Peace with the Earth) — 생명의 지속을 위해

— **세계적 도전**: 탐욕, 자기중심주의, 무한성장주의로 인한 지구와
지구의 생명체의 착취와 파괴, 화석연료 및 다른 유한한 자연자
원의 과도한 사용, 이상 기후변화, 지구온난화, 해수면의 상승,
심각한 가뭄과 홍수.

— **주요 운동방향**: 생활방식의 변화, 지구의 유한한 자원과 생산물,
특히 물에 관심, 기후변화에 가장 취약한 사람들의 보호와 인권

보장, '생태 교인'과 '녹색' 지역 교회 만들기.

9) 시장에서의 평화(Peace in the Marketplace) — 모두가 존엄성을 누리며
살기 위해

— **세계적 도전**: 경제양극화를 초래하는 세계금융위기와 시장중심
경제자유화 정책, 가난 극복과 경제성장의 문제, 과소비와 박탈
감으로 인한 다양한 형태의 폭력, 전 세계 인류공동체의 정의와
사회적 통합에 대한 위협.

— **주요 운동방향**: '생명의 경제' 창출, 공평한 사회경제적 관계, 공
정한 분배, 지속가능한 자연자원 사용, 모든 사람이 풍부하게 이
용할 수 있는 수준의 식량, 그리고 폭넓은 경제적 의사결정의 참
여, 무한성장주의에서 벗어나 지속가능한 소비, 생산, 재분배가
이루어지는 성장, 일반재의 보편적인 공급 등 생명지향적인 대
안적 경제정책, 경제적 생산만 아니라 인간적인 요구와 생태적
지속가능성과 연계된 금융규제와 정책.

10) 민족들 사이의 평화(Peace among the Peoples) — 생명의 보호를 위해

— **세계적 도전**: 외국인 혐오, 공동체 간 폭력, 증오, 전쟁, 노예제,
인종 대량학살, 과학기술과 경제적 부에 기반을 둔 다양한 폭력,
대량파괴무기와 핵무기의 확산, 대량멸종을 초래하는 생활방식
으로 인한 기후변화.

— **주요 운동방향**: 국제법, 조약, 상호책임과 갈등 해결의 수단을 통
한 전쟁능력의 감소, 무기 제거, 전쟁수행 조직의 법적 근거를
없애기.

11) 마치는 글: 희망꽈기 위해 태어난 사람들

우리의 평화 만들기는 비판하고, 고발하고, 주창하고, 저항할 뿐 아니라 선포하고, 격려하고, 위로하고, 화해하고, 치유하는 일을 할 것이다. 평화를 만드는 사람들은 찬성하고 반대하며, 무너뜨리고 세우며, 애도하고 경축하고, 슬퍼하고 기뻐할 것이다. 우리의 바람이 하나님 안에서 만물이 완성되는 것과 하나가 될 때까지 평화의 사역은 하나님의 확실한 은혜의 깜빡임으로 지속될 것이다.

IV. 나가는 말: 폭력극복 10년의 의미와 기독여성들의 과제

앞에서 살펴본 폭력극복 10년의 역사적 과정과 성과는 여기 모인 우리에게 앞으로 나아갈 선교의 방향과 과제를 모색하는 데 시사하는 점이 적지 않다. 폭력극복 10년의 활동기간은 종료되었으나 그 열매로 얻은 비폭력, 평화, 화해, 정의를 위한 헌신과 결단은 지속되어야 할 것이다. 이제 전 세계적으로 전개되었던 폭력극복 10년의 의미를 성찰하면서 한국 기독여성들의 과제를 모색하기 위한 생각의 실마리를 간략하게 제안하려고 한다.

1. 폭력에 대한 통전적 이해와 학습 연대

폭력극복 10년은 교회가 화해와 평화를 위해 일하는 과정에서 나타나는 폭력의 결과에 주목하고 폭력극복을 위한 대안을 모색해 왔다. 전 세계에서 증가하는 폭력은 갈수록 그 양상이 복잡해지고 복합적인 원인으로 발생하기에 폭력의 개념을 정의하는 것도 단순하지 않다. 그래서 폭력에 대한 이해는 통전적 차원으로 이루어져야 한다. WCC가 폭력극복 10년에서 제안했던 폭력의 구체적 유형은 다음과 같다.

- 국가들 사이의 폭력
- 지역 공동체의 폭력
- 교회의 폭력
- 사회 경제적 폭력
- 청년들 사이의 폭력
- 사법제도의 폭력
- 국가 내부의 폭력
- 가정과 가족의 폭력
- 성폭행
- 경제적, 정치적 폭력
- 종교적, 문화적 폭력
- 피조물에 대한 폭력
- 인종차별주의와 인종 혐오주의의 폭력

이처럼 세분화되는 폭력은 그 발생 원인이 각각 분리되지 않고 상호 연관되거나 중첩되는 경향이 있다. 이런 점에서 폭력극복의 길은 지난하지만 고립되지 않는다. 전 세계 교회들이 각자의 자리에서 평화를 위해 일함으로써 평화를 위한 세계 교회의 가시적 일치를 이루듯이 하나의 폭력을 극복하려는 길은 다른 폭력을 극복하는 길과 이어지기 때문이다. 폭력극복 10년의 경험은 폭력에 대한 세계 각 지역의 분석과 폭력극복을 위한 방법들에 대한 배움이 소중하고 가치 있음을 깨닫게 한다. 필자는 앞에서 언급한 "도시에 평화를"의 다양한 프로그램과 경험이 폭력극복과 평화문화 형성에 많은 상상력과 통찰력을 제공한다고 본다. 우리도 우리의 자리에서 평화문화를 만들어 가는 지속적인 프로그램과 창의적인 모델을 개발하고 그 경험을 세계 교회와 공유하도록 노력해야 할 것이다.

교회 내 여성폭력 가운데 하나가 정책결정 과정에 여성 참여를 제한하는 것이다. 이는 기독여성 10년과 폭력극복 10년의 시간을 보낸 오늘까지 한국교회에서 크게 변화하지 않는 부분이기도 하다. 여성들의 청지기직 사명과 지도적 역할을 제한하고 억압하는 것은 "정의로운 평화"를 깨뜨리는 폭력이라는 인식을 확산시키고 폭력극복의 전략을 마련하는 일이 시급하다.

2. 폭력극복을 위한 신학화와 비폭력 영성 키우기

폭력과 전쟁을 정당화하는 신학과 성서 해석은 폭력극복에 치명적인 장애가 된다. 신학적으로 성서적으로 폭력을 정당화하는 배경은 불의한 기존질서를 유지하고 기존체제에 대한 변화와 저항을 억압하는 것과 관련이 있다. 여기에서 중요한 것은 폭력의 목적보다 폭력을 옹호하고 사용하는 사람이 누구인가 하는 점이다. 이런 까닭에 폭력극복을 위한 신학화는 불의한 폭력의 희생자들을 기억하고 그들을 우선적으로 배려하는 것이다. 신학의 방법론은 학문의 주체와 대상 사이의 객관적, 합리적 거리두기를 일방적으로 강조함으로써 폭력 희생자들의 고통과 필요에 무감각해지는 경향을 경계해야 한다. 폭력극복 10년이 폭력에 대한 분석과 담론보다 폭력을 극복하는 방법을 더 중요하게 여기는 과정에서 우리는 '지식의 맥락화'에 대한 인식을 더 많이 갖게 되었다. 폭력에 대한 다양한 맥락을 성찰하게 된다면 폭력극복의 출발은 가장 약한 자의 신음에 귀 기울이는 데서 시작하고 폭력극복의 신학화는 희생자들의 절실한 물음과 그에 대한 응답을 모색함으로써 희생자들의 고통 안에서 화해가 이루어지게 해야 할 것이다. 오늘날 증가하는 가정폭력에 대한 교회의 침묵은 남성(남편)의 폭력을 허용하고 정당화하는 왜곡된 신학과 무관하지 않다. 여성의 순종과 인내와 희생을 일방적으로 강요하는 신학은 가정폭력의 희생자와 가해자 사이의 화해를 가로막고 양자를 폭력의 굴레에 가두는 것이다.

폭력극복의 신학화 내용을 일상에서 몸으로 생활화하는 것이 비폭력 영성이라고 생각한다. 우리는 예수 그리스도가 선택한 비폭력의 길을 따르면서 비폭력 영성을 배운다. 비폭력 영성의 힘은 거대한 폭력에 맞설 용기를 주고 적극적이고 끈질기며 효과적인 저항을 지속시킨다. 비폭력 영성의 지혜는 연약한 우리가 비폭력 전략으로 폭력에 대한 복종과 순응에서 벗어나게 만든다. 장갑차, 자주대공포, 함정 함포 장치, 차기 전차 흑포 등 각종 무기를 개발하고 국방체계를 연구하던 한 전문가는 명상을 통하여 현재 국민의 안전을 위협하는 주요 요인이 전쟁과 무기보다 에너지 위기와 자원부족에 따른 국가 간 분쟁임을 깨닫고 자신의 직업을 포기했다고 한다. 필자는 이 사례에서 인류의 공동안보에 대한 새로운 이해와 폭력적인 군사문화를 극복하려는 비폭력 영성의 한 모습을 본다. 우리는 스스로 의식하지 못한 채 폭력의 공모자가 되고 가해자가 되기도 한다. 이런 점에서 비폭력 영성은 폭력 희생자와 가해자의 경계를 넘어서서 상생을 추구하는 생명신학과 연결될 수 있을 것이다. 2013년 WCC 부산총회가 한국 기독여성들의 비폭력 영성 경험과 지혜를 세계 교회와 다양한 종교인들과 함께 나누는 자리가 되기를 기대한다.

3. 정의로운 평화 만들기의 창의적 방법과 긍정적 대안

폭력극복 10년은 정의로운 평화를 만들기 위한 다양한 방법들과 긍정적 사례들을 개발하고 실천했다는 점에서 특별한 의미가 있다. 우리도 WCC가 제안하고 실천한 다음과 같은 노력들을 공유하면서 한국적 상황에 맞게 특성화하고 그 과제들을 지역별, 기관별, 사안별로 역할 분담하는 것이 바람직하리라 생각한다.

1) 연구 과정(Study processes)
— 폭력과 비폭력에 대한 계속적인 신학적 성찰
— 상황 인식, 교차적 상황 인식, 교차적 문화 인식 등의 과정에 따른 성경 공부
— 여러 나라의 활동에 대한 연구
— 구조적인 폭력에 대응하는 교회와 지역 네트워크의 모색
— 연구 결과의 대중적 공유

2) 캠페인(Campaigns)
— 활동에 참여하는 교회와 단체들의 연대
— 국제 캠페인과 협력

3) 교육(Education)
— 현존하는 모범과 새로운 모델을 통한 평화교육 자료 수집, 편찬, 공유(어린이, 청년, 성인 대상)
— 교육가와 기관들의 네트워크 구성
— 경쟁, 적대적인 개인주의, 폭력을 조장하는 교육제도와 언론에 대한 도전

4) 예배와 영성(Worship and Spirituality)
— 종교적 전통과 문화를 초월하는 예배와 기도, 활동 자료 공유

예배는 종교의 상징적 폭력을 극복하도록 영성과 지성과 감성의 통

전적 연계를 중시해야 한다. 다음과 같은 예배문의 일부(2001년 2월 4
일 독일 베를린에서 폭력극복 10년의 시작을 기념하는 예배문)는 폭력극복의
영감과 상상력을 제공한다고 생각되어 소개해 본다.

그리스도가 달린 십자가는
고통받는 이들과 상한 영혼들의 피난처입니다.
화해의 근원입니다.
그리고 우리가 평화 안에서 하나가 될 수 있는 장소입니다.
십자가의 능력은 폭력을 제한하고
그것을 변화시킵니다.
(중략)

십자가는 잃은 자의 길.
십자가는 장애인의 막대기.
십자가는 시각장애인의 안내자
십자가는 약한 자의 능력

십자가는 희망 없는 이의 희망
십자가는 노예에게 자유

십자가는 씨앗에 필요한 물
십자가는 노예 같은 노동자에게 위로
십자가는 물을 찾는 이에게 샘물
십자가는 벗은 자에게 의복

십자가는 무너진 자에게 치유
십자가는 교회의 평화

5) 이야기 나누기 - '열린 공간'(Telling the Story - Decade 'open space')

— 폭력, 폭력극복 활동, 지속적인 평화문화에 대한 이야기들의
   공유

— 인터넷, 인쇄물, 비디오, 각종 행사, 개인적인 교류 등을 통한 경
   험의 공유

* 추가 제안

— 평화문화에 대한 기도문, 시, 노래, 춤, 사진, 영상, 명상, 기행,
   체험, 로고, 상징물

— 대중화를 위한 영상자료와 교재 만들고 활용하기

참 고 문 헌

개화기 한국 여성교육과 개신교 - 1876년부터 1910년까지

강부열 · 김윤국 역.『한인 심중의 그리스도』. 서울: 가남사, 1981.

김숙자. "독립협회의 교육사상 - 독립신문의 교육 논설 분석."『한국사 연구』제30권.
　　　　서울: 보진재, 1980: 391-420

김옥희.『천주교여성운동사 I』. 서울: 한국인문과학원, 1983.

「그리스도인회보」. 1905. 7. 18.

「그리스도회보」. 1911. 12. 15.

달레, 샤를르. 안응렬 · 최석우 역주.『한국천주교회사 상』. 서울: 분도출판사, 1979.

「대한그리스도인회보」독존호. 광무 이년 팔월 삼일(1898. 8. 3).

「대한매일신보」. 1907. 3. 8.

「독립신문」. 1896. 5. 12; 1896. 9. 5; 1898. 9. 9; 1899. 9. 21; 1899. 10.13.

동덕여자고등학교.『동덕50년사』. 서울: 동덕여자고등학교, 1960.

민경배.『한국기독교회사』. 서울: 대한기독교출판사, 1982.

박용옥.『한국 여성 근대화의 역사적 맥락』.서울: 지식산업사, 2001.

손인수.『한국개화교육연구』. 서울: 일지사, 1981.

송준석. "동학의 남녀평등 교육사상에 관한 연구." 고려대학교 교육사 · 철학연구회
　　　　편,『민족교육의 사상사적 조망』. 서울: 집문당, 1994: 81-96.

숭의90년사 편찬위원회.『숭의구십년사: 1903-1993』. 서울: 숭의학원, 1993.

윤혜원. "기독교 학교와 여성 교육." 한국기독교100주년기념사업협의회 여성분과
　　　　위원회편,『여성 - 깰지어다, 일어날지어다, 노래할지어다: 한국기독교여성
　　　　백년사』. 서울: 대한기독교출판사, 1985: 110-21.

이우정.『한국기독교여성백년의 발자취』. 서울: 민중사, 1985.

이효재. "개신교 선교와 한국여성개화."『한국의 근대화와 기독교』. 서울: 숭전대학
　　　　교출판부, 1983: 205-211.

서울특별시 교육위원회.『서울교육사 上』. 서울특별시교육위원회, 1981.

송인자. "1905-1930년대 초반 여성교육기관의 팽창 연구."『사회교육과학연구』
　　　　제2권. 서울: 숙명여대 사회 · 교육과학연구소, 1997.

숙명구십년사 편찬실.『숙명 구십년사』. 서울: 숙명여자중고등학교, 1996.

장병욱.『감리교여성사』. 서울: 성광문화사, 1979.

『정신 75년사』. 서울: 정신여자고등학교, 1962.

정재걸·이혜영.『한국 근대 학교교육 100년사 연구 (I) - 개화기의 학교교육』. 서울: 한국교육개발원, 1994.

정충량.『이화80년사』. 서울: 이대출판부, 1967.

『조선남감리교회 30년 기념보』. 11-17.

최숙경·이배용.『한국여성사 정립을 위한 여성 인문 유형 연구 II - 3·1운동 이후부터 해방까지』. 이화여자대학교 한국여성연구소, 1994.

한국여성개발원.『한국 여성교육의 변천과정 연구』. 서울: 한국여성개발원, 2001.

호수돈여자중고등학교.『호수돈백년사: 1899-1999』. 대전: 호수돈여자중고등학교, 1999.

「황성신문」. 1907. 3. 14..

Shepping, E. J. *The Open Letters of Southern Presbyterian Missionaries in Korea*, March 16, 1921.

The Korea Mission Field. 1907. 12.; 1910. 5.; 1916. 3.; 1935. 7.

Underwood, H. H. *Modern Education in Korea*. New York 1926.

일제 강점기 여성교육과 개신교 - 1910~1920년대를 중심으로

1. 1차 자료

『개벽』.

『계명』.

「그리스도신문」.

「기독신보」.

「독립신문」.

「동아일보」.

「매일신보」.

『백조』.

『부녀세계』.

『부녀지광』.

『부인』.

『신여성』.

『신천지』.

『신생활』.

『조선지광』.

『조선총독부관보』.

『폐허』.

『현대부인』.

The Korean Repository Vol. 1, 1892.

2. 역사편찬서

『광신 70년사』.

『기전 70년사』.

『동덕 50년사』.

『배화 칠십년사』.

『숙명 70년사』.

『숭의 60년사』.

『이화 90년사』.

『정신 75년사』.

『중앙 60년사』.

『창신 60년사』.

『휘문 70년사』.

3. 연구 자료

강동진. 『일제의 한국침략정책사』. 서울: 한길사, 1980.

강만길. 『한국 현대사』. 서울: 창작과비평사, 1984.

김권정. "일제하 사회주의자들의 반기독교 운동에 관한 연구." 「숭실사학」 10집. 1997.

김두정. "일제 식민지기 학교 교육과정의 전개." 「교육과정연구」 Vol. 18, No. 1. 2000.

김승태. "일제하 '천황제' 이데올로기와 한국교회." 「기독교사상」 380호. 서울: 대한기독교서회, 1990.

김응순. "녀자교육에 대하여." 「기독신보」. 1923. 1. 17.

김창준. "맑스주의와 기독교." 「신학세계」 제17권 4호.

김주희. "한국전통사회에 있어서의 2차 집단의 성격: 그 연속 및 변화."『한국문화인류학』 제15집. 서울: 한국문화인류학회, 1982.

김창제. "현대와 여자의 사명."「청년」 3권 2호. 1923.

김활란.『그 빛 속의 작은 생명』. 서울: 이화여자대학교출판부, 제2판, 1999.

김활란. "예루살렘대회와 금후 기독교."「청년」. 1928년 11월호.

노영택.『일제하 민중 교육 운동사』. 서울: 탐구당, 1979.

노치준.『일제하 한국기독교 민족운동 연구』. 서울: 한국기독교역사연구소, 1993.

문정창.『군국일본 조선강점 삼십육년사(중)』. 서울: 백문당, 1966.

문형만. "일제의 식민교육과 종교교육의 갈등." 한국정신문화연구원 편.『근대민족
　　　교육의 전개와 갈등』. 성남: 한국정신문화연구원, 1982.

민경배. "한국교회사에 있어서 민족의 문제."『한국기독교와 제3세계』. 서울: 풀빛,
　　　1981.

박용옥. "1920년대초 항일부녀단체 지도층 형성과 사상."「역사학보」 69집, 서울:
　　　역사학회, 1976.

박헌영. "역사적으로 본 기독교의 내면."「개벽」 69호. 1925년 11월호.

배성룡. "반종교 운동의 의의."「개벽」 69호. 1925년 11월호.

백낙준. "한국교회의 핍박."『한국의 현실과 이상』. 서울: 동아출판사, 1963.

서대숙.『한국공산주의 운동사연구』. 대구: 화다, 1985.

서병기. "기독교와 사회개량."「기독신보」. 1922. 6. 28.

선우훈.『민족의 수난』. 서울: 애국동지수호회, 1959.

송민호. "일제하의 한국저항문학." 아시아문제연구소 편.『일제하의 문화운동사』.
　　　서울: 민중서관, 1970-1971.

송진우. "조선의 장래와 교육."「개벽」 18호. 1921년 11월호.

스칼칼라피노·이정식.『한국공산주의 운동사(1)』. 서울: 돌베개, 1986.

신용하.『조선토지 조사사업 연구』. 서울: 지식산업사, 1982.

오천석.『한국신교육사』. 서울: 현대교육총서출판사, 1964.

윤정란.『한국기독교 여성운동의 역사』. 서울: 국학자료원, 2003.

이만열. "한말 기독교인의 민족의식 형성 과정." 한국사학회 편,『한국사론: 한국
　　　민족운동의 전개와 근대민족국가의 수립(I)』. 서울: 을유문화사, 1986.

이종덕. "기독교의 본질."「동광」. 1932년 10월호.

이혜영 외.『한국 근대 학교 교육 100년사 연구 (II)』. 한국교육개발원 연구보고
　　　97-10, 1997.

이효재.『한국YWCA 반백년』. 서울: YWCA연합회, 1976.

＿＿＿.『한국의 여성운동. 어제와 오늘』. 서울: 정우사, 1989.

임희숙. "개화기 한국 여성 교육과 개신교 - 1876년부터 1910년까지."「신학사상」
　　　제124집. 2004년 봄. 서울: 한국신학연구소, 2004: 167-192.
조동걸. "1910년대 민족교육과 그 평가상의 문제."『한국학보』제6집. 서울: 일지사,
　　　1977.
지호원.『일제하 수신과 교육 연구』. 부산대대학원 교육학과 박사학위 논문, 1997.
차석기.『한국 민족주의 교육의 생성과 전개』. 서울: 태학사, 1999.
최석주. "반종교운동과 우리의 주장 (6)."「기독신보」. 1931. 7. 8.
한국기독교 역사연구소.『한국기독교의 역사 II』. 서울: 기독교문사, 1995.
한규호. "금일은 해방준비시대."「개벽」 2권 4호, 1920.
홍양희. "한국: 현모양처론과 식민지'국민' 만들기." 역사문제연구소 편.「역사비평」
　　　Vol. 52. 서울: 역사문제연구소, 2000.

한국 사회의 변화와 교회 여성교육 — 1960~1980년대를 중심으로

김주희.『품앗이와 정의 인간관계』. 서울: 집문당, 1983.
박영은. "산업화와 가족주의."「정신문화연구」. 서울: 한국정신문화원, 1985: 3-23.
세계기독교 한반도평화를 위한 여성협의회 편.「한반도평화를 위한 선언서」. 1988.
　　　4. 24.
손승희. "한국교회의 여성교역자의 이미지에 대한 연구."「한국문화연구원논총」 제
　　　36집, 1980: 75-100.
영등포산업선교회 40년사 기획위원회.『영등포산업선교회 40년사』. 서울: 대한예
　　　수교장로회 영등포산업선교회, 1998.
유현옥.『페미니즘 교육사상』. 서울: 학지사, 2004.
이덕주.『한국감리교 여선교회의 역사』. 서울: 기독교대한감리회 여선교회전국연합
　　　회, 1991.
이연옥.『대한예수교장로회 여전도회 100년사』. 서울: 대한예수교장로회 여전도회
　　　전국연합회 출판사업회, 1998.
이종구 외.『1960-70년대 노동자의 작업장경험과 생활세계』. 서울: 한울아카데미,
　　　2005.
이종구 외.『1960-70년대 한국노동자의 계급문화와 정체성』. 서울: 한울아카데미,
　　　2006.
임희숙. "개화기 한국 여성교육과 개신교 - 1876년부터 1910년까지."「신학사상」

제124집. 2004: 167-192.

______. "한국의 교단여성사에 나타난 여성교육의 실상과 과제." 「기독교교육논총」 제10집. 2004: 65-92.

______. "일제 강점기 여성교육과 개신교." 「기독교신학논총」 37집. 2005: 195-218.

장상. "선교 2세기를 향한 교회여성의 자질과 사명." 「기독교사상」 제29권 제10호. 1985: 153-166.

주선애. "광복 이후의 기독교 여성운동." 한국기독교백주년 기념사업협의회 여성분과위원회 편. 『여성! 깰지어다, 일어날지어다, 노래할지어다 - 한국 기독교 여성백년사』. 서울: 대한기독교출판사, 1985: 181-218.

「한국교회여성연합회 성명서」. 1973. 12. 3.

한국기독교교회협의회 편. 『1970년대 노동현장과 증언』. 서울: 풀빛, 1984.

한국기독교사회문제연구원. 『1970년대 민주화운동과 기독교』. 서울: 민중사, 1983.

한국기독교장로회 여신도회 전국연합회 사회위원회. 『생명문화 창조운동 자료집』. 1978.

한국기독교장로회 여신도회 전국연합회 여신도교육원. 『여신도회 운영안내』. 1983.

한국기독교장로회 여신도회 전국연합회 여신도교육원. 『새로워진 여신도회 운영안내』. 2009.

한국노동자복자협의회 엮음. 『Y.H. 노동조합사』. 서울: 형성사, 1984.

한국여신학자협의회. 『한국여성신학의 과제』. 서울: 한국기독교가정생활협회, 1983.

여신학자협의회 편. 『평화 · 민족통일 · 여성 자료집』. 1988. 3. 30.

'85 한국여성대회 보고서. 「민족, 민주, 민중운동과 함께 하는 '85 여성운동선언」. 1985.

Belenky, M. · Clinchy, B. · Goldberger, N & Tarule, J., *Women's ways of knowing*. New York: Basic Books, 1986.

Lim, Hee-Sook, *Eine Analyse des protestantischen Fundamentalismus Koreas im Rahmen der kirchlichen Erwachsenenbildung. Mit einer Fallstudie zum "Handbuch fuer den Gottesdienst im Hauskreis" der Presbyterianischen Kirche Koreas zwischen 1975 und 1985*, Diss. Univ. Hamburg, 1999.

한국의 교단 여성사에 나타난 여성교육의 실상과 과제

1. 교단 여성사와 에큐메니칼 여성사

김정순.『한국기독교여성운동사』. 서울: 한국로고스연구원, 1990.

이덕주.『한국 감리교 여선교회의 역사』. 서울: 기독교대한감리교 여선교회전국연합
　　회, 1991.

이연옥.『대한예수교장로회 여전도회 100년사』, 대한예수교장로회 여전도회전국
　　연합회 출판사업회, 1998.

이우정.『한국기독교 여성 백년의 발자취』. 서울: 민중사, 1985.

이우정 · 이현숙.『한국기독교장로회 여신도회 60년사』. 서울: 한국기독교장로회
　　여신도회전국연합회, 1989.

장병욱.『한국감리교여성사 1885-1945』. 서울: 성광문화사, 1979.

주선애.『장로교 여성사』. 서울: 예수교장로회 여전도회전국연합회, 1979.

한국기독교 백주년기념사업협의회 여성분과위원회 편.『여성! 깰지어다, 일어날지
　　어다, 노래할지어다 - 한국기독교여성백년사』. 서울: 대한기독교출판사,
　　1985.

2. 일반 참고문헌

권두승.『평생학습 사회 실현을 위한 성인학습 지도 방법의 이론과 실제』. 서울: 교육
　　과학사, 2002.

리사 터틀. 유혜련 · 호승희 역.『페미니즘사전』. 서울: 동문선, 1999.

메기 험. 심정순 · 염경숙.『페미니즘이론사전』. 서울: 삼신각, 1995.

은준관.『교회교육 현장론』. 서울: 대한기독교출판사, 1988.

임희숙. "성인들을 위한 교회교육의 전망과 과제."「신학사상」제113집. 2001년
　　여름. 서울: 한국신학연구소, 2001.

＿＿＿. "개화기한국 여성 교육과 개신교 - 1876년부터 1910년까지."「신학사상」
　　제124집. 2004년 봄. 서울: 한국신학연구소, 2004.

Belenky, M. · Clinchy, B. · Goldenberger, N., & Tarule, J. *Women's Ways
　　of Knowing: The Development of Self, Voice, and Mind*. Basic Books,
　　Inc., Publishers, 1986.

Chodorow, N. *The Reproduction of Mothering*. Berkeley: University of
　　California Press, 1978.

Coward, R. *Patrichal Precedents*. London: Routledge & Kegan Paul, 1983.

Daly, M. *Beyond God the Father*. Boston: Beacon Press, 1982.

Gilligan, C. "In a Different Voice: Woman,s Conceptions of Self and Morality." *Harvard Educational Review* 47(4), 1979.

Lerner, G. *The Creation of Feminist Consciousness*. Oxford University Press, 1993.

Levinson, D. J. 김애순 역.『여자가 겪는 인생의 사계절』. 서울: 세종연구원, 1998.

Martin, J. *Reclaiming a Conversation*. Yale University Press, 1985.

Morgan, K. P. "Freeing the Children: Abolition of Gender." *Educational Theory* 35(4), 1985.

Tisdell, E. J. "Feminism and Adult Learning: Power, Pedagogy and Praxis." In S. B. Merriam (Ed.), *Selected Writing on Philosophy and Adult Education* (pp. 207-224). Krieger Publishing Company, 1995.

한국 사회와 교회에서 여성 현실과 젠더 정의

권대훈.『교육심리학의 이론과 실제』. 서울: 학지사, 2009.

김경희.『양성평등과 적극적 조치』. 서울: 푸른사상, 2004.

김혜령. "이본 게바라의 남미 여성해방신학과 생태여성신학 연구." 한국여성신학회 편.『21세기 세계 여성신학의 동향』. 서울: 동연, 2014: 114-119.

드워킨, 로널드. 박경신 옮김.『정의론』. 서울: 민음사, 2015.

러셀, 레티·샤논 클락슨 엮음. 황애영 옮김.『여성신학사전』. 서울: 이화여자대학교 출판부, 2003.

바우만, 지그문트. 한규진 옮김.『유동하는 공포』. 서울: 산책자, 2006.

배은경, "현재의 저출산이 여성들 때문일까?: 저출산 담론의 여성주의적 전유를 위하여."「젠더와 문화」 3/2. 2010: 37-75.

제어, 하워드. 손진 옮김.『회복적 정의란 무엇인가? - 범죄와 정의에 대한 새로운 접근』. 서울: KAP, 2014.

조은. "신자유주의 세계화와 가족 정치의 지형: 계급과 젠더의 경합."『한국여성학』 24/2. 2008: 5-37.

롤즈, 존. 황경식 옮김.『사회정의론』. 서울: 서광사, 1985.

세넷, 리처드. 김용 옮김.『신자유주의와 인간성의 파괴』. 서울: 문예출판사, 2002.

이재경. "한국 가족은 '위기'인가?: '건강가정' 담론에 대한 비판."「한국여성학」

20/1. 2004: 229-244.

임희숙. "한국 개신교 여성목회자의 실태와 한국교회의 과제." 서강대종교연구소 편.『한국 여성 종교인의 현실과 젠더 문제』. 서울: 동연, 2014: 121-151.

최순양. "캐서린 켈러의 과정신학적 부정신학." 한국여성신학회 편,『21세기 세계 여성신학의 동향』. 서울: 동연, 2014: 260-264.

「통계청 경제활동인구년보 2012」(국가통계포털 KOSIS), 17.

프레이저, 낸시. "여성주의의 상상력에 대한 지도그리기: 재분배에서 인정으로, 다시 대표로." 김원식 옮김.『지구화시대의 정의』. 서울: 그린비, 2011.

프레이저, 낸시.『지구화시대의 정의』. 서울: 그린비, 2010.

프레이저, 낸시·호네트, 엑셀. 김원식·문성훈 옮김.『분배냐, 인정이냐?: 정치철학적 논쟁』. 서울: 사월의책, 2014.

하비, 데이비드. 최병두 옮김.『신자유주의: 간략한 역사』. 서울: 한울, 2014.

한국노동사회연구소 이슈페이퍼[2015-07]: 비정규직 규모와 실태. 2015년 3월.

Marie Fortune · Joretta L. Marshall (ed.) "Introduction." *Forgiveness and Abuse: Jewish and Christian reflections*, New York: Haworth Pastoral Press, c2003: 1-5.

Angelika Krebs. "Gleichheit oder Gerechtigkeit: Die Kritik am Egalitarismus" (www.gap-im-netz.de/gap4konf/proceedings4/pdf/6%20Pol1%20Krebs.pdf): 565.

Angelika Krebs. "Why Mothers Should Be Fed: Eine Kritik am Van Parijs." *Analyse & Kritik* 22 (2000): 174.

HUMAN DEVELOPMENT REPORT 2009: Gender empowerment measure and its components, http://www.tr.undp.org/content/dam/turkey/docs/Publications/hdr/HDR_2009/K%20Gender%20empowerment%20measure%20and%20its%20components.pdf

OECD. "Suicide Mortality Rates (2011)." http://stats.oecd.org.

OECD. "Government at a Glance 2013." http://stats.oecd.org.

OECD. "Income Distribution and Poverty (2014)." http://stats.oecd.org/Index.aspx?DataSetCode=IDD.

Philippe Van Parijs. *Real Freedom for All: What (If anything) can Justify Capitalism?* (Oxford; New York: Clarendon Press; Oxford University Press, 1995): 27.

한국교회 세습 문제와 그 여성신학적 성찰

Adorno, T. *Studien zum autoritaeren Charakter.* Frankfurt am Main, 1973.

Boff, L. *Kirche: Charisma und Macht*, 5. Aufl. Duesseldorf, 1985.

Forum on the (Hereditary) Succession to the Ministry, held on August 21, 2001 at the One Hundred Years Memorial Building in Seoul by the Christian Council of Korea.

Fromm, E. *Die Furcht vor der Freiheit*, 10. Aufl. Frankfurt am Main, 1966.

Hermanns, M. *Kirche als soziale Organisation. Zwischen Partizipation und Herrschaft.* Duesseldorf, 1979.

Klueber, Franz. *Eigentumstheorie und Eigentumsordnung.* Osnabrueck, 1963.

Lim, Hee-Sook. *Eine Analyse des protestantischen Fundamentalismus Koreas im Rahmen der kirchlichen Erwachsenenbildung. Mit einer Fallstudie zum Handbuch fuer den Gottesdienst im Hauskreis der Presbyterianischen Kirche Koreas zwischen 1975 und 1985.* Lottbeck bei Hamburg, 1999.

Mattes, Joachim. *Kirche und Gesellschaft. Einfuehrung in die Religionssoziologie*, Bd. II. Reinbeck bei Hamburg, 1969.

Meyer, T. *Fundamentalismus. Aufstand gegen die Moderne.* Reinbeck bei Hamburg, 1989.

Pfuertner, S. H. *Fundamentalismus. Die Furcht ins Radikale.* Freiburg, 1991.

21세기 선교에 관한 기독교교육학적 성찰

강인애. "성인학습에 대한 구성주의적 진단과 처방." 한준상 편.『앤드라고지: 현실과 가능성』. 서울: 학지사, 1998.

깁스, M.·모오튼, T. 이계준 역,『평신도의 해방』, 서울, 대한기독교서회, 1977.

송두율, "탈현대의 사상적 논쟁구조와 한국사회."「사회와 사상」7월호, 서울 1990.

이원규.『한국교회 어디로 가고 있나』, 서울: 2000.

조명래. "지구화의 의미와 본질."「공간과 사회」제4호. 서울: 한울, 1994.

차갑부.『열린사회의 평생교육』. 서울: 양서원, 1998, 제2판.

크레머, H. 유동식 역.『평신도신학』. 서울: 대한기독교서회, 1968.

한국기독교사회문제연구원 편.「정의, 평화, 창조질서의 보전 세계대회 자료집」. 1990.

「한국기독교장로회 제72회 총회 회의록」. 1987

한신대학교 평화연구소 엮음.『평화 - 이론과 실천의 모색 II』. 서울: 삼민사, 1992

Groezinger, A. *Differenz-Erfahrung. Seelsorge in der multikulturellen Gesellschaft.* Waltrop 1995.

Kayales, Christina. "Interkulturelle Seelsorge und Beratung-Bruecken zu Menschen aus fremden Kulturen." in: Uta Pohl-Patalong/Frank Muchlinsky (Hg.) *Seelsorge im Plural. Perspektiven fuer ein neues Jahrhundert.* Hamburg 1999.

Knowles, M. "Andragogy: An Emerging Technology for Adult Learning." in: Edwards, R. (ed). *Boundaries of Adult Learning.* London: The Open University, 1996.

Luther, H. *Religion und Alltag. Bausteine zu einer Praktischen Theologie des Subjekts,* Stuttgart 1992, 161.

UNESCO. *Adult Education: The Hamburg Declaration.* Paris 1998.

여성주의적 관점에서 본 나이 듦

그린스팬, 미리암. 고석주 옮김.『우리 속에 숨어 있는 힘』. 서울: 또하나의문화, 1995.

베어, 게르하르트. 한미희 역.『카를 융』. 서울: 까치, 1998.

새들러, 윌리엄.『서드 에이지』. 서울: 사이, 2000.

윤유경.「주관적 연령의 예측 요인과 심리적 특성에 관한 연구」. 이대 대학원 박사학위 논문, 1995.

체슬러, 필리스. 임옥희 역.『여성과 광기』. 서울: 여성신문사, 2002.

한국교회 여성의 의식 분석과 한국교회의 과제

감리교 양성평등위원회.『양성평등지수 통계자료집』. 2006.

기독교윤리실천운동.『한국교회의 사회적 신뢰도 여론조사』. 2009.

김종배.『30대 정치학』. 서울: 반비, 2012.

김상임. "기독교인 성평등의식 실태조사 보고서."『한국여성신학』. 1999.

이원규.『인간과 종교』. 서울: 나남, 2006.

임희숙. "한국교회에서 양성평등 실현을 위한 기독교교육의 과제." 서울: 동연, 2009.

______. "교단 양성평등 의식과 정책 과제."『한국기독교장로회 양성평등 실태조사 보고서』. 2010.

한국갤럽.『한국인의 인간 가치관』. 1990.

______.『한국인의 종교와 종교의식』. 2004.

한국 교회 미래를 준비하는 모임 · 한국 갤럽.『한국교회 미래 리포트』. 서울: 두란노, 2005.

한국교회여성연합회.『교회문화에 관한 교회여성 의식 실태조사』. 2008.

한국기독교교회협의회 양성평등위원회.『양성평등, 이렇게 재미있고 유익하네요』. 2007.

______.『한국교회 양성평등 정책문서』. 2008.

한국기독교목회자협의회.『교인 감소 현상에 대한 의식조사 보고서』. 2006.

한국기독교장로회 양성평등위원회.『한국기독교장로회 양성평등 실태조사 보고서』. 2010.

현대사회연구소.『우리나라 종교 지도자들의 의식에 관한 조사』. 1990.

기독교가 성인들의 성 인식과 태도에 끼친 영향에 대한 연구

강남순.『현대 여성신학』. 서울: 대한기독교서회, 1997.

그리핀, 데이빗. 강성도 역.『포스트모던 하나님 포스트모던 기독교』. 서울: 한국기독교연구소, 2002.

기든스, 앤소니. 권기돈 역.『현대성과 자아정체성』. 서울: 새물결, 1997.

기든스, 앤소니. 배은경 · 황정미 역.『현대사회의 성 · 사랑 · 에로티시즘』. 서울: 새물결, 1996.

김현숙.『탈인습성과 기독교교육』. 서울: 대한기독교서회, 2004.

레이, 대럴. 김승옥 역.『침대 위의 신』. 서울: 어마마마, 2012.

박신경. "유아기를 위한 기독교적 성교육."「신학과 목회」 32. 2010: 251-277.

손승희.『여성신학의 이해』. 서울: 한국신학연구소, 1989.

시먼스, 도널드. 김성한 역.『섹슈얼리티의 진화』. 서울: 한길사, 2007.

윤가현.『성문화와 심리』. 서울: 학지사, 2001.

임희숙. "성인들을 위한 교회교육의 전망과 과제."「신학사상」 113집. 2001/여름: 197-215.

______.『기독교 근본주의와 교육』. 서울: 동연, 2010.

장미경.『페미니즘의 이론과 정치』. 서울: 문화과학사, 1999.

정정숙. "성교육에 대한 기독교적 조명."「신학지남」 185집. 1979: 140-160.

조은 · 조주현 · 김은실.『성해방과 성정치』. 서울: 서울대학교출판부, 2002.

죌레, 도로테. 박재순 역.『사랑과 노동』. 서울: 한국신학연구소, 1991.

핍스, 윌리암 E. 신은희 역.『예수의 섹슈얼리티』. 서울: 이룸, 2006.

하퍼, Dick. 황미선 역.『성인을 위한 성교육』. 서울: 은혜출판사, 1993.

한국성폭력상담소 엮음.『섹슈얼리티 강의』. 서울: 동녘, 2006.

한국여성신학회 엮음.『성과 여성신학』. 서울: 대한기독교서회, 2001.

한덕웅 외.『사회심리학』. 서울: 학지사, 2005.

한춘기. "성경과 낙태."「신학지남」 61집. 1994. 3: 220-231.

훔, Maggie. 심정순 · 염경숙 역.『페미니즘 이론사전』. 서울: 삼진각, 1995.

히데아키, Tazaki. 이은미 · 이주희 · 김필식 역.『GENDE SEXUALITY』. 서울: 한국문화사, 2006.

Brock, Rita Nakasima. *Journeys by Heart: A Christology of Erotic Power*. New York: Crossroad, 1988.

Chopp, Rebecca S. *Saving Work: Feminist Practices of Theological Education*. Kentucky: Westminster John Knox Press, 1995.

Chopp, Rebecca S. · Sheila G. Davaney. eds. *Horizons in Feminist Theology: Identity, Tradition, and Norms*. Minneapolis: Fortress Press, 1997.

Coll, Regina A. *Christianity and Feminism in Conversation*. Connecticut: Twenty-Third Publications, 1998.

Conn, Joan Wolsky. ed. *Women's Spirituality: Resources for Christian Development*. New York: Paulist Press, 1986.

Corsini, Raymond J. *The Dictionary of Psychology*. New York: Brunner/Routledge, 2002.

Daly, Lois K. ed. *Feminist Theological Ethics: A Reader*. Kentucky: Westminster John Knox Press, 1994.

Hawley, J. S. ed. *Fundamentalism and Gender*. New York & Oxford: Oxford

University Press, 1994.

Heyward, Carter. *Our Passion for Justice: Images of Power, Sexuality, and Liberation*. N.Y.: Pilgrim Press, 1992.

Keller, Catherine. *From a Broken Web: Separation, Sexism, and Self*. Boston: Beacon Press, 1986.

Miller, John P. *The Holistic Curriculum*. Toronto: OISE Press, 1996.

Plaskow, Judith · Carol P. Christ. ed. *Weaving the Vision: New Patterns in Feminist Spirituality*. New York: Harper Collins Publisher, 1989.

Ruether, Rosemary. *Gaia and God: An Ecofeminist Theology of Earth Healing*. San Francisco: Harper Collins Publishers, 1992.

Ruether, Rosemary. "The Sexuality of Jesus." *Christianity and Crisis* 38. 29 May, 1978: 134-137.

Siejk, Cate. "Awakening the Erotic in Religious Education." *Religious Education* 96/4. Fall, 2001: 546-562.

한국 개신교 여성교인들의 소비욕망에 대한 여성신학적 성찰

강성영. "소비사회의 인간이해: '광고'를 통해 본 욕구와 한계의 변증법." 「신학사상」 138집. 2007.

고재길. "소비문화의 종교성과 소비 이데올로기 비판-소비인간의 이미지와 대리적 소비를 중심으로." 「장신논단」 39집. 2010.

김난도 외. 『트렌드 코리아2018』. 서울: 미래의창, 2017.

라투슈, 세르주. 양상모 역. 『탈성장 사회 – 소비사회로부터의 탈출』. 서울: 오래된생각, 2014.

바우만, 지그문트 · 마체오, 리카르도. 나현영 옮김. 『소비사회와 교육을 말하다: 소비사회가 잠식하는 인간적인 삶에 대하여』. 서울: 현암사, 2016.

박종균. 『소비사회, 대중문화, 기독교』. 서울: 한들, 1997.

보드리야르, 장. 이상률 옮김. 『소비의 사회』. 서울: 문예출판사, 1991.

볼츠, 노르베르트 · 보스하르트, 다비드. 고재성 역. 『컬트 마케팅』. 서울: 예영커뮤니케이션, 2002.

설혜심. 『소비의 역사』. 서울: 휴머니스트 출판그룹, 2017.

세틀, 로버트 B. · 알렉, 파멜라 L. 대홍기획 마케팅컨설팅그룹 옮김. 『소비의 심리학』.

서울: 세종서적, 2003.

임성빈 외.『소비문화시대의 기독교, 기독공동체 소비문화를 이야기하다』. 서울: 예
　　　영커뮤니케이션, 2008: 200-220.

임희숙. "한국교회에서 양성평등 실현을 위한 기독교교육의 과제."「한국기독교신학
　　　논총」61집. 2009.

조용훈.『지구화시대의 기독교』. 서울: 대한기독교서회, 1999.

콕스, 하비. 유강은 역.『신이 된 시장』. 서울: 문예출판사, 2018.

하라리, 유발 노아. 조현욱 옮김.『사피엔스』. 서울: 김영사, 2015.

해먼드, 클라우디아. 도지영 옮김.『돈의 힘』. 서울: 위너스북, 2017.

Foster, R. J., 편집부 역.『영적성장을 위한 제자 훈련』. 서울: 보이스사, 1982.

Mieth, D. "Konsum und Tod." in: *Theologische Quartalschrift*, Jahrgang190,
　　　Heft 1. 1990.

김교신의 민족교육과 기독교

1. 원전

노평구 엮음.『김교신전집』제1권: 인생론. 서울: 도서출판 부키, 2001.

노평구 엮음.『김교신전집』제2권: 신앙론. 서울: 도서출판 부키, 2001.

노평구 엮음.『김교신전집』제3권: 성서개요. 서울: 도서출판 부키, 2001.

노평구 엮음.『김교신전집』제4권: 성서연구. 서울: 도서출판 부키, 2001.

노평구 엮음.『김교신전집』제5권: 일기 I. 서울: 도서출판 부키, 2001.

노평구 엮음.『김교신전집』제6권: 일기 II. 서울: 도서출판 부키, 2001.

노평구 엮음.『김교신전집』제7권: 일기 III. 서울: 도서출판 부키, 2001.

노평구 엮음.『김교신전집』별권: 김교신을 말한다. 서울: 도서출판 부키, 2001.

2. 2차 자료

김정환.『金敎臣 - 그 삶과 믿음과 소망』. 서울: 한국신학연구소, 1993.

김정환. "김교신의 민족정신사적 유산 -「성서조선」의 일기를 중심으로."「민족문화
　　　연구」제10호. 서울: 고려대학교 민족문화연구소, 1976: 169-194.

노평구 편.『김교신과 한국 - 신앙·교육·애국의 생애』. 서울: 제일출판사, 1972.

민경배. "김교신과 민족 기독교."「나라 사랑」제17호. 서울: 외솔회, 1974.

서정민.『겨레 사랑, 성서 사랑, 김교신 선생』. 서울: 말씀과만남, 2002.

손규태. "기독교와 민족주의."「기독교사상」 375호. 서울: 대한기독교서회, 1995.

양현혜.『윤치호와 김교신 – 근대조선에 있어서 민족적 아이덴티티와 기독교』. 서울: 도서출판 한울, 1994.

오인탁. "일제하 민족교육과 종교교육의 갈등." 손인수 외.『근대 민족교육의 전개와 갈등』. 서울: 한국정신문화연구원, 1982.

윤경로. "한국 근대민족주의의 유형과 기독교."「기독교사상」 375호. 1990.

임희숙. "개화기 한국 여성 교육과 개신교 – 1896년부터 1910년까지."「신학사상」 124집. 서울: 한국신학연구소, 2004.

______. "일제 강점기 여성 교육과 개신교 – 1910~1920년대를 중심으로."「한국기독교신학논총」』제37집. 서울: 대한기독교서회, 2005.

장규식.『일제하 한국 기독교 민족주의 연구』. 서울: 혜안, 2001.

차석기.『한국 민족주의 교육의 생성과 전개』. 서울: 태학사, 1999.

한국교육사연구회 편.『한국 교육사 연구의 새 방향』. 서울: 집문당, 1982.

함석헌. "김교신과 나."「나라사랑」 제17호. 1974.

함석헌.『성서적 입장에서 본 조선역사(뜻으로 본 한국역사)』. 서울: 삼중당, 1950.

함석헌.『죽을 때까지 이 걸음으로』. 서울: 삼중당, 1964.

찾 아 보 기

논 문 출 처

— "개화기 한국 여성교육과 개신교 - 1876년부터 1910년까지."「신학사상」 124집. 한국신학연구소, 2004/03: 167-192.

— "일제 강점기 여성교육과 개신교."「한국기독교신학논총」 37집. 대한기독교서회, 2005/01: 195-218.

— "한국사회의 변화와 교회 여성교육."「기독교교육논총」 27집. 한국기독교교육학회, 2011/06: 217-242.

— "한국의 교단여성사에 나타난 여성교육의 실상과 과제."「기독교교육논총」 10집. 한국기독교교육학회, 2004/06: 65-92.

— "한국 사회와 교회에서 여성 현실과 젠더 정의."『신학과 사회』 제29집 3호. 21세기기독교사회문화아카데미, 2015/12: 77-110.

— "한국 교회 세습문제와 그 여성신학적 성찰."「한국여성신학」 제43호(2000년 가을호). 2000/09: 93-107.

— "21세기 선교에 관한 기독교교육학적 성찰."「말씀과 교회」 2001-두 번째. 한국기독교장로회신학연구소, 2001/06: 187-201.

— "여성주의적 관점에서 본 나이 듦."『삶의 신학 콜로키움 생로병사 관혼상제』. 대화문화아카데미, 2007.

— "한국 교회여성의 의식 분석과 한국 교회의 과제."「신학과 사회」 제26집 3호. 21세기기독교사회문화아카데미, 2012/12: 73-101.

— "기독교가 성인들의 성 인식과 태도에 끼친 영향에 대한 연구,"「신학사상」 164집. 2014/3. 한국신학연구소, 2014: 191-228.

— "김교신의 민족교육과 기독교,"「신학사상」 128집. 한국신학연구소, 2005/03: 251-284.